신사참배
거부로
수난당한
침례교 대표
32인

신사참배
거부로
수난당한
침례교 대표
32인

- **초판 1쇄 인쇄** 2023년 5월 2일
- **초판 1쇄 발행** 2023년 5월 10일

- **지은이** 오지원
- **펴낸이** 조유선
- **펴낸곳** 누가출판사, (사)침례교 역사신학회
- **등록번호** 제315-2013-000030호
- **등록일자** 2013. 5. 7.
- **주소** 서울특별시 공항대로 59다길 276 (염창동)
- **전화** 02-826-8802 **팩스** 02-6455-8805
- **이메일** sunvision1@hanmail.net

- 정가 20,000원
- ISBN 979-11-85677-78-1 03230

신사참배 거부로 수난당한 **침례교 대표 32인**

오지원 지음

출판사 누가
(사)침례교 역사신학회

목차

발간사

신사참배 거부로 수난당한 교단 대표 32인을 기리며

지난 몇 년간 겪은 C19 펜데믹은 우리의 삶에 많은 변화를 주었습니다. 21세기 상반기를 언급할 때, 이 사건을 중심으로 논할 정도로 그 여파는 사뭇 컸다고 할 수 있습니다. 이는 기독교계에도 예외가 아닙니다. 이로 인해 교회의 모습이 달라졌고, 성도들의 신앙에 막대한 영향을 끼쳤습니다. 무엇보다도 기독교 신앙에 대해 다시금 생각할 수 있는 계기가 되었다고 봅니다.

이 시점에 『신사참배 거부로 수난당한 침례교 대표 32인』가 출간된 것은 매우 시의적절하며 중요한 의미를 담고 있습니다. 본서의 출간은 2년 전 (사) 침례교 역사신학회 이사회의 결의에서 시작됐습니다. 일제강점기 우리 침례교 신앙의 선배들이 일제의 강압에도 불구하고 신앙을 지키기 위해 신사참배를 거부함으로 온갖 탄압을 받아야만 했던 역사가 있었으나 이것이 오늘에 이르러 잊혀진 것이 안타까웠고, 이들이 지켜낸 기독교의 본질을 오늘의 신앙적 유산으로 계승하기 위한 바램에 따라 오지원 박사님께 연구 의뢰하였습니다.

수난당한 교단 대표 32인 한분 한분이 우리에게는 너무도 소중하고 귀한 분들입니다. 비록 많은 시간이 지난 까닭에 이들의 행적을 다 찾을 수는 없으나, 이분들이 가졌던 고귀한 신앙은 오늘 우리에게 귀감이 되며, 마땅히 본받아야 할 신앙적 유산입니다. 그 어떤 강압에도 굴복하지 않고 오직 하나님만 믿고 의지했던 불굴의 신앙은 오늘을 사는 우리에게 기독교 신앙의 본질이 무엇인지를 새삼 깨닫게 합니다. 더욱이 침례교가 한국의 기독교 중에 유일하게 교단적으로 신사참배를 거부하고 끝까지 저항했다는 것은 역사적으로나, 신앙적으로나 매우 의미있는 것이기에 널리 알려져야 할 것입니다.

출판에 즈음하여 먼저 하나님께 모든 영광을 올려드립니다. 더불어 본서가 나오기까지 수고한 분들이 있습니다. 집필로 수고하신 오지원 박사님, 그리고 여러모로 수고를 아끼지 않은 침례교 역사신학회 여러 이사님과 회원들, 지난 2020년에 발간된 『한국 침례교회 100년의 향기』에 이어 이번에도 멋진 책을 만드는데 수고해 주신 정종현 목사님과 누가출판사에 깊은 감사를 드립니다.

(사) 침례교 역사신학회를 통해 발간된 본서가 널리 보급되고, 많은 사람들에 의해 읽혀지기를 소망합니다. 그리하여 수난당한 32인을 포함해 일제강점기 우리 침례교인들이 보여준 하나님을 향한 뜨거운 신앙을 본받아 오늘 우리의 파고(波高)를 헤쳐나갈 수 있기를 기대합니다.

임공열 목사

(사) 침례교 역사신학회 이사장

추천사

이미 있던 것이 후에 다시 있겠고 이미 한 일을 후에 다시 할지라 해 아래에는 새 것이 없나니 무엇을 가리켜 이르기를 보라 이것이 새 것이라 할 것이 있으랴 우리가 있기 오래전 세대들에도 이미 있었느니라(전도서 1장 9~10절)

그 누구도, 또한 그 무엇도 해 아래 새로움을 만들어낼 수 없으며, 이미 경험하고 만들어진 역사를 반복하는 일이요, 그 일이 새로움이라 느끼는 인간의 헛됨은, '역사에 만일은 없다' 는 명제를 재확인할 뿐입니다.

'만일'이 생성해내는 아쉬움의 편린은 무질서한 거짓을 조장하기도 하며, 없던 역사를 재창조하기도 합니다. 그래서 역사의 진실은 정복하고 싶은 탐욕의 목표가 됩니다.

여행이나 무역 또는 한류의 보급이라는 전대미문의 문화 교류로 21세기 동아시아의 국가 중 일본과의 불가피한 관계로 얽혀있는 이때 대 일본과의 관계는 긍정 또는 부정적인 전망과 함께 대한민국 국민 모두에게 뜨거운 감자가 아닌 적이 없습니다. 한쪽에서는 역사적 관계에서 일제의 강제징용에 대한 구체적인 사과와 보상을 말하고, 또 다른 한쪽에서는 한일관계의 개선, 그리고 미래를 향한 동반성장을 위해 관계 회복을 우선한다는 주장을 펴기도 합니다.

이러한 시점에 거짓된 기억과 조작된 역사로 결코 정복될 수 없는 진실의 결과물이 오지원 박사님을 통해 세상의 빛을 보았습니다. 오지원 박사님의 '신사참배 거부로 수난당한 침례교 대표 32인'은 단순한 항일 운동의 흔적이 아닙니다. 하나님의 말씀이 살아 운행하고 다스려지는 곳, 하나님의 말씀이 나타나는 성도의 기준이 우리 침례교 믿음의 선배들을 통해서 발현된 역사를 알게 합니다. 또한 일제의 능욕과 핍박은, 한반도라는 땅의 문제가 아니라 오랜 역사를 간직한 정신을 말살하는 몰염치의 극치였고 강제로 벌거벗겨진 아픔과 평행하는 걸음이었다는 것을 생생하게 전달해 줍니다. 독자들께서는 그 수치의 한복판에서 우리의 선배들은 일제의 더러운 새 것을 부인하고 세상의 처음부터 하나님께서 언약하신 새 하늘과 새 땅의 주체 되시며, 우리를 저들의 죄로부터 구원하실 예수 그리스도의 죽으심과 부활하심을 고수한 신앙의 명확한 그림으로 그려 오셨으며 우리 또한 그 길로 분명히 인도되고 있다는 사실을 깨닫게 되실 겁니다.

무엇보다, 연구의 노력이 가장 빛나는 부분은 어느 교단에서도 가지지 못한 사료를 바탕으로 과감히 신사참배를 거부하며 교단이 폐쇄되는 상황에서도 끝까지 신앙을 고수한 선배들의 존명이 한 분 빠짐없이 우리의 눈앞에 나타났다는 사실입니다. 이것이 확신이고 확증입니다. 누구도 부인할 수 없는 진실이며 흉내 낼 수 없는 '만일'이 철저히 배제된 역사입니다.

일순, 교단과 신앙만을 고수하기 위한 폐쇄적이고 이기적인 형태가 아니라 을사늑약에 대한 거룩한 분노에서 기인한 반발이요 나라의 독립을 위한 최초의 몸부림이었다고 자부합니다.

최초, 말컴 펜윅 선교사를 통해 태동한 이 땅의 침례교 신앙의 뿌리가, 예수 그리스도의 피 뿌림을 닮아 있어 하나님의 신성한 성품의 자리를 벗어나지 않은 의연한 자태를 뽐내고 있었음을 깨닫게 되실 겁니다. 2023년 신사참배 거부 기념일을 즈음하여 침례교 역사신학회가 주도하여 발간한 본서를 추천하며 묵묵히 역사의 가치를 빛나게 해주신 분들께 감사의 마음을 전합니다.

기독교한국침례회 총회장 김인환 목사

추천사

오지원 박사의 『신사참배 거부로 수난당한 침례교 대표 32인』

한국교회사학자로 한국교회 총연합의 〈한국교회 선교사 시리즈〉 중에 『한국침례교의 아버지 말콤 펜윅』을 간행하신 오지원 박사께서 이번에 감동과 깊이와 문향(文香)까지 갖춘 침례교 대표 33인의 신사참배 거부로 겪은 수난 실화를 편수(編修) 간행하시었습니다.

본 저자는 한국교회가 그 형성기와 발전기가 일제의 한국 통치 기간과 겹치기 때문에 그 관계의 교섭사가 곧 한국교회사 전개의 주축을 이룬 곳에 주목하고 있습니다. 그런데 저자는 일제의 국체(國體) 기축(基軸)이 신사(神社)와 현인신(現人神)이었기 때문에 한국교회와의 갈등과 대결은 생태적으로 불가피하였다는 사실에 주목하고 있습니다. 그래서 사실상 침례교의 애국 반일은 1905년 을사늑약 때부터 시작하여 1942년 교단 폐쇄 때까지 이른 점을 주목하고 있습니다.

그 까닭이 있습니다. 한국에서의 침례교회가 그 소집단적 구도 때문에 신앙적 충성 지수가 높았고, 더구나 1890년대의 〈교계 예양〉 구도에서 제외되어 있어서 한국 내 교단 간의 연대 관계가 취약하여 만사 스스로 대결 해결하고 승리하였기 때문입니다. 따라서 그 대결의 구도와 역학이 통상의 수준을 넘어 고초가 컸고 교단으로서 혼자 당면해야 하는 현안이 많았습니다. 그러는 과정에서 한국의 침례교회는 교단 단위로 일제에 항거하는 존재로 혹독한 탄압과 박해를 받고 있었습니다. 그것이 우리 교회사에서 아주 현란한 역사의 기념비를 세울 수 있었던 근거였습니다.

본서 제1부는 침례교의 항일운동을 연구한 것이고, 제2부는 신사참배를 거부한 교단 대표 32인 한 사람 한 사람의 연구 내용으로 구성되어 있습니다.

본서는 우리 한국교회 현대사의 완곡한 한 대본(臺本)으로 자리 잡게 되었습니다. 한국 현대사의 한 가지(枝)로서의 한국 교회사에서 침례교회사는 아주 특별한 처지에서 그 스스로의 힘으로 싸워 이겨내야 했던 고귀한 실록으로 우뚝 서 있었기 때문입니다.

본서의 역사 서술로서의 객관성이나 투명성 그리고 정연한 논리에 경건 문학의 중량감, 거기에 샘 솟듯 하는 유창한 레토릭이 넘쳐, 저자의 지금까지의 연구서들과 함께 한국교회사학 총서의 보감으로 단연 드높이 빛나고 있습니다.

대개 인물전기라는 것은 의도하지 아니할지라도 때로 과장할 가능성이 있는데, 이를 글귀 도처 경계하면서도, 아주 고도의 조리된 논리와 자료 해석으로 탁월한 문필의 풍채를 보여주면서 고도의 공감과 드높은 찬사를 받기에 남음이 없는 실록을 편성하였습니다.

그러면서도 그의 글은 친근감이 특징입니다. 마주 앉아 대화하는 듯한 합리적이면서도 정감(情感)넘친 글들은 서장(書狀)의 사료들의 육성들 때문에 한층 더 친밀합니다.

여기 글들은 아름답고 힘이 넘칩니다. 윤(潤)으로 빛납니다. 그 신앙과 연구, 기도와 경건으로 그 문필(文筆)에 고전적 풍모가 당당합니다. 우리 교회에서 이런 보감(寶鑑)들이 상재(上梓)되어 소장(所藏)하게 된 것은 우리 교회나 학계가 그 천혜(天惠)의 축복으로 알고 감사하고 축하하지 않을 수 없습니다. 내실과 명성으로 우뚝 선 명저를 내신 우리 오지원 박사님에게는 지금은 물론 장차 쌓아 올릴 교회사학의 중량(重量)으로 더욱 기대가 커 우선 이런 무사(蕪辭)로나마 엮어 만강의 찬사로 축하를 보내는 바입니다.

민경배

연세대학교 명예교수

축사

금번에 오지원 목사님의 집필과 침례교단 역사신학회의 노력으로 신사참배를 거부 함으로 일제에 의해 수난당한 32인의 침례교 대표들에 대한 연구가 진행되어 그 열매를 맺게 된 것을 진심으로 축하드립니다.

제가 오래전에 역사 신학자들의 모임에서 타 교단 목사가 한국교회 신사참배 거부 운동에 대해서 논문 발표하는 것을 들었습니다. 자기 교단의 신사참배 거부에 관해서만 언급을 하였기에 왜 교단으로서 신사참배를 거부한 침례교의 역사에 대해서는 언급을 안 하시느냐는 질문을 한 적이 있습니다. 그랬더니 그 교수의 대답이 그것은 침례교 역사가들의 책임이니 당신들이 알아서 연구하고 발표하라는 것이었습니다. 그 교수의 편파성에 화가 나기도 했지만 일리가 있는 말이기도 했습니다. 그러나 해외 유학파 역사신학 교수들에게는 쉽지 않은 작업인 것이었습니다. 한국교회사를 전공한 침례교 역사학자인 오지원 박사의 노고에 큰 감사와 경의를 표합니다.

한 개인 목회자로서가 아니라 한 교단 전체가 신사참배를 거부하고 신앙을 지킨 유일한 교단이 침례교라는 역사적 사실에 대하여 우리는 무궁한 긍지를 느끼고 있습니다. 왜냐하면 교단의 존립뿐만 아니라 자신들의 생명을 건 신앙의 투쟁이었기 때문입니다.

이 책이 많은 성도들에게 읽혀 우리가 받은 신앙이 얼마나 값진 것인가를 인식하는 계기가 되기를 기원합니다.

한국침례신학대학교 피영민 총장

저자의 글

본 연구는 2년 전 (사)침례교 역사신학회의 결의에서 시작되었습니다. 한국의 침례교(현 기독교한국침례회)가 일제강점기에 유일하게 교단적으로 신사참배를 거부함으로 인해 일제로부터 많은 탄압과 박해를 받았음에도 불구하고 이에 관한 연구의 미진함과 저술의 부재로 세상에 알려지지 못한 것을 안타깝게 여긴 이사회에서 오지원, 김태식 교수를 집필자로 선정했고, 이를 통해 연구와 집필이 시작되었습니다. 그러나 2019년 코로나 펜데믹에 따른 비대면 접촉으로 인해 관련 인물들에 대한 현장 조사가 거의 이루어지지 못한 채, 간접접촉을 통한 조사와 관련 문헌연구로 진행했습니다.

그러던 차에 2022년 여름 필자가 (사)한국교회총연합 문화유산연구소로부터 한국교회 선교사 전기 시리즈 집필자로 선정되어 『한국침례교의 아버지 말콤 펜윅』[1] 저술에 몰두함으로 본 연구는 일시 중단되었습니다. 그해 11월 전기 출간을 위한 원고를 탈고한 후 다시금 연구가 시작되었으나, 한국침례신학대학교 김태식 교수가 개인 사정으로 연구 진행을 할 수 없게 됨에 따라 필자가 단독으로 연구하여 오늘에 이르러 열매를 맺게 되었습니다. 돌이켜보면 여러 요인이 겹친 힘겨운 난산(難産)이라 할 정도로 힘겨웠으나 무사히 마치고 보니 과거를 잊을 만큼 큰 기쁨이 됩니다.

본서는 두 부분으로 구성되어 있는데, 제1부는 침례교의 항일운동을 역

---

1 본서는 2023년 1월 12일 (사)한국교회총연합 문화유산연구소를 통해 한국교회 선교사 전기 시리즈 8번 『한국침례교의 아버지 말콤 펜윅』으로 출판되었다. 이는 한교총 홈페이지(https://www.ucck.org/)에서 전자책(e-Book)으로 누구나 볼 수 있으며, 유튜브 한교총TV 채널을 통해 오디오북 스트리밍 영상이 무료로 제공된다. 「침례신문」 온라인 자료. http://www.baptistnews.co.kr/news/article.html?no=15783, 2023년 2월 20일 접속.

사적으로 연구하였습니다. 침례교 항일운동의 특징을 시작으로, 침례교 최초의 항일운동인 1905년 '위국기도회' 참여와 1906년 펜윅 선교사의 기독교적 애국 사상이 담겨있는 '대한노래'가 발표 그리고 침례교가 일제의 포교계 제출 거부로 인한 1918년 교회 폐쇄와 1926년 일제의 공교육을 거부하다가 일제의 신사참배 강요에 대한 거부를 정점으로 1942년 교단이 무참하게 폐쇄당하는 과정을 살폈습니다. 제2부는 침례교 항일운동의 가장 정점이었던 신사참배 거부로 수난당한 교단 대표 32인을 다뤘습니다. 이를 위해 기존의 관련된 문헌을 바탕으로 32인과 관련된 후손들의 증언을 취합하여 진술했습니다. 결국, 침례교의 항일운동은 어느 날 갑자기 일어난 것이 아닌, 1905년 일제의 강압으로 체결된 을사늑약에 대한 반발에서 시작하여 일제 말까지 지속되었으며, 이는 일제의 권력 남용에 따른 부당한 명령을 거부한 불복종 운동이요, 기독교 신앙에 입각한 비폭력 저항운동이었고, 그 정점에 교단 대표 32인이 있었음을 밝혔습니다.

본서가 갖는 가장 큰 특징은 역사연구의 기본에 충실히 하고자 노력한 것입니다. 역사연구의 가장 기본은 1차 자료를 조사, 발굴하여 이를 토대로 연구를 진행하는 것입니다. 특히 우리 침례교는 자료 부족으로 인해 연구가 어려웠으나 필자가 할 수 있는 모든 역량을 동원하여 자료를 발굴했고, 이를 수집, 분석하여 최대한 연구에 반영하였습니다. 대표적으로 일제강점기에 생산된 조선총독부 자료를 포함하여 침례교 역사연구와 관련된 1차 자료들을 살펴보았을 뿐만 아니라 더불어 각종 2차 자료들도 참고했습니다. 그러나 관련 자료가 없는 경우, '역사적 유추'(Historical analogy)를 적극적으로 사용하여 역사적 재구성을 통해 사건과 인물을 추적하였습니다. 물론 진술의 신빙성을 위해 노력했습니다. 본서를 통해 처음 소개되는 것들도 있는데, 이는 필자에게 있어 큰 기쁨과 보람입니다.

그러나 한편으로는 제1부의 침례교의 항일운동사에 비해 제2부 신사참배를 거부한 교단 대표 32인의 내용이 상대적으로 부족한 것에 대해 양해를 구합니다. 관련 인물 연구를 위한 현장 조사가 필수적으로 이루어져야 하나, 코로나 펜데믹으로 인한 현실적 어려움과 32인의 후손을 찾는 것 그리고 이분들께 인터뷰하는 것이 생각처럼 쉽지 않았습니다. 그래서 기존의 관련 문헌을 토대로 후손들의 의견과 기타 다른 자료의 내용을 취합하는 것에 그친 것이 못 내 아쉬움으로 남습니다. 그러다 보니 각 인물 간의 분량 차이가 있고, 심지어 이름 외에는 특별히 정보를 알 수가 없어 미진한 진술밖에는 할 수 없었습니다. 최대한 후손을 찾으려고 노력했으나 여러 한계로 인해 그분들의 의견을 다 반영하지 못한 것은 전적으로 필자의 책임으로, 이 책이 발행된 후라도 후손들의 증언이 추가되는 대로 증보판 출간을 약속드립니다. 더불어 필자의 미진한 연구에 대해서는 추후 후학들에 의해 더욱 보완될 수 있기를 기대합니다.

출판에 즈음하여 먼저 필자가 무사히 집필을 마칠 수 있도록 지혜와 능력을 주신 하나님 아버지께 감사와 영광을 돌립니다. 그리고 언제나 필자의 연구에 든든한 버팀목이 되는 (사)침례교 역사신학회에 감사드립니다. 법인이사장이요 회장 되시는 임공열 목사님과 사무총장 조용호 목사님 그리고 박창근, 장성익, 계인철, 박영재, 안중진, 정종현, 김태식, 전인성, 남정관 이사님의 전폭적 지지와 적극적인 협조가 있었기에 오늘의 연구와 출판이 가능했습니다. 더불어 추천사를 써 주신 기독교한국침례회 김인환 총회장님, 필자가 교회사를 연구할 수 있도록 학문적 안목을 열어주신 한국침례신학대학교 피영민 총장님, 연세대학교 명예교수 민경배 박사님께도 감사드립니다.

특별히 이 자리를 빌어 본 연구에 큰 도움을 주신 분들을 언급하고자 합니다. 먼저는 교단 대표 32인과 관련된 후손들의 귀중한 증언과 사진 등 자료제공이 본 연구에 큰 힘이 되었습니다. 또한 한국침례신학대학교에서 근무하시는 이정훈 목사님은 연구에 필요한 중요한 자료와 사진을 제공해 주셨고, 서울 일본인교회의 히라시마 노조미(平島 望) 목사님은 필자의 1차 자료 번역 오류를 바로잡아 주셨을 뿐만 아니라 여러 조언으로 연구에 큰 도움을 주셨습니다. 그 밖에 한국침례신학대학교 전 총장이신 허긴 박사님, 김용해 목사님, 이정수 목사님, 김갑수 목사님, 김장배 목사님 등의 선행연구가 있었기에 본서를 집필할 수 있었음을 이 자리를 빌려 그분들께도 감사드립니다. 그리고 이렇게 멋진 책을 만들어 주신 누가출판사에도 감사의 마음을 전합니다.

마지막으로, 첫 저서인 『칠산침례교회 120년사』를 시작으로 최근 4번째 저서인 『한국침례교의 아버지 말콤 펜윅』 집필과 본서에 이르기까지 필자가 연구에만 전념할 수 있도록 묵묵히 기도와 격려를 아끼지 않은 아내와 두 자녀에게도 깊은 감사의 마음을 전합니다. 본서가 침례교 항일운동을 인식시키고 확산하는데 초석이 되길 바라며, 이후 지속적인 후속 연구가 있기를 기대합니다.

2023년 3월

오지원

프롤로그

2023년 1월 13일(금) 국회 의원회관에서는 기독교 친일청산연구소 주최로 신사참배 거부 운동을 재조명하는 학술세미나가 개최되었다.[2] '신사참배 거부는 항일운동이다.'라는 주제 아래 열린 학술세미나는 일제에 항거하여 신사참배 반대 운동을 펼친 한상동, 조수옥, 안이숙, 최덕지 등을 재조명했는데, 최덕성, 이은선 교수가 주제발표를 했고, 필자는 침례교단 대표로 좌장과 패널로 참여하였다. 본 세미나를 통해 신사참배에 대한 문제의식을 새롭게 하는 등 의미 있고 유익한 시간이었으나, 한 가지 아쉬웠던 것은 참석자 대부분이 이구동성(異口同聲)으로 한국의 침례교가 일제강점기 신사참배 강요를 거부함으로 일제에 의해 교단이 폐쇄되고, 많은 탄압과 수난을 받은 것에 공감했으나, 이에 대한 구체적인 대상이나 특별한 논의가 없었다는 점이다. 단지 거론된 여러 인물 중에 해방 후 침례교 목사의 사모가 된 안이숙 여사(일제강점기 당시에는 장로교인 이였으나 해방 후 미국으로 건너가 로스앤젤레스 한인침례교회 담임인 김동명 목사와 결혼하여 침례교인이 되었음)를 다룸으로 그나마 체면을 세웠다.

기독교한국침례회는 2015년 제105차 정기총회(유영식 총회장)에서 일제의 신사참배 거부로 인해 교단이 폐쇄된 날(5월 10일)을 교단 기념일로 가결하고, 이듬해인 2016년 5월 10일 강경의 ㄱ자 교회터에서 200여 명이 운집한 가운데 신사참배 거부 기념 예배를 성대하게 드렸다.[3] 그러나 단발

---

2 「국민일보」 온라인 자료, http://naver.me/GEuKitkP, 2023년 3월 20일 접속.

3 「침례신문」 온라인 자료, http://www.baptistnews.co.kr/news/article.html?no=7093, 2023년 3월 20일 접속.

성 행사에 그친 채 6년간 중단되었다가 2023년 5월 10일 김인환 총회장의 주도로 다시금 강경의 ㄱ자 교회터에서 신사참배 거부 기념 예배를 드리게 되었다. 왜 그동안 신사참배 거부 기념 예배가 중단되었던 것일까? 신사참배를 이미 지나간 과거의 역사로 여겨 문제의 심각성을 망각한 건지 아니면 오늘 우리와 관련이 없다고 가볍게 여겨 무관심한 건지 알 수 없으나 이 사건의 역사적 중대성 및 심각성을 생각할 때, 참으로 개탄스럽기 짝이 없다. 한국교회사에서 신사참배는 비록 일제의 강압에 의한 것이었다고 하나 기독교 신앙의 본질이 훼손되고, 우상숭배를 했다는 측면에서 가장 큰 배교적인 사건이었음은 틀림없다. 그러기에 결코 잊어서는 안 될 사건이다.

우리가 잘 아는 논어(論語)의 위정(爲政) 편에 나오는 문장 하나를 인용해 보자. "옛것을 익히고 새것을 알면, 다른 사람의 스승이 될 수 있다."(溫故而知新, 可以爲師矣). 여기서 그 유명한 "온고지신"(溫故知新)이 나왔는데, 이것은 철저한 역사의식을 나타내는 또 다른 표현이다. 그러므로 현재 우리가 가져야 할 역사의식(歷史意識)은 과거 우리에게 일어난 사건을 바로 아는 역사인식(歷史認識)에서 시작된다. 즉 현재의 신앙은 과거와 무관하지 않으며, 오히려 과거를 바로 알 때 비로소 바람직한 미래를 열 수 있는 것이다.[4] 과거의 역사를 아는 것이 얼마나 중요한가에 대해 사도 바울은 다음과 같이 기록했다.

> "그들에게 일어난 이런 일은 본보기(거울)가 되고, 말세를 만난 우리를 깨우치기 위하여 기록되었느니라."(고린도전서 10장 11절)

"기억되지 않는 역사는 반복된다!" 비록 늦었으나 지금이라도 과거 일

---

4 오지원, 『한국침례교의 아버지 말콤 펜윅』(서울: 사단법인 한국교회총연합, 2023), 19.

제강점기에 자행됐던 일제의 악랄하고 간악했던 탄압과 박해의 참상을 바로 알고, 이에 맞섰던 우리 침례교 선진들의 신앙과 정신을 타산지석(他山之石)의 교훈으로 삼아 오늘에 계승해야 할 것이다. 이를 위한 학문적 연구가 필요하며,[5] 본 글은 이를 공론화, 대중화를 위한 하나의 거보(巨步)이다.

5 침례교의 신사참배 거부와 관련된 선행연구는 다음과 같은 것이 있다. 이경희. "대한기독교회(한국침례교회)의 원산사건에 대한 재조명."「한국기독교신학논총」112 (2019. 4), 65-92; 김용국. "말콤 펜윅과 대한기독교회의 복음주의 신앙과 항일활동과의 관계에 대한 연구."「성경과신학」94 (2020), 99-127; 이경희. "일제의 탄압과 박해에 대한 한국 초기 침례교의 저항운동 고찰."「한국교회사학회지」59 (2021), 249-279.

제1부

일제강점기 침례교 항일운동사

제1장
침례교 항일운동의 특징

일제의 한국 식민지배 정책을 한마디로 요약하면 감시와 통제이다. 그만큼 일제에 대한 한국인의 저항이 끊임없이 계속되었으며, 일제 말기로 갈수록 더욱 강화되었음을 알 수 있다.[6] 한편, 한국인의 일제에 대한 저항은 다양하게 이루어졌다. 이는 자신이 처한 환경에 따라 여러 사람이 항거했기 때문이다. 그러나 대체적으로 홍범도 장군의 봉오동 전투나 김좌진 장군의 청산리 전투 혹은 3.1운동과 상해 임시정부 활동이나 안중근, 윤봉길 의사처럼 직접적인 무장투쟁을 통해 독립을 쟁취하려 했던 것을 항일운동으로 인식하는 경우가 많다. 그러나 앞서 언급했듯이 일제강점기에는 여러 무장투쟁과 더불어 다양한 항일운동이 있었고, 이 또한 중요한 독립운동이었음을 기억해야 한다. 일제로부터 우리 민족의 정체성을 지키기 위한 교육 및 여러 계몽운동도 중요한 항일운동으로 보는 것이 마땅한데, 항일무장 투쟁에 비해서 그렇지 못한 것이 현실이다. 이는 종교계도 예외가 아니다. 기독교계의 항일을 단순히 종교적 차원의 항거로만 인식하여 기독교인들의 항일활동이 제대로 된 역사적 평가를 받지 못하고 있다. 이 같은 저평가는 시급히 시정되어야 할 것이다. 오직 유일하신 하나님만 경배하는 기독교는 천왕(天王)의 현신적(現神的) 지위를 강조하여 숭배할 것을 강요

6 홍선영·윤소영·박미경·복보경 편역, 『사상통제(1): 사상통제 관련 법규와 통제 주체』(서울: 동북아역사재단, 2021), 420.

하는 일제와 필연적으로 충돌할 수밖에 없다. 이는 서로 양립할 수 없는 현격한 성격적 차이에 따른 것으로, 권력을 가진 일제의 기독교 탄압은 명약관화(明若觀火)한 것이다.

주지하다시피 일제강점기 한국교회는 일제의 부당한 권력에 맞서 항거했다. 그러나 안타깝게 일제의 야비한 간계로 인해 어이없게도 신사참배 강요에 한국교회가 굴복함으로 대다수 한국교회의 유력한 교단이 훼절(毁節)하고 부일협력(附日協力)에 앞장섰던 어두운 과거가 있다. 물론 일부 의식 있는 기독교인들은 성경을 토대로 한 개인의 신앙 양심에 따라 일제에 맞서 저항함으로 살아있는 신앙의 절개를 보여주기도 했다. 그러나 침례교[7]만은 신사참배 거부를 통해 유일하게 교단 적으로 일제에 항거함으로 혹독한 탄압과 박해를 받았다. 이로 인해 1918년 교회가 폐쇄되었고, 1942년 교단이 폐쇄되는 비운을 겪었다. 아마도 한국의 기독교계 중에서 일제에 항거함으로 인해 가장 큰 인적, 물적 피해를 본 교단이 침례교라고 해도 과언이 아닐 것이다. 특히 일제 말기 "신사참배는 애국 행위"라는 기만적 강요에 맞서 침례교인들은 기독교 신앙의 본질을 지키기 위해 "신사참배는 우상숭배"로 여겨 단호하게 거부했는데, 한국교회사의 대 스승이신 민경배 박사는 이를 일컬어 '저항의 현상학'이라고 명명하였다. 그는 이에 대해 『순교자 주기철 목사』 머리말에서 다음과 같이 언급하였다.

---

7 일제강점기 당시 일제에 박해받았던 교단은 '동아기독교회'였다. 이는 현재의 '기독교한국침례회'인데, 침례교 교단 명칭변경의 역사는 다음과 같다. 1889년 펜윅 선교사의 내한으로 침례교가 시작되어 1906년에 최초로 '대한기독교회'라는 교단이 조직됐다. 1921년에 '동아기독교회'로, 1933년에 '동아기독대'로, 1940년에 '동아기독교회'로 변경하였다. 해방 후에는 대한기독교침례회(1949-1951), 대한기독교침례회연맹(1952-1959)으로 사용하다가 포항 측과 대전 측으로 분열됐다. 1968년 양측이 합동하면서 '한국침례회연맹'으로 변경했고, 1976년 '기독교한국침례회'로 변경하여 오늘에 이른다. 앞으로 침례교에 대한 명칭은 통칭으로서는 침례교, 시기별로는 변경된 교단 이름으로 사용할 것이다.

> 그는[주기철] '민족운동'을 한 일이 없다. 그러나 일제의 국체(國體)와 국헌(國憲)의 중추가 천황제에 있었고, 또 그 천황제가 신성(神性)으로 규정되어 그 신분에 신성불가침을 엄격히 정의하고 있었기 때문에 기독교적 유일신 신앙은 반드시 국체에 저촉되고 '필연' 도전하게 된다. 그 갈등을 신앙의 '조선화'(朝鮮化)로 가공하려던 배절(背節) 하의 기독교인들이 없지 않았다. 하지만 주기철 목사는 이런 정치적 다이나믹스의 엉킨 상황에 능동적으로 대처했던 것도 아니고, 더구나 일제 국체에 곧바로 저항하였던 것도 아니다. 다만 그는 철저하게 그의 신앙에 충실했고, 거기에 목숨을 바쳤을 따름이다. 그런데 그 신앙 자체가 충실, 현존, 신앙의 내연(內燃), 그것을 바로 '스스로' 일제에 대한 근원적이고 원점적인 저항으로 '현상화'하였던 것이다. 이것이 바로 '**저항의 현상학**'이라는 것이다.[8]

민경배 박사는 일제를 향한 주기철 목사의 신앙적 항거를 일컬어 '저항의 현상학'이라 했는데, 이는 신앙 자체에 충실이 곧 일제에 대한 저항이라는 것이다. 왜냐하면, 기독교와 일제는 태생적으로 상극의 성격을 지녔으며, 서로 양립할 수 없기 때문이다. 그러므로 기독교의 본질에 충실하면 할수록 상대적으로 일제에는 더욱 강력한 저항이 된다. 결국, 민경배 박사가 주장하는 저항의 현상학적 측면에서 볼 때, 기독교 신앙에 충실한 운동이 강력한 항일운동이요, 나아가 기독교적 독립운동이라 할 수 있다. 그런 측면에서 침례교는 기독교의 본연을 지키기 위한 저항의 현상학적 측면에서 항일운동을 펼쳤다고 할 수 있다.

그러면 침례교의 항일운동을 어떤 구조로 이해해야 할까? 일제와 기독교와의 관계를 어떤 관점으로 보느냐에 따라 다음 두 가지로 나눌 수 있는데, 먼저는 '정교갈등적(政敎葛藤的) 구조'를 생각할 수 있다. 이는 지금까

8 민경배, 『순교자 주기철 목사』(서울: 대한기독교서회, 2005), 7; 인용된 본문의 밑줄은 강조하기 위한 것임.

지 일제와 한국기독교와의 관계를 설명하는데 많이 등장한 것으로, 일제의 군국주의적 강압에 따른 기독교 탄압과 그 반응에 초점이 맞춰져 있다. 즉 일제강점기라는 식민지적 구조 속에서 양자 간의 관계를 다루고 있으며, 여기서 핵심적인 것은 정치(국가)와 종교(기독교) 간 갈등이다. 권력을 가진 일제가 식민지 내 기독교를 다스리기 위해 온갖 탄압을 가한 것에 대해 한국의 기독교는 이를 하나님에 대한 도전으로 간주하여 목숨을 내놓고 저항하였다. 이에 침례교도 동참했는데, 이에 대해서는 바로 뒤에 있을 침례교 항일운동의 방법에서 구체적으로 다룰 것이므로 여기서는 간단히 결론적으로 언급하면, 침례교는 정교분리(政教分離) 입장에서 항일하였다.[9] 그런데 일제의 국가 권력 남용으로 인한 기독교 박해가 기독교의 신앙적 저항을 불러일으켰다는 정교갈등적 구조는 기독교적 항일운동의 정당성을 설명하는데 타당하나, 상대적으로 일제에 굴복한 한국교회의 문제성과 심각성을 간과하기 쉽다는 한계가 있다. 즉, 일제강점기 한국교회가 일제의 강압에 어쩔 수 없이 굴복할 수밖에 없었다는 자기방어적 논리(변명)[10] 혹은 진영(陣營)논리가 가능하며, 이로 인해 한국교회의 굴복에 따른 신학적, 교리적 문제를 너무도 가볍게 취급할 가능성이 크다는 것이다. 이에 대한 서정민 박사의 다음과 같은 지적은 매우 타당하다고 볼 수 있다.

> 일제 말기의 상황을 단순히 기독교에 상충하는 강력한 독재 정치체제에 의한 탄압으로 보느냐, 아니면 종교적 성격을 지닌 신앙체계에 준하는 국가 권력과 기독교 신앙체계 간의 갈등으로 보느냐에 따라 그 폐해의 정도는 다르게 가늠

---

9 허긴, 『한국침례교회사』(대전: 침례신학대학교출판부, 2000), 281.

10 자기방어적 논리의 대표적 사례로 해방 후, 출옥 성도들의 교회쇄신안을 반대한 홍택기 목사(1938년 제27차 장로교 총회에서 신사참배를 가결한 총회장)의 거부 논리이다. 이상규, 『다시 쓴 한국교회사』(서울: 개혁주의출판사, 2016), 269.

될 수 있다. 만약 지금까지 수차 기술되어 왔던 것처럼 '정교갈등'의 과정으로 본다면, 오히려 혹독한 탄압의 과정에서도 기독교 신앙체계의 정체성 자체가 변질되거나 포기된 것으로 보지 않아도 될 가능성이 있다. 그러나 일제 말기 강력한 군국주의 파시즘과 결합된 천황제 국가체제를 종교국가 내지는 종교체계로 상정한다면, 이 시기의 갈등은 유일신성의 신앙체계를 신봉하는 종교 간의 충돌, 곧 '교교갈등'의 관계로 보아야 한다. 이런 와중에 기독교가 일제에 순응하고 굴절되었다는 사실은, 한 종교 신념체계의 철저한 와해, 신앙 본질의 변형으로까지 진단해 내어야 할 상황에 당도한다. 일제 말기 주류, 다수 교회가 처한 모습은 바로 그와 같은 정도에까지 이른 것이다.[11]

서정민 박사 주장의 핵심은 일제 말기의 상황에 대해 '정교갈등(政教葛藤)' 보다는 '교교갈등(教教葛藤)'으로 보는 것이 더 타당하다는 것이다. 왜냐하면, 전자는 일제의 혹독한 탄압에도 기독교 신앙체계의 정체성 자체가 변질하거나 포기된 것으로 보지 않아도 될 가능성이 있는 반면, 후자는 기독교가 철저하게 와해하고, 신앙 본질의 변형까지 일어났음을 보여준 것이기 때문이다.

필자 역시 서정민 박사의 주장에 깊이 공감하면서, '교교갈등적(教教葛藤的) 구조'의 관점에서 침례교의 항일운동을 짚어보고자 한다. 소위 '정교갈등적 구조'로 일제강점기 한국교회를 설명하는데 여러모로 미흡한 것이 사실이다. 양자 간 관계를 식민지적 사회환경에서 설명하는데 장점을 갖고 있는 반면, 기독교적 측면의 심층적 설명에는 부족하다. 즉, 일제강점기 상황을 정치 역학적 측면에서만 보면, 힘의 논리에 의한 작용으로 보게 되고, 이로 인해 강자(일제)가 약자(기독교)를 굴복시키는 적자생존(適者生存), 우

---

11 서정민, 『한국교회의 역사』(서울: 살림출판사, 2003), 50-51.

승열패(優勝劣敗)의 사회진화론적 해석을 추구하게 된다. 그런데 당시 기독교가 일제에 굴복한 것은 단순히 힘의 논리에 의한 굴복에 그치지 않고, 기독교 자신의 특성에 심한 변화와 변형이 일어났다는데 문제의 심각성이 있다. 즉, 기독교가 일제에 굴복함으로 기독교적 유일신 신앙이 무너졌고, 정체성 상실로 인해 돌이킬 수 없는 결과를 가져왔던 것이다. 일제의 천황제는 단순한 군국주의가 아닌, 일종의 정교일치적(政教一致的) 종교체계요, 신정국가(神政國家)를 추구한 것으로, 유일신의 신앙을 따르는 기독교와는 대척점(對蹠點)에 서 있다. 여기서 핵심적인 것은 국가(일본)와 종교(기독교) 간 대립임에도 불구하고 그 주된 성격은 천황교와 기독교라는 양 종교 간 충돌이다. 천황을 중심으로 한 일제의 신정체계(神政體系)는 일본인과 한국인뿐만 아니라 아시아의 모든 일제 식민지 사람들을 강압적으로 일본의 천황교에 집단 개종시키고자 했고, 그 중심에 신사참배 강요가 있었다. 결국, 한국교회가 신사참배에 참여한 것은 단순히 힘의 논리에 의한 굴복을 넘어, 일본의 국가적인 종교체계에 굴복한 것이며, 이로 인해 예수 그리스도에 대한 심각한 훼절과 기독교 신앙의 변절을 가져왔다. 신사참배로 인해 한국교회는 굴욕적인 우상숭배를 하였고, 이것은 기독교의 본질에 심각한 왜곡과 변형이 초래하여 오늘에까지 영향을 끼치고 있다. 이런 측면에서 침례교의 항일은 단순히 일제라는 정부에 대한 항일일 뿐만 아니라 성경에서 혐오하는 우상숭배적인 천황교에 대항하여 신앙 양심의 자유를 지키고자 한 항일이다.

지금까지 논의한 것을 정리하면, 침례교의 항일운동은 '정교갈등적 구조'에서는 정교분리적 측면에서 일제에 항거하였고, '교교갈등적 구조'에서는 유일신적 측면에서 천황교에 항거하였다. 전자적 입장에서는 민족주의적 항일과 맥을 같이하고 있으며, 후자적 입장에서는 신앙운동적 항일이라 할 수 있다. 결국, 침례교의 항일운동은 한국민으로서의 항일이요, 동시에 기독교인으로서의 항일이었다는 이중적 성격을 갖는다.

그러면 침례교는 어떻게 항일운동을 했을까? 첫째, 침례교는 기독교의 진리(성경)를 수호하기 위해 항일하였다. 일제강점기 침례교인들은 하나님의 말씀(성경)을 기독교 진리의 유일한 본질 혹은 원점(原點)으로 여겨 철저하게 순종했다. 심지어 성경을 문자적으로 해석하여 그대로 실천할 정도로 지나치게 충실했는데, 이를 위해서는 추호도 양보나 타협이 없었다. 특히 교단 설립자인 펜윅(Malcolm C. Fenwick, 편위익, 片爲益, 1863-1935)의 가르침에 따라 주의 재림이 임박했고, 그리스도께서 재림하신 후 천년왕국을 다스리게 될 텐데 여기에는 일본의 천황도 예외가 아니라고 하는 재림 신앙을 굳게 믿었다. 일제강점기라는 당시의 엄혹한 상황에서 이 같은 신앙은 일제에 반역하는 행위나 다름없는 위험한 것이며, 일제에 미움을 사기에 충분했다. 침례교인들은 성경이 정확 무한한 하나님 말씀이며, 신자라면 누구나 자기 삶의 원천을 이곳에서 찾아야 하고, 더불어 철저하게 실천해야 한다는 보수적 신앙을 추구했다. 일제는 이를 항일 혹은 반일로 여겨 혹독한 탄압을 가했다. 일제강점기 침례교인들은 소위 민족사적 관점의 항일활동 혹은 독립운동을 하지 않았다. 혹시 개인적 차원에서 민족운동을 한 이가 있을 수 있으나, 적어도 교단적 혹은 교회적으로는 참여하지 않았다. 오로지 침례교인들은 성경적 진리에 충실히 하고자 했고, 이를 지키려고 무던히 애를 쓰는 여정에서 이와 상반된 상황에 직면했을 때, 강하게 저항했다.[12] 그 대표적인 것이 바로 일제의 신사참배 강요에 대한 단호한 거부였다. 일제는 침례교인들의 항거를 단순히 종교적 저항으로만 보지 않았고, 일본의 국체(國體) 거부와 황실에 대한 모독이라고 여겨 불경죄, 치안

---

12 김용국 박사는 대한기독교회가 민족주의에 기초한 항일운동이 아닌, 기독교 복음주의 신앙을 기준으로 일제에 항거했다고 주장한다. 김용국, "말콤 펜윅과 대한기독교회의 복음주의 신앙과 항일활동과의 관계에 대한 연구," 「성경과신학」 94 (2020), 101.

유지법, 국가보안법으로 엄히 다스렸다. 즉, 일제는 침례교인들의 정당한 신앙생활을 항일활동으로 인식하여 탄압했던 것이고, 이에 침례교인들은 성경의 진리를 수호하고자 저항하였다.

둘째, 침례교는 신앙과 결사의 자유를 사수하기 위해 항일하였다. 이것은 앞서 언급한 첫 번째 투쟁과 연결된 것으로, 전자가 일제로부터 성경의 진리를 지키기 위한 것이었다면, 후자는 자신의 신앙을 지키기 위한 투쟁이었다. 일제는 기만적인 법으로 기독교 신앙에 배치되는 행위를 강요했고, 이를 거부할 때 무자비한 탄압을 가했다. 이는 누구에게나 마땅히 주어져야 할 신앙과 결사의 자유를 억압하고, 빼앗는 천인공노(天人共怒)할 야만적 행위이다. 일제가 이같이 기독교를 박해한 것은 그들이 지향하는 방향이 기독교와 배치됐고, 이로 인해 기독교 신앙에 충실한 것이 상대적으로 일제에는 저항으로 비쳤다. 침례교인들은 국가(정치)와 교회(종교)가 분리되어야 한다는 정교분리(政教分離) 사상을 갖고 있다. 이는 서구의 역사 속에서 형성된 침례교의 전통으로, 국가가 교회를 간섭해서는 안 되며, 누구나 하나님 앞에서 개인의 신앙과 결사의 자유가 보장되어야 한다는 취지에서 시작되었다. 그런 의미에서 정교분리는 참된 기독교 신앙의 유지와 수호를 위해 반드시 지켜져야 할 금과옥조(金科玉條)와 같은 것이다. 그러나 일제는 천황을 현존하는 신으로 받들며, 이를 숭배하고 다스리는 정교일치적 사상을 갖고 있다. 일제는 식민통치 속에서 신사참배 강요를 통해 자신들의 사상을 신앙화하여 집단 개종으로 유도해 각 개인이 갖는 신앙과 결사의 자유를 심각하게 침해하고 억압하였다. 이는 국가가 교회를 세속권력으로 통제하려는 매우 못된 수작이다. 이런 일제의 만행에 침례교인들은 단호하게 거부하였고, 이에 항거함으로 일제의 혹독한 탄압을 받았다. 결국, 일제는 침례교의 정당한 활동 즉, 자신의 신앙 증진을 위한 예배와 전도 활동을 항일활동으로 인식하여 탄압했고, 이에 침례교인들은 신앙과 결사의 자유를 사수하기 위해 항일하였다.

마지막으로, 침례교의 항일은 자유 · 평등 · 박애로 대표되는 인류의 보편적 가치 추구와 밀접한 관련이 있다. 우리는 때때로 일제강점기 항일운동을 민족 개념과 관련짓는 경향이 있다. 그러기에 해방 후 친일파를 척결하기 위해 '반민족행위처벌법'을 제정했고, '반민족행위특별조사위원회'를 구성하였다. 이 모두는 '친일'을 '반민족행위'로 보고, 이에 반대되는 가치를 '민족주의'라고 인식한 결과이다. 이런 관점에서 볼 때, 기독교가 일제에 항거한 것은 진정한 의미의 민족적 저항이 아니라는 것이다. 일제의 탄압에 기독교가 항거한 것은 자신의 종교적 신념에 따른 것이었을 뿐, 겨레와 민족 등 국가적 공익이나 이념과 거리가 있으며, 일제의 탄압으로부터 기독교를 보호하기 위한 사사로운 처사로 보고 있다. 그러나 기독교의 항일운동은 민족과 겨레라는 공익과 국가이념을 넘어 더 높은 차원에서 인류의 보편적 가치 추구를 위한 항거였음을 기억해야 한다. 왜냐하면, 일제는 식민지적 통치를 통해 인류의 보편적 가치를 심각하게 침해했고, 이에 기독교가 저항했기 때문이다. 기독교는 역사적으로 자유 · 평등 · 박애 등 인류의 보편적 가치 추구를 위해 노력해 왔고, 서구 민주주의 형성에 지대한 공헌을 하였다. 우리나라의 경우, 구한말 신분제가 뚜렷한 중세적 봉건체제 속에서 내한선교사들에 의해 세워진 미션스쿨은 근대교육의 장(場)이었고, 이곳에서 자유 · 평등 · 박애 등이 강조됨에 따라 서구적 근대화와 더불어 근대적 민족의식이 싹텄다. 당시 일본의 패권적 제국주의는 우리나라를 포함한 동아시아와 태평양 일대를 무력으로 점령하고자 반인륜적, 반인권적 만행을 서슴지 않았고, 이에 한국인들은 너나 할 것 없이 강력하게 저항하였다. 저항했던 이들 중에는 민족주의계도 있고, 기독교도 있으며, 다양한 구성원들의 포함되어 있었다. 이로 보건대, 기독교가 일제에 항거한 것은 일류의 보편적 가치를 지키고 보전하려 했다는 측면이었음을 알 수 있다. 다만 민족주의 계열은 일제의 '민족말살정책'에 맞서 겨레와 민족을 수호했고, 기독교 계열은 일제의 '기독교 말살정책'에 맞서 기독교의 진리와 교회를 수호하고자 했다는 목표가 달랐을 뿐이다. 더욱이 한국교회 대부분이 일제의 신사참배 강요에 굴복할 때, 일부 양심 있는 기독교인들이 개인적으로 저항했지만, 침례교만은 유일하게 교단적으로 끝까지 항거하였다. 이를 고려하면, 침례교의 항일운동은 역사적 재평가를 받아야 마땅하다. 결국, 일제강점기 침례교는 기독교적 항일활동을 했는데, 이는 비록 신앙적 항일이었으나, 그 이면에서는 인류의 보편적 가치 추구와 밀접한 관련이 있었음을 주지해야 하고, 이에 따른 대중적 인식의 전환이 필요하다.

결론적으로, 침례교는 기독교의 진리(성경)를 수호하기 위해서, 신앙과 결사의 자유를 사수하기 위해서, 자유 · 평등 · 박애로 대표되는 인류의 보편적 가치를 추구하기 위해서 항일운동을 하였다. 이는 일제의 권력 남용으로 인한 부당한 명령(대표적으로 신사참배 강요)에 대한 불복종 운동이요, 신앙을 통한 비폭력 저항운동이었다.

제2장

일제가 한국의 기독교를 경계한 이유

일본은 19세기 후반 메이지유신(明治維新)을 단행한 이후 정한론(征韓論)을 기반으로 1876년 조선에 불리한 불평등조약을 맺은 이래 조선의 내정을 간섭하며 점차 한반도 침략을 노골화하였다. 이 같은 일본의 제국주의적 야심은 1905년 을사늑약(乙巳勒約)으로 이어져 우리의 외교권을 빼앗았고, 드디어 1910년 국권침탈을 이뤄냈다. 한국의 국권을 빼앗으면 다 될 것 같았으나 당시 한반도에는 기독교가 막대한 영향을 끼치고 있었다. 기독교는 1884년 의료선교사 알렌(H. N. Allen)의 내한으로 시작하여 당시 한국의 정치, 경제, 사회, 문화, 교육, 종교 등 다방면에 영향을 끼치며 근대화의 첨병으로 자리를 잡았다. 이 같은 한국의 기독교에 대해 일제는 매우 경계했는데, 그 이유를 들면 다음과 같다.[13]

첫째, 천황숭배와 신사신앙을 축으로 하는 일제의 정치 · 종교 · 문화적 사상이 기독교와 조화 · 공존할 수 없었기 때문이다. 일본은 고대 농경사회 속에서 형성된 신화와 토속신앙을 바탕으로 혼합된 형태의 신도(神道)가 마치 국교처럼 자리를 잡고 있다. 이는 서양의 유일신교처럼 일본의 종교적, 도덕적 지주이며, 그 중심에는 신격화된 천황이 있다. 신도는 천황과 국가 그리고 국민을 하나로 묶는 교화의 매개체이고, 사상적 통일을 꾀

---

13 한국기독교역사학회, 『한국기독교의 역사 II (개정판)』(서울: 기독교문사, 2012), 253-54.

하고 있다.

19세기 일본 메이지 유신의 혁명가들은 서세동점(西勢東漸)의 위기 속에서 강력한 중앙집권적 국가 확립을 위해 종교적 성격의 신도를 기본 이념으로 한 천황제 국가를 확립한 후 국민적 통합을 위해 신사참배를 제도화하였다. "신사참배는 종교가 아닌 국가에 보은하는 국민적 도덕"으로 규정하여 고대부터 전래한 종교 신도를 국가 신도로 전환하였고, 이를 국가 통치의 수단으로 삼아 제정일치의 국가가 되었다. 더불어 천황에게 신성성과 절대권력을 부여하여 국가 신도의 중심이 되게 했으며, 대내적으로는 사상적 통합을 꾀하면서 동시에 대외적으로는 제국주의적 야심을 확대하는데 구심점이 되었다.

일본은 천황을 중심으로 한 제정일치적 다신교 국가로서 태생적으로 기독교와는 양립할 수 없는 성격을 갖고 있다. 그러기에 일제는 일찍부터 일본 열도의 기독교 세력부터 천황제에 충성하도록 굴복시켰고, 일본 내 기독교들이 일제의 식민통치를 정당화하고 동조할 수 있도록 배후에서 사주하였다. 이렇게 열도를 평정한 후 시선을 돌려 한국 내 종교정책을 펴기 시작했다.

둘째, 일제는 한국의 기독교가 민족운동과 연계된 배일적(排日的) 세력이라고 인식했다. 한국의 근대 교육기관의 상당수가 내한선교사들이 설립한 기독교계 학교들이었다. 선교사들은 교육을 통해 남녀평등, 자주 · 자립정신에 입각한 인류의 보편의식 전달과 민족의식을 고양했고, 한국민들은 근대식 교육을 통해 새로운 인생관과 폭넓은 세계관을 갖게 되면서 '민족의식'이 싹텄다. 특히 일제의 침략 속에서 민족에 대한 '자의식'이 성장했는데, 이런 측면에서 초기 선교사들의 교육은 한국민에게 근대적 시민으로서의 소양을 갖추게 하는데 이바지하였다.

한편, 선교 초기 한국의 일부 지식인층들은 세계에서 가장 부강하고 문명한 나라는 모두 기독교를 믿는 나라이고 또 기독교가 문명을 이루게 한 근본이므로 기독교를 믿어 문명을 이루어야 한다는 인식이 있었다. 일본의 내정 간섭과 제국주의적 침략이 노골화되자 많은 지식인층이 위기감을 느끼고 대거 기독교로 들어옴으로 기독교 내 유식 계층을 형성했는데, 이들은 기독교에 기대어 민족(애국)운동을 전개해 보려는 의도로 선교사들과 접촉했고, 교회를 찾았다.

1895년 청일전쟁을 겪으면서 기독교적 민족의식이 형성되는데, 일본의 제국주의적 야심이 초기 기독교인들에게 자극을 줌으로 저항적 민족주의가 싹텄다. 민족주의의 두 기둥인 '반외세 자주 의식'과 '반봉건의식'이 기독교를 개화와 구국의 방편으로 인식하면서 기독교 민족운동으로 드러났고, 한국기독교의 민족운동은 1896년부터 시작된 독립협회에서 비롯되기 시작하였다. 예수를 믿는다는 것과 나라를 구하는 것을 하나로 인식하여 구한말 어지러운 형세 속에서 기독교를 통해 나라를 구하고자 노력했다.

기독교계의 민족운동이 본격화된 시기는 1905년부터로써 을사늑약으로 인한 저항이었다. 일제에 저항하는 길은 기독교를 통한 근대화, 부국강병이라고 인식하여 기독교적 항일의식을 고취했다. 그러나 항일에 대한 서로 다른 인식의 차이로 갈등하기도 했다.[14] 서울지역 교회 연합 위국 기도회, 한규설 · 이상설 · 조병세 등의 을사늑약 무효 상소 운동, 상동 청년회 주도 연속 상소 운동, 민영환 · 조병세 · 안병창 · 김봉학 · 이명재 · 이한응 · 김

---

14 대표적으로 우동선과 서상륜의 갈등이다. 우동선은 독실한 기독교인이요 황해도 문화에서 활동한 의병대장으로 서북지방에서 괄목할 만한 활동을 하다 1905년 정동의려대장(正東義旅大將)이란 큰 깃발을 들고 기의(起義)했다. 한편, 서상륜이 고종에게 선유위원(宣諭委員, 의병운동이 발흥한 지역과 의병들을 설득하기 위해 중앙정부에서 파견한 임시관리)으로 임명되어 우동선 진영을 방문했는데, 이때 우동선이 격한 말투로 그를 맹비난했다. 서상륜은 우동선의 애국적 반일저항을 반대하지는 않았으나 자신에게 부여된 임무가 소요사태의 안정에 있었기에 의병 활동의 금지가 아닌 다른 방법으로 할 것을 권유했다. 두 기독교인의 갈등은 의병과 선유위원이라는 위치를 통해 당시 기독교인으로서 세속문제에 대해 어떻게 대응할 것인가에 대한 태도를 보여주었다. 민경배, 『한국교회 사회사』(개정판), (서울: 연세대학교출판부, 2008), 163-166.

석항 · 이규응 · 박성환 등의 기독교인 순국 자결이 모두 이 시기에 일어났다. 기독교인을 중심으로 일어난 비폭력 항일운동에 일제는 놀랐고, 한국교회가 깊이 관여되어 있음을 간파하였다. 일제는 한국의 기독교가 민족운동을 옹호하고 반일적 세력의 구심점이 된다고 여겨 기독교를 경계하였다.

마지막으로, 한국의 기독교가 선교사를 매개로 미국과 영국 등 서구의 여러 제국과 연결되어 있어 강압적 통제가 쉽지 않았다. 조선은 일본에 문호를 개방한 이래 서양과 최초로 수교한 나라가 미국이었다. 미국도 1882년 조미수호통상조약이 맺음으로 남북전쟁(1861-65) 이후 내치에 힘쓰면서 해외로 눈을 돌렸는데, 이 시기 해외로 진출하여 처음 외국과 조약을 맺은 나라가 바로 조선이었다. 그런 측면에서 조선도, 미국도 양자 간에 매우 의미 있는 수교였고, 미국은 조선을 자주독립국으로 인정하여 동등하게 대우함으로 조선은 많은 호감을 느꼈다.

한편, 1884년 알렌의 내한 이후 1942년 일제에 의해 내한선교사들이 강제로 추방되기 전까지 약 60년간 1500명 이상의 기독교 선교사들이 내한하여 활동하였다. 이들을 국가별로 구분하면 미국이 69.4%, 영국이 13%로 전체 내한선교사의 80%가 넘는다. 이는 한국교회가 영미 선교사들의 영향이 절대적이라 할 수 있고, 이들 나라의 영향 또한 매우 컸다고 말할 수 있다. 이는 선교 초기뿐만 아니라 지금까지도 그 영향이 미치고 있다. 그런 측면에서 한국의 기독교는 영미의 기독교라고도 할 수 있기에, 일제 입장에서는 함부로 할 수 없었다.

일본은 20세기 들어 한반도 내 독점적 지위를 갖기 위해 1902년 영일동맹을 맺었고, 1905년 가쓰라 · 태프트 밀약을 맺었다. 그런데도 자신들의 기득권 유지를 위해 여전히 미국과 영국 등 서구 여러 국가를 경계했고, 이들과 연결된 한국의 기독교를 주시하면서 경계의 긴장을 풀지 않았다.

제3장

일제가 한국의 기독교를 다룬 방식

일제는 한반도에 제국주의적 야심을 노골화하기 시작한 이래 1905년 외교권을 빼앗은 후 통감부를 설치했는데, 이 시기 한국의 기독교에 대해 다음과 같은 3가지 정책을 펼쳤다. 즉 친일화를 유도했고, 반일 · 민족세력과의 분리 · 차단했으며, 일본기독교 세력의 침투를 용인하여 기독교계의 분열을 획책하였다. 이토 히로부미(伊藤博文)가 초대 통감으로 부임한 후 한국기독교에 영향력 있는 위치에 있던 미북장로회 해외선교부 총무 아서 브라운(Arthur J. Brown)과 일본 주재 감리교 감독 해리스(M. C. Harris)와 면담했고, 정교분리를 내세워 내한선교사들이 한국 내에서 중립을 지키도록 요청하였다. 더불어 일본인, 한국인 관리들에게는 선교사들의 권리를 침해하지 말도록 공언했고, 평양 감리교 교회당 설립에 1만 엔을 지원하기도 했으며, 외국인이 종교를 목적으로 사용하는 토지에 대해서는 지세(地稅)를 부과하지 않음과 동시에 교회 소속 전답이나 선교사들의 주택부지에 면세 특전을 부여하는 등 기독교계를 회유(懷柔)하였다.[15]

그러나 또 다른 측면에서는 강력한 통제(統制)를 통해 기독교계를 탄압하고 박해를 가했는데, 그 대표적인 것이 바로 1910년 안악사건, 1911년 105인 사건의 조작이다. 안악사건은 1910년 11월 안중근의 사촌 동생인

---

15 한국기독교역사학회, 『한국기독교의 역사 I (개정판)』(서울: 기독교문사, 2011), 283-288.

안명근이 황해도 안악지방에서 서간도에 세우려고 한 무관학교의 설립자금을 모집하다 관련 인사 160여 명과 함께 검거된 사건이었고, 105인 사건은 1911년 일제가 저항적인 민족주의 및 기독교계 항일세력에 대한 통제를 위하여 테라우치 총독 암살 모의사건을 조작, 최후로 105명의 애국지사를 투옥한 사건이었다. 두 사건 모두 한참 성장하고 있는 평안도와 황해도 내 기독교 세력을 누르고자 한 것으로, 일제의 기만성을 여실히 드러내고 있다. 또한, 1911년 사립학교 규칙과 1915년 포교규칙을 제정하여 기독교 학교와 교회를 자신들의 제도권 안으로 끌어들여 철저히 통제하고자 했는데, 이는 자신들이 입맛에 맞는 기독교로 길들이고자 한 것이었다.[16]

16 김승태, 『한말·일제강점기 선교사 연구』(서울: 한국기독교역사연구소, 2006), 223-224.

제4장

침례교 최초의 항일운동: '위국기도회'(1905)

1900년 초 러시아와 일본을 둘러싼 한국의 모습을 그린 풍자화

문헌적으로 찾을 수 있는 침례교 최초의 항일운동은 나라를 위한 기도회에 참여한 것에서 시작되었다. 20세기 초 한국은 19세기 후반부터 시작된 노골적인 일본의 제국주의적 야욕에 속수무책(束手無策)으로 당했다. 일제는 러시아가 부동항을 얻기 위해 시도한 남진 정책을 저지하고자 1902년 영일동맹을 맺었고, 1904-5년 러일전쟁을 일으켜 한반도 내 독점권을 차지했으며, 1905년 가쓰라 · 태프트밀약을 통해 미국의 한반도 개입을 막았다. 같은 해 강압적인 을사늑약을 맺어 한국의 외교권을 빼앗은 다음 1906년 통감부를 설치하여 내정을 장악하는 등 한국 병탄을 위해 한 걸음씩 나아갔다. 이처럼 일본의 제국주의적 침략으로 한반도가 풍전등화(風

前燈火)에 놓이게 되자 이 땅의 뜻있는 백성들과 지식인들은 전국 각지에서 일어나 일제에 항거했다. 당시 애국적인 국권회복운동이 들풀처럼 번져 갔는데, 한편에서는 의병운동을 통해 무력으로 일본에 항거했고, 다른 한편에서는 계몽적 성격의 실력양성 운동을 펼치며 항일에 앞장섰다. 이렇게 양분된 국권회복운동과 달리 대부분 기독교인은 내한선교사들의 지도에 따라 신앙의 범주 안에서 온건한 항일운동을 펼쳤는데, 그 대표적인 것이 나라와 민족을 위한 초교파적 연합의 '위국(爲國) 기도회'였다.

한국 기독교계 대부분의 신자들이 기도를 통한 신앙운동적 국권회복을 펼치게 된 것은 1901년 9월에 발표된 장로교공의회의 '비정치화 선언'이 큰 영향을 끼쳤기 때문이다. 19세기 말 기독교가 급격하게 확산하는 가운데 형성된 독립협회가 자주독립과 근대화를 넘어 내정개혁을 요구한 것에 대한 한국 정부의 독립협회 해산령과 지도자급 인사들의 검거는 초기 내한선교사들의 선교에 부담을 주었고, 이에 당시 다수의 내한선교사가 속한 조선예수교장로회 공의회는 정부와의 불필요한 마찰을 피하고, 교회의 지속적 유지와 선교를 위하여 기독교의 정치적 불간섭을 기반으로 한 '교회와 정부 사이에 교제할 몇 조건'이라는 5개 조항을 1901년 9월 20~21일에 발표하였다. 이는 소위 '비정치화 선언'으로 정교분리를 그 핵심으로 하고 있는데, 그 내용은 다음과 같다.

각처에 있는 지교회와 교우에게 편지하노라"는 서신을 통해 교회의 비정치화를 선언했는데, 발표한 5가지 조항은 다음과 같다. ① 우리 목사들은 대한나라 일과 정부 일과 관원 일에 대하여 도무지 그 일에 간섭하지 아니하기를 작정한 것이오. ② 대한국과 우리나라들과 서로 약조가 있는데 그 약조대로 정사를 받되 교회 일과 나라 일은 같은 일 아니라 또 우리가 교우를 가르치기를 교회가 나라 일 보는 회가 아니요, 또한 나라 일은 간섭할 것도 아니오. ③ 대한 백성들이 예수교회에 들어와서 교인이 될지라도 그 전과 같이 백성인데 우리 가르치기를 하나님 말씀 거슬림 없이 황제를 충성으로 섬기며 관원을 복종하며 나라 법을 다 순종할 것이오. ④ 교회가 교인이 사사로이 나라 일 편당에 참여하는 것을 시킬 것 아니요, 금할 것도 아니요, 또 만일 교인이 나라 일에 실수하거나 범죄하거나 그 가운데 당한 일은 교회가 담당할 것 아니요, 가리울 것도 아니오. ⑤ 교회는 성신에 붙인 교회요 나라 일 보는 교회 아닌데 예배당이나 교회학당이나 교회 일을 위하여 쓸 집이요, 나라 일 의논하는 집은 아니오. 그 집에서 나라 일 공론하러 모일 것도 아니요, 또한 누구든지 교인이 되어서 다른 데 공론하지 못할 나라 일을 목사의 사랑에서 더욱 못할 것이오.[17]

더욱이 가스라 · 태프트 밀약 이후 미국 정부는 본국 출신의 내한선교사들에게 한국 정치에 간섭하지 말 것을 지시함으로 한국 내 선교사들의 정치적 불간섭은 더욱 가속화되었다. 기독교인 중에는 이 선언에 항의하며 무력투쟁에 가담한 이들도 있었으나, 대부분은 내한선교사들의 지도에 따랐다.[18]

1905년 11월 17일 을사늑약(乙巳勒約)이 일어나기 직전, 서울에 있는 장로교, 침례교, 감리교를 주축으로 기독교적 애국 운동인 '서울지역 연합 위국 기도회'를 개최하여 일제에 항거했다. 이때의 상황에 대해 1905년 11월 19일 자 「대한매일신보」는 다음과 같이 보도하였다.

성문우천(聲聞于天)

대한 전국에 기독교인의 경향에 있는 신도가 모두 십만에 달했는데, 그 국가가 침륜 멸망하는 지경에 빠져 들어감을 슬퍼하고 애통하며 사회가 영락하고

---

17 『그리스도신문』 1901. 10. 3.

18 오지원, 『한국침례교의 아버지 말콤 펜윅』(서울: 사단법인 한국교회총연합, 2023), 186-187.

쓰러지는 것을 근심하고 두려워하여 장로회와 침례회와 감리회에서 공동으로 연합회로 단결하여 영원한 생명의 하늘에 기도하자는 주지로 독일무이하시고 전지전능 하옵신 조물주 대주재 상제 여호와께 위국 기도를 경건히 지성으로 드린다 한다는데 그 매일 기도하는 전문은 다음과 같다.

위국기도문(爲國祈禱文)

지금 우리 대한이 고난 중에 있는 형편을 우리 동포가 다 아는 바이거니와 예수를 믿는 형제자매 중에도 혹은 자기가 잘못하여 이 지경에 이른 줄은 깨닫지 못하고 다른 사람만 원망하니 이는 덜 생각함이요, 혹은 말하기를 우리의 영적 나라가 하늘에 있은즉 육신의 나라는 별로히 상관없다 하니 이도 덜 생각함이요, 혹은 말하기를 이런 고난을 당하여 어찌 가만히 앉아 있으리오 하고 혈기를 참지 못하여 급히 나아가자 하니 이도 덜 생각함인 즉, 다 하나님의 뜻에 합당치 못한 것이라. 그런즉 이 고난에 든 허물이 어디 있다 하리오. 다른 데 있지 않고 다 하나님을 믿고 구하지 아니하는 데 있나니, 대저 우리나라 사람이 사신 우상을 숭봉하고, 악독한 일만 행하며, 하나님의 주신 바 기름진 땅과 광산과 일용 만물을 감사한 마음으로 받아 적당히 쓰지 아니하고, 또 하나님 앞에 복을 구하지 아니한 까닭인 즉, 주를 믿는 우리는 구약 때에 선지자 예레미야와 이사야와 다니엘이 기도로 이스라엘과 유대국이 구원 얻은 것 같이 대한도 구원 얻기를 하나님 앞에 기도합시다. 기도 시간은 매일 신시(오후 2-4시)요. 기도문은 다음과 같으니, 만왕의 왕이신 하나님이시여 우리 한국이 죄악으로 침륜에 들었으매 오직 하나님밖에 빌 데 없사와 우리가 일시에 기도하오니 한국을 불쌍히 여기사 예레미야와 이사야와 다니엘이 자기 나라를 위하여 간구함을 들으심 같이 한국을 구원하사 전국 인민으로 자기 죄를 회개하고, 다 천국 백성이 되어 나라가 하나님의 영원한 보호를 받아 지구상에 독립국이

확실케 하여 주심을 예수의 이름으로 비옵나이다.[19]

성문우천과 위국기도문이 실려있는 대한매일신보 1905년 11월 19일자 기사

'성문우천'(聲聞于天)이란 표현은 시경(詩經) 소아(小雅) 학명(鶴鳴) 편에 나오는 것으로, '鶴鳴九皐 聲聞于天'(학명구고 성문우천) 즉 "학이 깊은 물가에서 울면, 소리가 하늘까지 들린다."라는 문장에서 왔다. 나라가 기울어가는 것을 애통해하는 기독교인들이 마음을 모아 기도하면 그것이 하나님께 들려질 것이므로 다 함께 기도할 것을 독려하고 있다.

일제의 식민지적 야욕을 가장 직접적으로 느낄 수 있었던 곳은 다름 아닌 수도 서울이었다. 이곳에는 정동을 중심으로 각국의 공사관들이 있었고, 한반도를 두고 각축전이 벌어졌다. 가장 유리한 고지를 점령한 일제의 야욕이 한국인들의 표적이 되었는데, 특히 기독교인들을 중심으로 강력한 반일감정이 형성되었다. 그리하여 서울의 기독교인들을 중심으로 비폭력적

19 "聲聞于天,"『大韓每日申報』1905. 11. 19.

저항의 나라를 위한 기도회가 탄생했는데, 이는 서울의 연동교회 청년회 주축의 국민교육회를 통해 전국적인 운동으로 발전하였다. 국민교육회는 위국기도문 1만 장을 인쇄하여 전국에 반포하고 매일 오후 3~4시까지 합심하여 하나님께 기도하는 구국기도회 운동을 개시하였다.[20] 특히 1905년 11월 9일 을사늑약 체결을 위해 서울에 이토 히로부미(伊藤博文)가 도착하자 그 이튿날부터 상동교회 엡윗청년회 회원들을 중심으로 서울지역 감리교, 장로교, 침례교 연합 위국 기도회를 개최하여 일제에 항거하였다.

위국 기도문의 내용을 살피면, 대한의 위기 극복 비결은 오직 하나님께 기도하는 데 있음을 천명하면서, 먼저 하나님 앞에 바로 서는 기도자의 모습을 제시하고 있다. 그리고 무엇보다도 난국의 원인이 일본이 아닌 기독교인에게 있다고 보았고, 과거 조상과 현재 국민과 기독교인 전체 공동체의 죄를 회개하는 공동 기도운동으로 승화시킨 성숙한 신앙의 모습을 보였다. 20세기 초 대부흥 운동이 한참 전개되던 시점에서 기독교는 교회 내 각성운동으로 시작하여 전 국민이 천국 백성이 되기를 원하는 전도운동으로 확산되는 동시에 나라와 민족을 위한 애국적인 기도운동도 함께 전개하여 천국 백성으로, 한국의 국민으로 그 책임을 다했다.[21]

서울의 침례교인들이 교파를 초월한 위국 기도회에 참여했다는 1905년 11월 19일 자 「대한매일신보」의 보도는 침례교가 민족적 비극인 을사늑약을 외면하지 않고 애국 운동에 참여했다는 것을 드러낸 역사적 문헌으로 그 역사적 가치가 매우 크다. 왜냐하면, 펜윅이 대한기독교회와 그 사역자들을 비정치화와 비민족화의 신앙으로 철저하게 무장시켜 대부흥 운동을 배격했고, 을사늑약(1905)과 국권침탈(1910), 3.1운동(1919) 등 거국적 활동

20 "論說: 讀蓮洞耶蘇敎會爲國祈禱文,"『皇城新聞』, 1905. 8. 2.

21 옥성득,『첫 사건으로 본 초대 한국 교회사』(서울: 도서출판 짓다, 2016), 358-359.

을 하지 않았다는 주장이 있기 때문이다.[22] 이로 보건대, 역사연구에 있어서 1차 자료가 큰 영향을 끼치며, 중요한지를 알 수 있다. 앞으로 후학들에 의해 더 많은 1차 자료들이 발굴되어 침례교의 애국 운동을 더 입체적으로 연구되기를 소망한다.

서울의 침례교인들이 위국 기도회에 참여한 것은 무엇을 의미할까? 이는 그들이 한국인이면서 기독교인이라는 이중적 정체성의 발로(發露)였다고 볼 수 있다. 한국인으로서 일제의 침략으로 인해 국운이 기울어가는 것을 두고 볼 수 없었고, 기독교인으로서 할 수 있는 최선이 기도였으므로, 나라와 민족을 위한 위국기도회에 참여했던 것이다. 즉 한국인으로서 가져야 하는 애국심과 기독교인으로서 가져야 하는 신앙의 태도인 기도가 만난 것이 바로 위국기도회였던 것이다.

우리는 서울의 침례교인들이 위국 기도회에 참여했다는 것을 통해 다음과 같은 몇 가지를 알 수 있다. 첫째로 국가적 위기에 침례교인들이 결코 외면하지 않았다는 것이고, 둘째는 침례교인들 자신이 할 수 있는 최선인 기도운동에 적극적으로 참여하여 이를 통해 항일운동을 했다는 것이며, 마지막으로는 서울지역의 다른 교파 즉, 장로교, 감리교와 연합한 초교파 기도회를 가짐으로, 장로교와 감리교 중심의 선교지 분할정책(교계 예양)을 극복할 수 있는 좋은 사례를 보여주었다. 선교지 분할정책이 유력한 교단(장 · 감)의 내한선교사를 중심으로 선교지를 분할했으나, 한국의 장로교인 · 감리교인 · 침례교인들은 이를 초월하여 그리스도 안에서 서로 하나가 되었고, 한민족으로 뭉쳤다. 이처럼 국가가 위기에 처할 때 이를 외면하지 않고 신앙적 입장에서 적극적으로 참여했던 초기 침례교인들의 모습은 오늘 우리에게 깊은 울림을 주며, 좋은 본보기가 된다.

---

22 허긴, 『한국침례교회사』(대전: 침례신학대학교출판부, 2000), 112.

제5장

펜윅의 기독교적 애국 사상: '대한노래'(1906)

내한 초 한복입은 펜윅 선교사(기독교한국침례회 총회 제공)

역사적 문헌에서 찾을 수 있는 침례교 항일운동의 효시(嚆矢)가 서울에서 개최된 초교파적 '위국 기도회'에 침례교인들이 참여한 것에서 비롯되었다면, 침례교 항일운동의 사상적 토대는 "한국침례교의 아버지"라 일컫는 펜윅의 애국 사상이라 할 수 있다. 그는 캐나다에 있는 한국연합선교회(Corea Union Mission, CUM)의 후원을 받아 1899년 한국 땅을 밟은 캐나다인 독립선교사이다. 그에 의해 한국의 침례교가 시작되었고, 초기 한국의 침례교는 그의 사상에 깊은 영향 속에서 형성되었다.[23]

먼저 펜윅의 한국 선교에 대해 간단히 살펴보자. 펜윅은 23세 때(1886)

23 오지원, 『한국침례교의 아버지 말콤 펜윅』(서울: 사단법인 한국교회총연합, 2023), 33.

에 극적인 회심 이후 나이아가라 사경회(Niagara Bible Conference)에서 신앙훈련을 받았고, 이곳에서 선교사로 부름을 받은 후 1889년 12월 11일에 부산을 통해 내한하였다. 그는 그리스도께서 재림하시기 전 모든 한국 사람에게 속히 복음을 전해야 한다는 임박한 종말 사상(재림신앙)을 갖고 있었는데,[24] 이것은 훗날 침례교가 일제의 탄압을 받는 중요한 동기가 된다.[25]

펜윅은 1889년 12월 1차 내한하여 서울, 황해도 송천(소래), 함경남도 원산에서 활동하면서 복음을 전했고, 내한선교사들로 구성된 초교파적 단체인 상임성서위원회(Committee for Translating the Bible into the Korean Language)를 통해 요한복음을 번역했다. 또한, 원산에서는 땅을 구입하여 농장을 경영을 통해 자립 선교의 기반을 닦았다. 그러나 독립선교사요 평신도 선교사라는 한계를 극복하지 못한 채 1893년 봄에 귀국하였다. 귀국 후 펜윅은 나이아가라 사경회 강사로 활동했던 고든 목사(A. J. Gordon, 1836-1895)가 시무하던 클래런던 스트리트 침례교회(Clarendon Street Baptist Church) 내의 보스턴 선교사훈련학교(BMTS)에서 수학한 후 목사안수를 받았고, 한국순회선교회(Corean International Missionary, CIM)를 조직한 후 1896년 재차 내한하였다.

펜윅이 두 번째 내한하여 활동하던 중에 한국은 1905년 일본에 의해 외교권이 빼앗기는 을사늑약이 발발했고, 1906년 일제에 의해 통감부가 설치되었다. 한국의 외교권이 빼앗기고, 통감부 설치로 인한 내정 간섭으

---

24 Malcolm C. Fenwick, *The Church of Christ in corea: A Pioneer Missionary's Own Story* (New York: H. Doran Company., 1911), 12-13.

25 1906년 여름 원산과 평양 두 곳에서 선교사들의 연합사경회가 있었는데, 원산에서는 8월 5일부터 일주일 동안 '제3회 원산지방 사경회'가 개최되었다. 이때 미남감리회 선교사 하운셀(C. G. Hounshell)과 펜윅이 아침 경건회를 인도했는데, 특히 펜윅은 그리스도의 재림을 주제로 전천년주의 종말론 신앙을 강조하며 주님 오실 날이 머지않았으므로 어서 속히 이방인에게 복음을 전하러 갈 것을 강력하게 촉구하였다. 오지원, 『한국침례교의 아버지 말콤 펜윅』(서울: 사단법인 한국교회총연합, 2023), 185.

로 점차 그 힘을 잃어가던 한국의 모습을 목도했던 펜윅은 1906년에 "My Country Tai Han"(내 나라 대한)이라는 애국적 가사의 노래를 발표하였다.

<대한노래>

(1절) 우리 대한나라 대한국을 위해 노래합세.
열성조 나신데 또 돌아가셨네.
모든 산 곁에서 노래합세.
(2절) 우리 대한 이름 어찌 사랑할까?
우리 대한 그 산과 골이나 그 강과 수풀 다,
사랑하는 우리 노래합세.
(3절) 걱정하지 말고 하나님만 의지 성자 믿세.
구주 믿는 백성 성경을 좇으면,
우무 나라던지 핍박 없네.
(4절) 맘 먹고 일어나 하나님 앞에서 기도합세.
잘못된 일 자복 죄 사함을 받어,
기독께 의지로 나라 세워
(5절) 기자 세운 나라 어찌 잊을 소냐 만세, 만세.
대한의 사람 다 행실 뉘어쳐 고쳐
힘써서 나라를 다시 세워.[26]

이것은 「코리아 리뷰」(Korea Review) 1906년 8월호에 게재된 "대한 노래"라는 제목의 가사로써, 'God save the King'이라는 잉글랜드 국가의 멜

26 M. C. F. "My Country Tai Han," *Korea Review* (August, 1906), 320. 가독성을 위해 원문을 훼손하지 않는 범위 내에서 현대어로 고쳤음.

로디에 펜윅이 작사한 것이다.[27] 이는 나라 사랑 성격의 애국가적 특징을 갖는데, 한국에서 애국가의 최초 등장은 1896년 서재필에 의해 독립협회가 결성되고 「독립신문」의 제안에서부터였다.[28] 1897년 국호가 조선에서 대한제국으로 바뀐 후 1899년까지 다양한 형식과 내용의 애국 가사들의 등장으로 '애국가'인 작품만도 10여 편이 넘었다. 이렇게 많은 애국가의 등장은 새로운 근대국가로 발돋움하려는 한국을 널리 알리고 애국심을 고취하는 데 있었다.

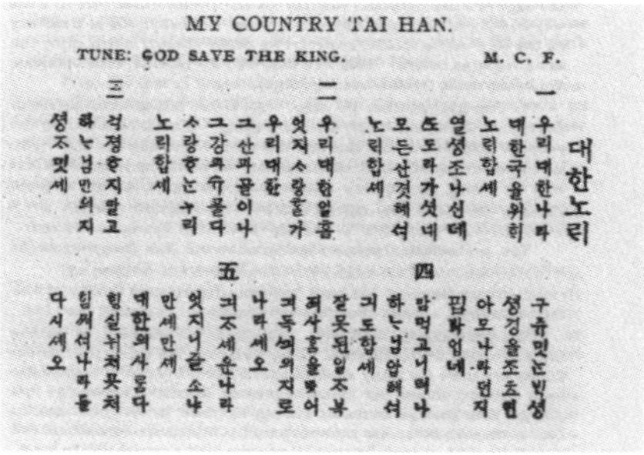

M. C. F. "My Country Tai Han," *Korea Review*(August, 1906), 320.

펜윅은 약 46년간(1889-1935) 이 땅에서 활동하면서 『신약성경』과 『복음찬미』를 번역했고, 자서전적 성격의 "The Church of Christ in Corea"(대한기독교회)와 "Life in the Cup"(잔 속의 생명)을 저술하였다. 그밖에 「코리안 리포지토리」(The Korean Repository)에 '한국의 농사법'(Korean Farming)과 「코리아 리뷰」(The Korea Review)에 "한국의 청동"(Korean Bronze)이라는 글을 실었다. 기타 개인적 서신들이 다수 있는데, 이들 대부분은 기독교 선교를 목적으로 했다는 공통점을 갖는다. 그러나 "대한 노래"는 기독교적 성격과 더불어 이전과는 결을 달리하는데, 여기에는 펜윅의 기독교적 애국 사상이 담겨있다.

총 5절로 구성된 "대한 노래"의 영문명은 "My Country Tai Han"으로, 이를 번역하면 "내 나라 대한"이다. 제목에서 알 수 있듯 펜윅은 선교지 한국을 자신의 나라로 표현할 정도로 깊은 애정을 가졌다. 이 같은 애정은 한

27 통일 찬송가 50장 '피난처 있으니'도 잉글랜드 국가의 곡조에 가사를 붙인 것이다.

28 「독립신문」에서 국가(國歌) 제정을 위한 애국가 부르기 운동이 애국가의 효시이다.

글 사용으로 이어졌는데, 선교사를 포함하여 외국인을 위해 발행된 영문 잡지인 「코리아 리뷰」(The Korea Review)에 순 한글로 "대한 노래"를 발표하여 더욱 깊게 드러났다. 펜윅의 한국 사랑은 같은 해 10월 6일 강경교회에서 교단을 설립하고, 그 명칭을 '대한기독교회'라고 명명한 것에서도 잘 알 수 있다. 이에 대해 그는 다음과 같이 언급했다.

> 하나님의 나에게 맡기신 사역은 교파를 초월한 것이었다. 한국의 여러 지역에 있는 영혼들이 주께 돌아오는 일이 많아지자 감독자들을 세울 필요가 생겼고, 될 수 있는 대로 가장 단순한 교회 이름을 지었다. 한국어로는 '대한기독교회'이고, 영어로는 '한국에 있는 그리스도의 교회'(The Church of Christ in Corea)라는 의미이다.[29]

펜윅이 장로교 혹은 감리교와 같이 기독교 교파 이름을 교단 명칭에 사용하지 않고 단순하게 '대한기독교회'라고 명명한 것은 기독교 교파나 교권 등에 매이는 것을 거부한 그의 초교파적 정신에서 비롯됐고, 기독교인 스스로 자유로운 신앙 양심에 따라 예수 그리스도의 재림 전에 한 명이라도 더 구원하기 위해 복음을 전파했던 그의 신앙선교(Faith Mission) 정신과 선교적 긴급성이 반영되어 있다. 그러나 또 다른 한편으로 생각할 수 있는 것은, 교단 명칭에 "대한"을 사용하여 한국의 기독교회임을 강조한 것은 그만큼 펜윅이 한국을 사랑하고 있다는 것을 선명하게 드러낸 것으로 볼 수 있다. 그런데 이것은 훗날 일제가 대한기독교회를 탄압하는 빌미가 되는데, 이로 인해 펜윅은 부득이하게 "대한"이라는 이름 대신 '동아기독교회'로 교단 명칭을 변경하게 된다.

---

29 Fenwick, *The Church of Christ in Corea*, 2-3.

1905년 강압적인 을사늑약과 1906년 일제의 통감부 설치를 통해 한국의 생존이 경각(頃刻)에 처해있을 때, 펜윅은 이를 외면하지 않았고, 한국을 위한 노래 즉 '대한 노래'를 발표하였다. 그의 '대한 노래'는 비록 애국가(愛國歌)적 성격을 지니고 있으나, 우리가 통상적으로 생각하는 민족주의적인 것이 아닌, 철저하게 기독교에 바탕을 두고 있다. 1절에서 열성조가 낳고 돌아가신 한국의 유구한 역사를, 2절에서는 한국의 지리적 아름다움을, 3절에서는 을사늑약으로 인한 국가적 위기 극복을 위해 하나님만 믿고 예수 그리스도를 의지하며 성경을 좇을 것을, 4절에서는 회개하고 죄 사함 받아 예수 그리스도를 의지하는 나라를 세울 것을, 5절에서는 한국의 만세를 기원하며 회개를 통해 나라를 다시 세울 것을 노래하였다.

펜윅의 '대한 노래'에 나타난 내용을 정리하면 다음과 같다. "걱정하지 말고 하나님만 의지하고 예수 그리스도를 믿으세요. 마음을 합하여 일어나 하나님 앞에서 기도합시다. 잘못된 일을 자복하고 죄 사함을 받아 그리스도께 의지하여 나라를 세우고, 다 행실 뉘우치고 고쳐 힘써서 나라를 다시 세웁시다." 펜윅은 뜨거운 신앙적 열정으로 이 나라와 민족이 나가야 할 분명한 길을 제시했는데, 진정한 애국은 진정한 기독교 신앙에서 찾아야 하며, 오직 하나님만 믿고 의지할 때 한국의 운명은 반드시 하나님께서 지켜주실 것이라고 했다. 그는 노래 어디에도 일제에 맞서 싸운다거나 직접적으로 저항해야 한다는 내용이 없다. 철저하게 기독교 신앙을 토대로 한 비폭력적 저항을 노래했고, 이것이 성경적 가르침이요 바람직한 애국 운동으로 보았다. 이는 그의 애국정신을 보여준 것이며, 당시 한국 내에서 일어난 여러 애국 운동 중에 또 다른 길을 제시했다는 측면에서 역사적 의의가 있다.

제6장

일제의 감시와 펜윅 선교사의 대응

펜윅은 일제강점기 이전인 1889년부터 이 땅에서 선교활동을 했다. 이후 을사늑약(1905)과 경술국치(1910)를 겪으며 일제의 무자비하고 야만적인 식민지배를 몸소 경험하면서 일제에 반감을 가졌고, 한국인에 대해서는 연민의 정을 가졌다. 일제는 한반도 강점 초기부터 한국 내 기독교를 예의 주시하여 주목했고, 선교사들의 활동을 감시했는데, 펜윅 선교사도 예외가 아니었다. 그의 일거수일투족이 당국에 보고됐는데, 일본 외무성의 기록에서 이를 발견할 수 있다. 1926년 6월 3일 조선총독부 경무국장(三矢宮松)이 보내고, 같은 해 6월 8일 외무성 아세아 국장(木村鋭市)이 수신한 「불령단관계잡건」(不逞團關係雜件-朝鮮人의 部-在歐米 8, 朝保密 제329호) 내의 '요주의 외국인 여행에 관한 건'에 의하면, 펜윅이 감시 대상자

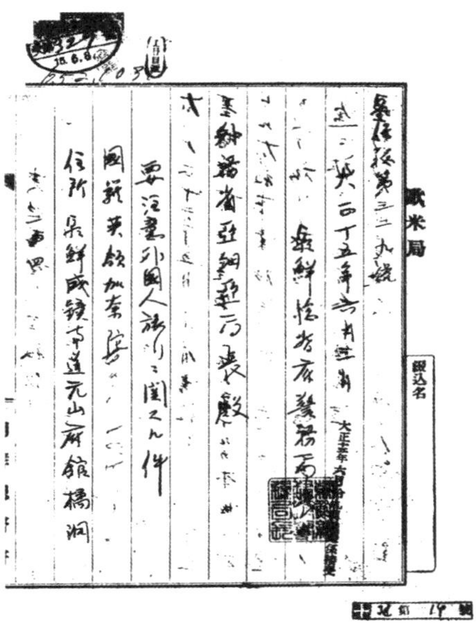
歐米局
朝鮮總督府警務局長
要注意外國人旅行ニ關スル件

1926년 6월 3일, 요주의 외국인 여행에 관한 건

로 언급된다.[30] 그런데 이는 1926년 6월 12일 외무대신(幣原喜重郎)이 보내고 같은 날 오이타 총영사(松永) 등이 수신한 「불령단관계잡건」(不逞團關係雜件-朝鮮人의 部-在歐米 8, 歐二機密 제693호) 내의 '조선 선교사의 언동에 관한 건'에도 같이 나온다.[31]

이처럼 펜윅은 일제에 의해 주의할 인물로 감시받았는데, 하루는 조선총독부에서 펜윅을 호출하였다. 그들은 펜윅에게 "당신은 선교하지 말고 본국으로 돌아가시오. 누구의 허락을 받고 한국에서 선교하느냐?"라고 윽박지르며 그가 한국에서 선교할 자격이 없다는 식으로 트집을 잡으려고 했다. 이때 펜윅은 너무도 당당한 모습으로 "나는 오래전에 벌써 허가를 받았

순회전도 떠나는 펜윅 선교사(이정훈 목사 제공)

30 三矢宮松, "要注意外國人 旅行에 관한 건,"「不逞團關係雜件-朝鮮人의 部-在歐米 8」, 1926. 6. 3.

31 幣原喜重郎, "朝鮮宣教師의 言動에 관한 건,"「不逞團關係雜件-朝鮮人의 部-在歐米 8」, 1926. 6. 12.

고, 명령을 받아 선교하고 있는 것이요."라고 말하면서 그들에게 신약성경 사도행전 1장 8절의 말씀을 펼쳐 보였다. "오직 성령이 너희에게 임하시면 너희가 권능을 받고 예루살렘과 온 유대와 사마리아와 땅끝까지 이르러 내 증인이 되리라." 이에 조사하던 일본 관리가 오히려 당황하여 말이 안 통한다는 듯이 펜윅을 돌려보냈다.[32]

펜윅은 일본의 한국 지배를 싫어했는데, 이는 일본이 하나님을 믿지 않는 나라이기 때문이기도 했지만, 자신의 힘을 앞세워 이웃 나라를 침략해 식민지로 삼고 약탈하는 행위는 예수님의 가르침과는 다른 행위라고 보았기 때문이었다. 한번은 펜윅이 경북 함창의 척동교회를 심방하기 위해 말을 타고 갈 때, 멀리서 오던 일본 헌병을 보게 되었다. 이에 펜윅은 피하지 않고 더욱 당당하게 말을 탔고, 그의 위풍에 눌린 일본 헌병은 오히려 논둑 밑에 숨었다가 펜윅이 지나간 후에 황급히 그곳을 빠져나갔다고 한다.[33] 또한, 어느 날 일본 헌병이 펜윅의 농장에서 몰래 과일을 따서 먹었을 때, 그를 붙잡아 골방에 감금하였다. 이를 알고 헌병 대장이 급하게 펜윅을 찾아와 윽박질렀다. "당신은 무슨 이유로 일본 헌병을 감금한 것이요?" 이에 펜윅은 "나는 일본 헌병을 감금한 일이 없소."라고 태연하게 대답하였다. 그러자 더욱 화가 치민 헌병 대장은 "그럼 당신네 창고에 갇혀 있는 사람은 일본 헌병이 아니고 누구란 말이요?" 이에 펜윅은 "내가 일본 헌병을 감금한 일은 없으나 허락 없이 남의 과일을 따 먹은 도둑놈은 감금한 일이 있소."라고 지혜롭게 대답하였다. 무안해진 헌병 대장은 펜윅에게 미안하다고 정중하게 사과한 후 도둑질한 헌병을 끌고 갔다고 한다.[34]

---

32 김갑수, 『한국침례교 인물사』(서울: 요단출판사, 2007), 24.

33 이정수, 『韓國浸禮敎會史』(서울: 침례회출판사, 1994), 122.

34 김갑수, 『한국침례교 인물사』(서울: 요단출판사, 2007), 24.

이처럼 펜윅은 일제를 싫어했으나, 한국인 신자들에게는 누구든지 올바른 국가관을 가지고 자기 나라를 사랑할 줄 알아야 한다고 가르쳤다. 자기 나라를 사랑할 줄 모르고, 국가에 충성할 줄 모르는 사람은 하늘나라에서도 하나님을 잘 섬길 수 없는 사람이 될 것이라 하였다. 구약시대의 모세나 신약시대의 바울과 같이 펜윅은 국가는 하나님께서 주신 최대의 선물이라고 가르쳤다. 부모에게 효를 다하고, 이웃 어른들을 섬기는 일은 인간사회에 있어서 가장 큰 예의요, 도덕이라 했다. 그래서 그는 제자들이 찾아올 때면 한복 차림에 큰절하도록 했다. 이처럼 한국문화를 존중하고 나라 사랑의 길을 제시해 주었다.[35]

35 이정수, 『韓國浸禮教會史』(서울: 침례회출판사, 1994), 121.

제7장

침례교의 포교계 제출 거부와 교회 폐쇄(1918)

일제강점기 침례교의 본격적인 항일운동은 1916년에 있었던 포교계 제출 거부에서 시작된다. 이전의 항일운동이 간접적 성격의 항일이었다면, 포교계 제출 거부는 일제를 향한 직접적 항일의 표시였다. 이는 일제의 입장에서도 자신들의 지시에 항거한 것임을 분명하게 인식했고, 이로 인해 침례교는 교회를 폐쇄당하는 극심한 고통을 겪는다. 그러면 이제 침례교의 포교계 제출 거부에 대해 살펴보자.

1906년 '대한기독교회'라는 교단이 창설된 이래 침례교는 20세기 초 대부흥운동에 편승하여 급격한 교세 확장을 이뤘다. 대부흥운동을 통한 교세 확장은 비단 침례교에만 국한된 것이 아닌, 가장 많은 선교사가 입국한 장로교를 비롯하여 감리교, 성결교 등 이 땅에 들어온 기독교 교단 대부분이 수혜를 입었다. 이렇게 한국의 기독교가 부흥하고 교세가 확장하자 일제는 극도로 기독교를 경계하며 이들을 다스리기 위한 방책을 모색했는데, 그 대표적인 것이 1915년 3월 '개정사립학교 규칙'과 1915년 8월 '포교규칙'을 제정, 공포한 것이다. 기독교의 경우, '개정사립학교 규칙'을 통해 미션스쿨을, '포교규칙'을 통해 교회를 통제하고자 했다. '개정사립학교 규칙'은 선교사들에 의해 세워진 미션스쿨의 성경 교육을 포함한 기독교 교육을 전면 금지하면서 동시에 황국신민 양성을 위한 식민지 교육의 발판을 마련하고자 했고, '포교규칙'은 대부흥운동의 열기에 힘입어 성장하고 있던 기독

교를 억제하고 통제하는 데 있었다.[36]

'개정사립학교 규칙'을 포함한 일제의 교육계 통제는 뒤에 있을 침례교의 학교교육 거부운동에서 다루기로 하고, 여기서는 '포교규칙'에 대해 살펴보자. 1915년 8월 16일 조선총독부의 데라우치 마사다케 총독에 의해 공포된 '포교규칙'(부령 제83호)은 전문 19조로 구성되었는데, 주요 내용은 크게 6가지로 요약된다. 첫째는 교파 신도 · 불교 · 기독교만을 한반도 내 공식적 종교로 인정한다는 것, 둘째는 종교 선포 종사자, 포교자, 포교 방법, 종교 시설의 폐지, 신도 증감 수 등을 매년 총독에게 신고해야 한다는 것, 셋째는 교파 신도와 일본 불교의 조선 포교관리자에 대해 총독의 인가를 받아야 하는 것과 그 이외 교 · 종파에 대해 포교관리자를 총독이 요구할 수 있다는 것, 넷째는 포교 방법과 포교관리자 등에 대해 총독이 변경 및 명령할 수 있다는 것, 다섯째는 종교 시설 설립에 대해 총독의 허가를 받아야 한다는 것, 여섯째는 포교규칙을 준용할 수 있는 종교 유사단체는 총독에게 인정받아야 한다는 것 등이다. 이 '포교규칙'은 을사늑약 이후 1906년 11월에 발표한 '종교 선포에 관한 규칙'을 계승하면서 이전보다 종교 시설에 관한 규제를 더욱 강화했고, 선 · 포교자에 대한 신고, 종교 시설의 설립 · 변경에 대해 총독의 허가를 받아야 한다는 강제적인 규정을 그 특징으로 하고 있다.[37]

'포교규칙'의 집행과정에서 더욱 문제가 된 것은 경찰력의 개입이었다. 원칙적으로는 지방행정기관이 주도했으나 경찰과 밀접한 업무연계 속에서 이루어졌다. 정무 총감이 각 도 장관에게 발령한 통첩 제85호 '포교규칙 시행에 관한 건'(1915. 10. 15)에 경찰과 업무협조 아래 '포교규칙'을 시행하도

---

36 '포교규칙' 내용에 관해서는 다음의 책을 참고하시오. 김승태 편역, 『일제강점기 종교정책사 자료집』(서울: 한국기독교역사연구소, 1996), 91-93.

37 고병철, 『일제하 종교 법규와 정책, 그리고 대응』(서울: 박문사, 2019), 108-110.

록 지시하고 있다. 그리고 통첩은 각 도 장관이 시행해야 할 5가지 항목을 구체적으로 적시하고 있다.

1. 만약 포교계의 제출을 태만히 하는 자가 있을 때는 경무 기관과 협의하여 속히 제출하도록 주의를 주고, 또한 그 명령에 따르지 않을 때는 행정집행령에 의해 독촉을 가할 것.
2. 포교자의 주소·성명, 포교관리자의 주소·성명, 포교소의 소재지·명칭 및 그 변동은 조선총독부에서 당분간 조선총독부관보에 게재할 것.
3. 교회당·설교소·강의소의 종류에 대한 설치허가신청과 같은 것은 당분간 지방청에서 취사 선택하지 말고 속히 총독부에 전달할 것.
4. 본령 시행상 예규가 될 만한 것 또는 특히 필요하다고 인정되는 것이 있을 때는 이를 경무부장에게 통지할 것.
5. 도청에 다음과 같은 장부를 비치하고 정리할 것: 포교자명부, 포교관리대장, 포교관리자명부, 포교소대장, 포교 담임자명부.[38]

일제의 '포교규칙'이 표면적으로는 교파 신도 · 불교 · 기독교를 대상으로 하고 있으나, 당시 이들 중에 가장 빠르게 성장하면서 동시에 가장 영향력이 있는 종교가 기독교였음을 고려하면, 일제가 기독교를 겨냥했다고 해도 과언이 아니다. 1923년 조선총독부가 발행한 『조선의 통치와 기독교』에도 '포교규칙'이 기독교를 대상으로 제정되었다고 명시하고 있다. 기독교를 효과적으로 통제하기 위해 일제는 교회를 향해 강제적인 신고권, 인가권, 요구권, 명령권, 허가권, 인정권 등의 세속적 권력을 사용해 한국 내 기독교 포교 상황을 철저하게 파악하였다. 이를 위해 종교기관과 종교선포자

---

38 안유림, 『일본제국의 법과 조선기독교』(서울: 경인문화사, 2018), 244에서 재인용.

를 대상으로 설립과 조직, 자격 등을 정기적으로 보고하게 하는 등 기독교를 제도권 아래 두고 감시하였다. 박은식은 총독부가 '포교규칙'을 통해 기독교에 어떻게 통제했는지 다음과 같이 기록했다.

> 총독부는 포교규칙을 제정하여 교회관리자를 두었고 교회당, 설교소, 강의소는 허가 없이 설립할 수 없게 했다. 교회가 전도사업과 교회당건축을 청원하면 고의로 질질 끌어 해가 바뀌도록 허가하지 않았다. 전도회, 사경회, 부흥회, 기도회, 예배회 및 선강회(宣講會)에도 꼭 경찰을 보내어 감시하였다.[39]

한편, 총독부에 서류를 제출해야 하는 기일이 '포교규칙'의 시행일로부터 3개월로 한정되어 있었기에, 이때까지 서류를 완비하지 못하면 당장 포교소의 문을 닫거나 포교자의 자격을 잃을 수밖에 없었으므로 기독교계는 혼란에 빠졌다. 당시 서울과 인천 등지에서 활동하던 미북감리회 선교사 노블(W. A. Noble)은 이에 대해 다음과 같이 보고했다.

> 1915년 8월 포교를 규제하기 위해 83호로 알려진 규칙이 총독부에 의해 공포되었다. 이 규칙은 10월 1일부터 실행되었고, 모든 교회와 포교자들에게 등록을 요구했다. 보고서의 형식을 준비하고, 교회들로부터 등록에 필요한 자료들을 수집하기 위해 10월을 보냈다. 이는 새로운 경험이라 목사들은 무엇이 필요한지 몰라 적지 않은 혼란을 겪었다. 작업을 끝내기도 전에 총독부 관리들은 (법령을) 이행할 것을 선언했다. 나는 이 일에 일 년 동안 넉 달을 소배했고, 평양, 영변, 공주를 방문했다.…여러 달 동안 목사들은 등록에 필요한 자료와 사실들을 수집하느라 적극적인 전도사업을 할 수 없었던 것이 사실이다.[40]

---

39 Ibid., 245에서 재인용.

40 *MINUTEAS OF THE KOREA ANNUAL CONFERENCE OF THE METHODIST EPISCOPAL*

당시 제일 큰 교세를 가졌던 장로교는 1915년 제4회 총회는 비밀리에 모임을 하고 '포교규칙' 관련 대책을 논의했다. 대략 4파로 나뉘었는데, 첫째는 신앙의 자유를 지키기 위해 '포교규칙'에 항거하자는 측, 둘째는 총회에서 총대 5인을 택하여 총독부에 질문해 본 뒤 결정하자는 측, 셋째는 법령만 발포하고 그대로 행하지 않을 것이라는 말이 있으니 공연히 긁어 부스럼을 만들지 말자는 측, 마지막으로는 통괄권을 가진 정부에서 하는 일을 간섭할 수 없을 것이므로 순응하자는 측 등이었다. 결국, 총회는 '포교규칙'에 필요한 신고서 작성절차를 총독부에 자세히 문의하기 위해 김필수, 홍승한, 함태영 3인을 총독부에 대해 교섭위원으로 정하고, 각종 신고에 필요한 서식들을 만들어 각 교회에 반포하기로 결의하였다.[41]

이종덕 감목

'포교규칙'을 강요받은 것은 대한기독교회(1906-1920)로 불렸던 침례교도 마찬가지였는데, 당시 교단은 1914년에 발발한 교단 내 지도권 다툼으로 인한 내홍으로 매우 어수선한 상태였다. 원산에서 개최된 1914년 제9차 대화회(총회)에서 제1대 감목(총회장)이던 펜윅이 이종덕 목사를 제2대 감목으로 지명함에 따라 교단 내 지도권 다툼이 일어났다. 펜윅이 이종덕을 감목으로 세운 것은 매우 파격적이었는데, 그 이유는 이미 교단 내에는 교단 설립의 초석을 놓은 신명균 목사가 지도력을 발휘하고 있었기 때문이다. 더불어 이종덕보다 먼저 목사 안수를 받은 이들(장석천, 손필환, 박노기)

CHURCH, 1916., 41-42; Ibid., 241에서 재인용.

41 『조선예수교장로회총회 제4회 회록』 1915, 32; Ibid., 252-253.

도 활동하고 있었다. 대부분의 교단 지도자들도 대화회(총회)가 있기 전부터 제2대 감목(총회장)은 신명균이 될 것으로 예상했었으나, 펜윅의 전격적인 결정은 많은 이들을 놀라게 했다. 결국, 펜윅의 감목(총회장) 선임은 교단 내 큰 파장을 몰고 왔다. 펜윅의 인사에 반발했던 인물은 단연코 신명균 목사였다. 그는 침례교를 이탈해 자신의 주로 활동했던 기호 지역의 교인들을 선동, 규합하여 조합교회를 조직하였다.[42]

교단 내 지도권 다툼으로 인한 내분을 미처 수습하지 못한 상태에서 일제의 '포교규칙' 강요는 교단을 내우외환(內憂外患)의 심연으로 빠져들게 했다. 일제의 '포교규칙' 강요로 인한 사태의 심각성을 감지한 교단 임원들이 1916년 1월 20일 원산총부에 모였다. 이들은 열띤 토의 끝에 일제의 규제와 마찰을 피하려는 방편으로 일단 교단 산하에 있는 모든 남녀 학당을 폐쇄하기로 결의하였다.[43] 당시 교단에서 운영하던 남녀 학당들은 '포교규칙' 제9조의 강의소에 해당하여 총독에게 설립과 폐지를 신고해야 하는 대상이었으므로 학당운영을 위해서는 불가피하게 포교계를 제출해야만 했다. 결국, 이런 일제의 강압적인 규제와 간섭을 피하려면 학당을 폐쇄하는 극단적인 자충수(自充手)를 써야 했는데, 이는 교단 내 피해를 감수해서라도 반드시 지켜내야 할 신앙의 자유이며, 궁극적으로는 정교분리원칙 구현을 위한 저항이었다.[44] 그런데 남녀 학당 폐쇄는 우려했던 대로 교단 내 많은 신자의 반발을 샀다. 그 대표적인 사례로, 포항지역에서 눈부신 활약을 펼치고 있던 허담 교사를 들 수 있다. 당시 그는 경북 포항의 조사리교회 내 원우학교(源于學校)를 운영하고 있었는데, 교단 지도자들의 결의로 인

---

42 오지원, 『한국침례교의 아버지 말콤 펜윅』(서울: 사단법인 한국교회총연합, 2023), 251-256.

43 허긴, 『한국침례교회사』(대전: 침례신학대학교출판부, 2000), 254-255.

44 이경희, "일제의 탄압과 박해에 대한 한국 초기 침례교의 저항 운동 고찰," 「한국교회사학회지」 59 (2021), 253.

해 학당이 폐쇄될 위기에 처하자 강하게 불만을 품고 교단을 떠났다.[45]

1916년 11월 18일 경북 예천구역에 속한 신원교회에서 제11차 대화회(총회)가 개최되었는데, 이때 다급하게 다뤄야 할 사안은 바로 '포교규칙' 문제였다. 당시 펜윅은 아내 하인즈(F. B. Hinds)의 지병을 고치기 위해 출국한 상태였으므로, 그의 부재 속에서 포교계 제출 문제는 난항이 겪었다. 이종덕 감목(총회장)은 일본 정부가 교회를 간섭해서는 안 된다는 정교분리 원칙을 내세워 포교계 제출을 단호하게 반대했던 반면, 교단의 중진이었던 손필환 목사와 김규면 목사는 포교계 제출은 신앙의 문제가 아닌 정부의 단순한 법적 절차요, 이를 이행하지 않으면 교회가 일제의 박해를 자초할 수 있으므로 포교계 제출에 순응할 것을 주장하였다. 양자 간의 팽팽한 논쟁 속에서 결국 감목(총회장)의 지시에 따라 대화회(총회)에서 포교계 제출이 거부하기에 이른다. 훗날 이종덕 감목(총회장)은 이때의 일을 다음과 같이 회상했다.

> 내가[이종덕] 본 감목의 책임을 받은 다음 해 곧 일천구백십오년에 포교규칙이 반포된 것을 온 교회가 아는 바라. 이 규칙이 반포되기 전에 편공부께서 나라가 교회 다스릴 법 지었다고 하시는 말씀을, 나의 마음에 그렇게 될 것 같으면 성신님의 다스림을 받으오는 교회가 어찌 나라 법에 다스림을 받을 수 있을까. 이는 못 할 일이라 생각이었소이다. [.] 이 규칙이 확실히 발포되는 동시에 난 임원들과 수차례 협의한 일도 있었고 교회들 모일 때의 론함도 있는 바와 같이 우리 교회 다 부분은 포교규칙에 복종할 수 없는 뜻을 주장하고 내려온 일은 사실이나 당국에 취체로 인하여 각 구역에서 한편에 몸 고생과 재물 손상과 혹 약한 교인들 낙심하는 일과 여러 가지 복잡한 풍파가 일어나는 동

---

45 Ibid., 158-159.

시에 본 감목은 크게 생각하여 보지 안이할 수 없는 일인 줄 깨닫고 포교규칙을 등록하려다 몇 번 해본 일도 있었거든 성경에 대하여 크게 위반될 일만 아니면 마음에 슬프나 형식으로라도 하고 교회 실력만 성경도리로 단속하여 홀가분한 생각이 수차례 있었소이다. [.] 그러나 포교규칙 및 조건에 대해서는 암만 하여도 할 수 없는 줄로 생각한 것은 첫째 새로 교회 설립할 때는 허가를 먼저 얻은 후에야 설립한다고 하며 임원을 선정하는데 도 당국의 승낙이 있어야만 한다고 OO다 교회 전체 진회 수효를 총합보고도 한다 한즉 일 건에 대하여 암만 하여도 순종할 수 없는 것을 생각해 본 교회 임원들과 수차 협의한 중에도 한마음으로 자정돼야 OO하며 사년 동안 내려오는 때 사람 생각으로 교회 일을 계속 유지하여 나가기 어려울 줄로 생각을…[46]

대한기독교회(1906-1920)의 포교계 제출 거부는 혹독한 결과를 가져왔는데, 일제는 교단의 포교계 제출 거부를 법 위반으로 규정하여 교단 대표인 이종덕 감목(총회장)을 체포 · 투옥했고, 1918년 후반에 이르러서는 교회 폐쇄령을 내렸다. 이로 인해 한반도 내 교단에 속한 모든 교회가 집회의 자유를 빼앗기는 비운을 맞는다.[47] 이 같은 만행은 적법한 절차에 의한 것이 아닌, 일제의 무단통치에 의한 폭압적인 것으로, 광기에 가까운 처사가 아닐 수 없다. 이때 이후 다시 교회 문이 열리기까지 약 2년 동안 침례교회는 집회와 신앙의 자유를 빼앗긴 채 일제로부터 온갖 탄압과 박해를 받았고, 이로 인해 신자들은 사방으로 뿔뿔이 흩어지는 등으로 인해 교세가 급격하게 악화하였다. 일제에 의해 구금되었다가 1918년에 풀려난 이종덕 감

46 "광고"(포교계에 대한 이유), 「달편지」 1922년 4월 20일; 이경희, "한국침례교회의 역사적 사건들에 대한 재조명(원산사건과 미남침례회 제휴를 중심으로)," (박사학위논문, 침례신학대학교 일반대학원, 2018), 87에서 재인용.

47 허긴, 『한국침례교회사』(대전: 침례신학대학교출판부, 2000), 196.

목(총회장)은 서둘러 원산을 떠나 간도의 종성동으로 이주하여 일제의 교단 폐쇄로 흩어진 신자들을 다시 규합하여 일제의 박해를 극복하고 신앙을 돈독히 하는 데 힘썼다.

한편, 포교계 제출 문제로 이견을 보였던 손필환 목사는 1916년 12월 교단을 이탈하여 기호와 영남 일대의 교인들과 추종 세력을 규합하여 대동교회(大同教會)를 조직하였고, 김규면 목사도 함경도 · 간도 · 시베리아 일대의 교인을 규합하여 대한성리회(大韓聖理會)를 설립하여 분리해 나갔다. 포교계 제출에 동조하던 이영구 목사도 교회를 떠났고, 일제의 탄압에 시달리던 한태영 · 이자헌 · 이자운 · 장봉희 · 윤재헌 · 한대춘은 타락의 길로 빠졌으며, 예산구역과 공주구역에서는 신자들이 구세군과 조합교회와 안식일교회로 넘어가는 사태가 일어났다.[48]

교회 폐쇄령이라는 일제의 극악무도한 박해로부터 침례교가 다시 교회 문을 열 수 있게 된 것은 3.1운동 이후인 1920년이었다. 3.1운동을 통해 우리의 민족적 저력에 놀란 일제는 이전의 무자비한 무단통치와는 다르게 유화적인 문화통치로 변경하였다. 그들은 기독교에 대해서도 이전과 다르게 접근했는데, 이전의 강압적인 '포교규칙'을 새로운 포교규칙으로 개정해 1920년 4월 7일(부령 제59호) 발표하였다. 이는 전체적으로 조문의 변경, 삭제, 첨가가 수반된 대폭적인 개정으로, 내한선교사들의 요구에 부응하는 한편 이전의 통제를 완화하였다. 이전 '포교규칙'의 전문 19조 중 3개를 삭제하고 2개를 첨가했으며, 5개 조항에서 내용을 변경했다. 총독부가 '포교규칙'의 개정으로 통제를 완화했다고 내세운 것은 첫째로 총독의 허가사항이던 포교소의 설립을 신고사항으로 개정했고(9조), 둘째는 규칙위반자에 대한 벌금형이 폐지됐으며(14조), 셋째는 전반적인 절차를 간소화했다(9조의 1호,

48 Ibid., 174.

3호 삭제). 그러나 새롭게 12조를 신설하여 기독교계의 준동(蠢動)을 절대 좌시하지 않을 것을 분명하게 했다.

제12조. 조선 총독은 현재 종교의 용도에 제공하는 교회당, 설교소 또는 강의소의 종류에 있어 안녕질서를 문란하게 할 우려되는 이유가 있다고 인정될 때에는 그 설립자 또는 관리자에 대해 그 사용을 정지하거나 또는 금지할 수 있다.[49]

'개정 포교규칙'은 신설된 조항들을 통해 기독교계를 회유하면서 3.1운동과 같은 움직임의 재발을 철저히 막으려는 일제의 의도가 강하게 반영된 것이었다. 무엇보다도 일제가 포교소 설립 허가제를 폐지함으로 인해 기독교계의 숨통이 트였고, 이는 대한기독교회에도 영향을 주었다. 이 같은 변화에 교단총부는 전국의 교회에 포교계를 제출하도록 종용했는데, 교단 대

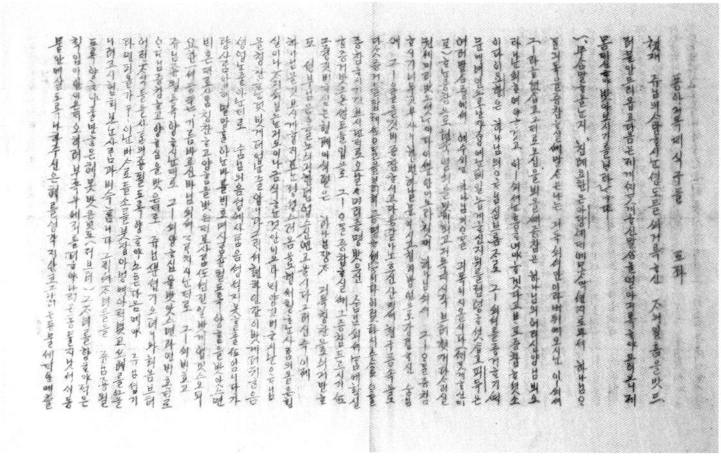

달편지의 일부분

49 안유림, 『일본제국의 법과 조선기독교』(서울: 경인문화사, 2018), 304에서 재인용.

표로서 이종덕 감목(총회장)은 「달편지」를 통해 전국에 있는 모든 대한기독교회에 포교계를 제출하라고 광고하였다.[50]

그런데 감목(총회장)의 권유에도 불구하고 교단에 속한 교회들이 신속하게 포교계를 제출하지 않은 것 같다. 우리는 이를 1912년부터 1925년까지 조선총독부에서 조사한 기독교 포교소 현황을 통해 확인할 수 있다. 이 자료에는 일본감리교회, 일본기독교회, 일본조합기독교회, 조선예수교장로회, 성공회, 구세군, 노국정교회, 천주공회, 동조선성분도회, 남감리회, 제7안식일예수재림교, 동양선교회 등은 통계에 나오는데 당시의 침례교인 대한기독교회(1906-1920)와 동아기독교회(1921-1932)는 빠져있다.[51] 또한 「조선총독부통계연보」(1912-1925)에도 기독교 포교자 현황이 나오는데, 일본감리교회, 일본기독교회, 일본조합기독교회, 동양선교회호리네스교회, 조선예수교장로회, 성공회, 구세군, 노국정교회, 천주공회, 동조선성분도회, 남감리교회, 미감리교회, 제7안식일예수재림교, 동양선교회, 조선회중기독교회, 기타 등의 통계는 나오지만 대한기독교회(1906-1920)와 동아기독교회(1921-1932)는 없다.[52]

그러나 이종덕 감목(총회장)의 포교계 제출 광고 이후 20년이 지난 1940년에 이르러 교단(동아기독교회)에 속한 교회들이 점차 포교계를 제출하기 시작하였다. 그 출발점은 1940년 일제의 포교관리자 설치 요구에 따라[53] 이종근(中山川行) 감목이 1940년 7월 15일 함경남도 원산부 영정을

---

50 허긴, 『한국침례교회사』(대전: 침례신학대학교출판부, 2000), 200.

51 윤선자, "1915년 <포교규칙> 공포 이후 종교기관 설립 현황," 「한국기독교와역사」 제8호 (1998. 2), 124-125에서 재인용.

52 Ibid., 118에서 재인용.

53 국가기록원 온라인 자료. http://theme.archives.go.kr/viewer/common/archWebViewer.do?singleData=Y&archiveEventId=0027159322, 2023년 3월 20일 접속.

주소로 포교관리자 설치를 신청하여 인가를 받았고,[54] 원산총부교회의 백남조(白原信祚) 목사가 1940년 9월 26일에 '포교계'를 제출하였다.[55]

필자가 1920년 포교계 제출이 신고제로 전환된 이후 1945년 해방이 될 때까지 발행된 「조선총독부 관보」를 조사한 바에 의하면, 조선총독부에 포교계를 제출한 침례교(동아기독교회) 인물 30명이 나온다. 그 명단은 다음과 같다.

[표1] 포교계 제출자 명단

번호	제출 연월일	제출자	주 소	출처 (총독부 관보)
1	1940. 9. 26.	백원신조 (白原信祚)	원산부 영정 143	제4170호 (1040.12.14)
2	1940. 10. 24.	김성두현 (金成斗鉉)	함경북도 경원군 용덕면 용북동 170	제4234호 (1941.3.6)
3	1940. 10. 28.	상원기춘 (上原基春)	함경남도 북청군 속후면 사호리 202-5	제4193호 (1941.1.16)
4	1940. 10. 30.	장전석천 (張田錫天)	충청남도 부여군 임천면 칠산리 548	제4234호 (1941.3.6)
5	1940. 10. 30.	김조정일 (金鳥正一)	경상북도 문경군 호서남면 점촌리 291	제4321호 (1941.6.20)
6	1940. 11. 1.	노산광석 (盧山光石)	경상북도 상주군 함창면 윤직리 489	제4321호 (1941.6.20)
7	1940. 11. 4.	죽산성홍 (竹山成弘)	함경북도 경흥군 경흥면 적지동 252	제4321호 (1941.6.20)
8	1940. 11. 6	평전중생 (平田重生)	충청남도 공주군 공주읍 산성정 166	제4210호 (1941.2.5)
9	1940. 11. 8.	죽산성은 (竹山成殷)	나진부 태양정 103	제4170호 (1040.12.14)

54 국립중앙도서관 온라인 자료. http://viewer.nl.go.kr:8080/gwanbo/viewer.jsp?pageId=GB_19400909_CA4092_003&gisaId=GB_19400909_CA4092_G0009, 2023년 3월 20일 접속.

55 국립중앙도서관 온라인 자료. http://viewer.nl.go.kr:8080/gwanbo/viewer.jsp?pageId=GB_19401214_CA4170_005&gisaId=GB_19401214_CA4170_G0027, 2023년 3월 20일 접속.

10	1940. 11. 8.	안전영조 (安田永祚)	강원도 울진군 기성면 구산리 200	제4292호 (1941.5.17)
11	1940. 11. 10.	박세홍 (朴世弘)	경상북도 영일군 홍해면 옥성동 13	제4193호 (1941.1.16)
12	1940. 11. 15.	임무평 (林茂平)	경상북도 영일군 지행면 신원리 55	제4193호 (1941.1.16)
13	1940. 11. 22.	양전병무 (陽田炳武)	강원도 울진군 근남면 행곡리 147	제4210호 (1941.2.5)
14	1940. 12. 10	청원기훈 (清原紀勳)	평안북도 자성군 중강면 만홍동 솔율삼평	제4234호 (1941.3.6)
15	1940. 12. 10.	송원광춘 (松原光春)	충청남도 예산군 광시리 116	제4438호 (1941.11.10)
16	1940. 12. 11.	국의충호 (國義忠昊)	경상북도 예천군 개포면 갈마리 237	제4321호 (1941.6.20)
17	1940. 12. 27.	목촌방춘 (木村方春)	경상북도 예천군 용궁면 금남리 252	제4321호 (1941.6.20)
18	1940. 12. 28	판평상순 (坂平相順)	충청남도 논산군 강경읍 북정 137	제4210호 (1941.2.5)
19	1940. 12. 28.	대천효준 (大川孝俊)	경상북도 영일군 영일면 효자동 460	제4321호 (1941.6.20)
20	1940. 12. 30.	삼정자현 (三井滋賢)	충청남도 부여군 양화면 입포리 55	제4234호 (1941.3.6)
21	1940. 12. 30.	안전무길 (安田茂吉)	충청남도 부여군 양화면 입포리 129	제4234호 (1941.3.6)
22	1940. 12. 30.	김촌정신 (金村定信)	충청남도 부여군 임천면 두곡리 289	제4234호 (1941.3.6)
23	1940. 12. 30.	임석손 (林石孫)	충청남도 연기군 남면 송택리 461	제4321호 (1941.6.20)
24	1940. 12. 30.	신정두하 (新井斗厦)	경상북도 영양군 석보면 택전동	제4321호 (1941.6.20)
25	1941. 1. 23.	죽산성도 (竹山成道)	나진부 순천정 60	제4344호 (1941.7.17)
26	1941. 2. 1.	김강덕산 (金岡德山)	경상북도 영일군 청하면 월포리 248	제4569호 (1942.4.23)
27	1941. 3. 1.	성전석구 (成田錫九)	경상북도 영일군 지행면 신계리 522	제4569호 (1942.4.23)

28	1941. 4. 14	청수찬필 (淸水贊弼)	전라북도 익산군 용안면 난포리 464	제4321호 (1941.6.20)
29	1941. 4. 20.	중산무부 (中山武富)	함경북도 회령군 회령읍 이동 325	제4344호 (1941.7.17)
30	1941. 4. 23	유원종길 (柳原宗吉)	충청남도 공주군 탄천면 신영리 548	제4321호 (1941.6.20)

다음으로, 29개소의 동아기독교회 포교소가 총독부에 의해 설치되었다고 총독부 관보에 나오는데, 이를 나열하면 다음과 같다.

[표2] 포교소 설치 명단

번호	설치 연월일	포교소	소재지	출처 (총독부 관보)
1	1940. 9. 26.	원산 포교소	함경남도 원산부 영정 143	제4205호 (1941.1.30.)
2	1940. 10. 28.	서호리 포교소	함경남도 북청군 속후면 서호리 203	제4205호 (1941.1.30.)
3	1940. 10. 30.	점촌리 포교소	경상북도 문경군 호서남면 점촌리	제4327호 (1941.6.27.)
4	1940. 11. 1.	신현리 포교소	경상북도 문경군 마성면 신현리 25	제4327호 (1941.6.27.)
5	1940. 11. 1.	행곡리 포교소	강원도 울진군 근남면 행곡리 10	제4219호 (1941.2.17.)
6	1940. 11. 4.	적지동 포교소	함경북도 경흥군 경흥동 적지동 248	제4358호 (1941.8.2.)
7	1940. 11. 8.	구산리 포교소	강원도 울진군 기성면 구산리 200	제4274호 (1941.4.24.)
8	1940. 11. 8.	태양정 포교소	나진부 간의동 산 103	제4205호 (1941.1.30.)
9	1940. 11. 15.	공주읍 포교소	충청남도 공주군 공주읍 욱정 110	제4219호 (1941.2.17.)
10	1940. 11. 15.	계원리 포교소	경상북도 영일군 지행면 계원리 370	제4205호 (1941.1.30.)

11	1940. 12. 10.	광시리 포교소	충청남도 예산군 광시면 광시리	제4387호 (1941.9.5.)
12	1940. 12. 10.	상송현 포교소	함경북도 경흥군 웅기읍 상송현 442-4	제4358호 (1941.8.2.)
13	1940. 12. 10.	증산동 포교소	함경북도 경흥군 호서면 증산동 132	제4358호 (1941.8.2.)
14	1940. 12. 10.	솔율삼평 포교소	평안북도 자성군 중강면 만홍동	제4247호 (1941.3.22.)
15	1940. 12. 10.	용북동 포교소	함경북도 경원군 용덕면 용북동 170	제4247호 (1941.3.22)
16	1940. 12. 11.	갈마리 포교소	경상북도 예천군 문포면 갈마리 254	제4327호 (1941.6.27)
17	1940. 12. 28.	강경 포교소	충청남도 논산군 강경읍 북정 136	제4219호 (1941.2.17)
18	1940. 12. 28.	효자동 포교소	경상북도 영일군 영일면 효자동	제4327호 (1941.6.27)
19	1940. 12. 28.	위만리 포교소	경상북도 문경군 산양면 위만리 74	제4327호 (1941.6.27)
20	1940. 12. 30.	원당리 포교소	충청남도 부여군 양화면 원당리 482	제4441호 (1941.11.13)
21	1940. 12. 30.	입포리 포교소	충청남도 부여군 양화면 입포리 200	제4441호 (1941.11.13)
22	1940. 12. 30.	송택리 포교소	충청남도 연기군 남면 송택리 461	제4327호 (1941.6.27)
23	1940. 12. 30.	택전동 포교소	경상북도 영양군 석보면 택전동 295	제4327호 (1941.6.27)
24	1941. 1. 20.	와룡동 포교소	경상북도 예천군 풍양면 와룡동 492	제4327호 (1941.6.27)
25	1941. 1. 28.	나진동 포교소	나진부 나진동 192	제4322호 (1941.6.21)
26	1941. 3. 1.	신계리 포교소	경상북도 영일군 지행면 신계리 519	제4578호 (1942.5.6)
27	1941. 4. 1.	신영리 포교소	충청남도 공주군 탄천면 신영리 251	제4327호 (1941.6.27)

28	1941. 4. 14.	교동리 포교소	전라북도 익산군 용안면 교동리 210	제4322호 (1941.6.21)
29	1941. 4. 20.	이동 포교소	함경북도 회령군 회령읍 이동 325	제4322호 (1941.6.21)

한편, 조선총독부에 의해 동아기독교회 포교담임자가 16명 선정됐다고 총독부 관보에 나오는데, 그 명단은 다음과 같다.

[표3] 포교담임자 선정 명단

번호	선정 연월일	선정자	포교소	소재지	출처(총독부 관보)
1	1940. 9. 26.	백원신조 (白原信祚)	원산 예배당	원산부 영정 143	제4207호 (1941.2.1)
2	1940. 10. 24.	김성두현 (金成斗鉉)	용북동 포교소	함북 경원군 용덕면 용북동 170	제4247호 (1941.3.22)
3	1940. 10. 28.	상원기춘 (上原基春)	서호리 예배당	함북 북청군 속후면 서호리 203	제4207호 (1941.2.1)
4	1940. 11. 1	양전병무 (陽田炳武)	행곡리 예배당	강원도 울진군 근남면 행곡리 101	제4247호 (1941.3.22)
5	1940. 11. 8.	죽산성은 (竹山成殷)	태양정 예배당	나진부 간의동 산 103	제4207호 (1941.2.1)
6	1940. 11. 15.	임무평 (林茂平)	계원리 예배당	경북 영일군 지행면 계원리	제4207호 (1941.2.1)
7	1940. 11. 15.	평전중생 (平田重生)	공주읍 포교소	충남 공주군 공주읍 욱정 110	제4247호 (1941.3.22)
8	1940. 12. 10.	청원기훈 (淸原紀勳)	솔율삼평 예배당	평북 자성군 중강면 만홍동 솔율삼평	제4247호 (1941.3.22)
9	1940. 12. 10.	송원광춘 (松原光春)	광시리 예배당	충남 예산군 광시면 광시리	제4448호 (1941.11.21)
10	1940. 12. 14.	죽전성원 (竹田成源)	상송현 예배당	함북 경흥군 웅기읍 상송현리 442-4	제4390호 (1941.9.9)
11	1940. 12. 28.	판평상순 (坂平相順)	강경 포교소	충남 논산군 강경읍 북정 136	제4247호 (1941.3.22)

12	1940. 12. 30.	임석손 (林石孫)	송택리 포교소	충남 연기군 남면 송택리 461	제4330호 (1941.7.1)
13	1940. 12. 30.	삼정자하 (三井滋賀)	원당리 포교소	충남 부여군 양화면 원당리 82	제4448호 (1941.11.21)
14	1940. 12. 30.	안전무길 (安田茂吉)	입포리 포교소	충남 부여군 양화면 입포리 200	제4448호 (1941.11.21)
15	1941. 2. 1.	김강덕산 (金岡德山)	월포리 예배당	경북 영일군 청하면 월포리	제4579호 (1942.5.7)
16	1941. 3. 1.	성전석구 (成田錫九)	신계리 예배당	경북 영일군 지행면 신계리	제4579호 (1942.5.7)

이제 위에서 살핀 [표1, 2, 3]을 비교하여 표로 만들면 다음과 같다.

[표4] 포교계 제출자, 포교소 설치, 포교담임자 선정 비교

포교계 제출자	포교소 설치	포교담임자 선정
1940.9.26. 백원신조(白原信祚)	1940.9.26. 원산 포교소	1940.9.26. 백원신조(白原信祚)
1940.10.24. 김성두현(金成斗鉉)	1940.12.10. 용북동 포교소	1940.10.24. 김성두현(金成斗鉉)
1940.10.28. 상원기춘(上原基春)	1940.10.28. 서호리 포교소	1940.10.28. 상원기춘(上原基春)
1940.10.30. 장전석천(張田錫天)		
1940.10.30. 김조정일(金鳥正一)	1940.10.30. 점촌리 포교소	
1940.11.1. 노산광석(盧山光石)		
	1940.11.1. 신현리 포교소	
1940.11.4. 죽산성홍(竹山成弘)	1940.11.4. 적지동 포교소	
1940.11.6. 평전중생(平田重生)	1940.11.15. 공주읍 포교소	1940.11.15. 평전중생(平田重生)
1940.11.8. 죽산성은(竹山成殷)	1940.11.8. 태양정 포교소	
1940.11.8. 안전영조(安田永祚)	1940.11.8. 구산리 포교소	
1940.11.10. 박세홍(朴世弘)		
1940.11.15. 임무평(林茂平)	1940.11.15. 계원리 포교소	1940.11.15. 임무평(林茂平)

1940.11.22. 양전병무(陽田炳武)	1940.11.1. 행곡리 포교소	1940.11.1. 양전병무(陽田炳武)
1940.12.10. 청원기훈(淸原紀勳)	1940.12.10. 솔율삼평 포교소	1940.12.10. 청원기훈(淸原紀勳)
1940.12.10. 송원광춘(松原光春)	1940.12.10. 광시리 포교소	1940.12.10. 송원광춘(松原光春)
	1940.12.10. 상송현 포교소	1940.12.14. 죽전성원(竹田成源)
	1940.12.10. 증산동 포교소	
1940.12.11. 국의충호(國義忠昊)	1940.12.11. 갈마리 포교소	
1940.12.27. 목촌방춘(木村方春)		
1940.12.28. 판평상순(坂平相順)	1940.12.28. 강경 포교소	1940.12.28. 판평상순(坂平相順)
1940.12.28. 대천효준(大川孝俊)	1940.12.28. 효자동 포교소	
	1940.12.28. 위만리 포교소	
1940.12.30. 삼정자현(三井滋賢)	1940.12.30. 입포리 포교소	1940.12.30. 삼정자현(三井滋賢)
	1940.12.30. 원당리 포교소	1940.12.30. 삼정자하(三井滋賀)
1940.12.30. 안전무길(安田茂吉)		
1940.12.30. 김촌정신(金村定信)		
1940.12.30. 임석손(林石孫)	1940.12.30. 송택리 포교소	1940.12.30. 임석손(林石孫)
1940.12.30. 신정두하(新井斗厦)	1940.12.30. 택전동 포교소	
	1941.1.2.0. 와룡동 포교소	
1941.1.23. 죽산성도(竹山成道)		
	1941.1.28. 나진동 포교소	
1941.2.1. 김강덕산(金岡德山)	1941.2.1. 월포리 포교소	1941.2.1. 김강덕산(金岡德山)
1941.3.1. 성전석구(成田錫九)	1941.3.1. 신계리 포교소	1941.3.1. 성전석구(成田錫九)
1941.4.14. 청수찬필(淸水贊弼)	1941.4.14. 교동리 포교소	
1941.4.20. 중산무부(中山武富)	1941.4.20. 이동 포교소	
1941.4.23. 유원종길(柳原宗吉)	1941.4.1. 신영리 포교소	

필자가 「조선총독부 관보」를 조사한 후 각각의 통계를 서로 비교해 본 결과, 포교계 제출자 명단과 포교소 설치 명단 그리고 포교담임자 선정 명단의 수가 각각 다르고, 겹치는 것도 있지만 그렇지 않기도 했다. 한편, 1940년대 교단에 속한 교회 수를 알 수 있는 통계는 없으나, 이정수 목사의 기록에 의하면, 한반도 전역에 24개 구역과 100여 동아기독교회가 있었다고 한다.[56] 결국, 여기에 제시된 교회 수 100여 개와 「조선총독부 관보」에 나오는 동아기독교회 수를 비교할 때, 이것 역시 현저한 차이가 있다. 그렇다면 이같이 차이가 나는 이유는 무엇일까? 다음 두 가지로 설명할 수 있는데, **첫째, 동아기독교회의 각종 신고가 모두 「조선총독부 관보」에 실린 것은 아니었다는 것이다.** 앞서 1915년 10월 15일 정무 총감이 각 도 장관에게 발령한 통첩 제85호 '포교규칙 시행에 관한 건' 중에 두 번째인 포교자의 주소 · 성명, 포교관리자의 주소 · 성명, 포교소의 소재지 · 명칭과 그 변동을 조선총독부에서 당분간 조선총독부관보에 게재하라고 지시한 것에서 알 수 있다. 더욱 정확한 통계는 도청에 의무적으로 갖추어야 하는 장부 즉, 포교자명부, 포교 관리대장, 포교관리자명부, 포교소대장, 포교 담임자명부를 통해 알 수 있을 것이다. 한편, 매해 12월 각 교회에서 보고한 것을 취합해 조선총독부에서 발표한 '기독교 현황 추이'에 의하면, 1942년 동아기독교회의 시설(교회당, 포교소, 강의소)은 30개소, 종교포교자는 32명, 신도 수는 429명으로 나와 있다.[57] 아마도 이것이 당시로서는 가장 정확한 통계로 보인다.

둘째, 감목(총회장)의 광고에도 불구하고 동아기독교회에 속한 각 개교회가 포교계 제출에 소극적이었다. 3.1운동 이후 1920년에 이르러 포교계 제출이 보다 자유스러웠으나, 당시 동아기독교회 신자들은 교단 폐쇄까

56 이정수, 『韓國浸禮教會史』(서울: 침례회출판사, 1994), 135-136.

57 성주현·고병철, 『일제강점기 종교정책』(서울: 동북아역사재단, 2021), 173-174.

지 감행한 일제의 간악함을 익히 알고 있었기에 감목(총회장)의 포교계 제출 광고를 쉽게 받아들이지 못했고, 그 추이를 지켜보았을 것이다. 또한, 교단 내 각 교회가 자율적 의사에 따라 당국에 신고한 것도 또 다른 이유가 될 수 있다. 강제적 혹은 필수적인 것이 아니었으므로 굳이 신고하여 불필요하게 일제의 감시와 간섭을 자초할 이유는 없었다.

마지막으로, 침례교의 정교분리에 따른 항일정신의 반영으로 볼 수 있다. 포교계 제출에 대한 교단 내 구성원들의 생각과 의견이 각각 달랐으므로, 강경한 태도를 보였던 이들은 포교계 제출을 거부했을 것이요, 또 다른 이들은 어느 정도 유연하게 대처했을 것이다. 결국, 교단 내 모든 교회가 포교계 제출에 참여하지 않은 것은 침례교가 갖는 정교분리적 성격이 반영된 것으로 볼 수 있으며, 일제의 교회 장악에 대한 암묵적 저항으로 봐도 무방할 것이다.

결국, 「조선총독부 관보」에 나온 통계로 당시 침례교회의 포교계 제출자 명단, 포교소 설치 명단, 포교담임자 선정 명단의 정확한 통계를 알 수는 없다. 그러나 누가 포교계를 제출했고, 어디에 포교소가 설치됐으며, 포교담임자는 누구였는지에 대한 객관적 정보를 주고 있다는 측면에서 중요한 사료이며, 역사적 가치가 크다. 추후 이 자료는 동아기독교회의 개교회사 연구에 의미 있는 사료가 될 것이다.

그런데 일제의 대한기독교회 박해가 여기서 끝난 것이 아니었다. 1920년 제15차 대화회(총회)에 교단의 명칭문제가 안건으로 올라왔기 때문이다. 즉, 교단 명칭인 '대한기독교회' 중에 "대한"이란 용어에 대해 일제가 문제로 삼았다. 일제는 이 명칭이 국권의식을 상기시킨다고 생트집을 잡아 교단 명칭 변경을 강력하게 요구했다. 그런데 이 문제는 이미 그 이전부터 일제가 대한기독교회를 탄압하는 빌미였었다. 교단 이름으로 인해 교역자들이 강제로 연행되어 취조당하거나 구금당하기 일쑤였는데, 대표적으로 칠산교회의 장기영 감로는 수년 전부터 이 문제로 인해 시달림을 당했고, 김희서 교사(전도사)는 강제로 재산을 몰수당하는 수모를 겪었다. 그 외 김현호 · 김형태 · 김재덕 · 유종두 · 윤종우 등의 신자들이 마구잡이로 구타를 당하거나 구금되는 등 일제로부터 온갖 탄압과 박해를 받았다. 그러므로 대화회(총회)에서 이 안건이 건의된 것은 어쩌면 당연하기도 했다.[58] 더불어 1918년 이후 만주의 길림성에서 중국인 신자들이 많이 생겨나고, 중국인 교회도 개척되면서 "대한"이란 명칭이 너무나 민족적이고 편협하다는 여론도 교단 명칭변경의 또 다른 명분이 되었다. 그런데 교단 명칭을 만든 펜윅은 1917년 5월 아내의 지병 치료를 위해 출국하고 없었으므로, 교단 명칭을 어떻게 바꿔야 할지에 대한 논의가 분분한 가운데 난항을 지속하였다. 이듬해인 1921년 제16차 대화회(총회)에서 이 문제는 다시금 제일 시급하게 처리되어야 할 안건으로 올라왔다. 결국, 난상 토론 끝에 15년 동안 사용하던 '대한기독교회' 대신에 '동아기독교회'(The Church of Christ in East Asia)로 변경하였다. 이것은 교단의 선교지역이 한반도를 넘어 동북아시아까지 이르고 있었으므로 교단 명칭도 그것을 반영했다.[59]

1915년 일제의 '포교규칙' 강요로 시작된 대한기독교회 탄압은 교단이 이를 거부함으로 인해 급기야 교회 폐쇄라는 극단적 상황에 이르게 되었고, 이는 또 다른 측면에서 교단 명칭을 변경해야 하는 데까지 이른다. 일제의 '포교규칙' 강요를 거부했던 대한기독교회는 앞서 이종덕 감목(총회장)이 언급했던 대로, 교회가 나라 법에 다스림을 받는 그것은 못 할 일이요, 침례교가 굳게 따르고 있는 정교분리원칙에 어긋나는 일이다. 일제가 교회를 법으로 제어하고자 할 때, 침례교는 단호하게 거절했고, 저항했다.

---

58 Ibid., 83-84.

59 Ibid., 218.

제8장
침례교의 일제 공교육 거부(1926)

일제강점기 침례교의 공교육 거부에는 다음 두 가지가 맞닿아 있다. 하나는 진화론이라는 비기독교적인 현대사상에 대한 거부요, 다른 하나는 반기독교적인 일제의 황민화(皇民化) 교육에 대한 거부이다. 일제강점기 공교육으로 대표되는 학교 교육은 철저하게 우리 국민을 일본 천황의 충실한 백성으로 만들기 위해 지식을 주입했고, 인재를 양성하였다. 이를 통해 일제의 식민지를 공고히 하여 이후 대륙침략의 발판을 위한 조치였다. 이 같은 일제의 공교육을 거부했던 침례교의 발자취를 살펴보자.

1910년 국권침탈 이후 일제가 심혈을 기울인 것 중의 하나는 바로 한국의 교육계를 장악하는 것이었다. 이는 식민지 한국을 황국신민화하여 자신들의 식민지를 공고히 하려는 수작이었다. 이를 위해 1911년 8월 23일에 공포된 '조선교육령'(칙령 제229호)은 한국의 학제를 천황의 칙령 아래 위계적인 법체계로 확립했고, 같은 해 10월 20에 공포된 '사립학교 규칙'(부령 제114호)은 '조선교육령'과 동일 선상에서 한국인의 식민지 교육을 위한 발판을 마련하였다. '사립학교 규칙'은 전문 18조로 구성됐는데, 사립학교규칙의 적용대상, 설립요건과 변경, 개교와 폐교, 설립인가효력의 상실, 학칙 기재사항, 학교 명칭 규제, 학교장 설치의무, 교과용 도서 제한, 설립자 · 학교장 · 교원 자격 제한, 총독의 인가취소권과 해고 명령권, 총독의 설비 · 수업 등 변경명령권, 총독의 학교폐쇄명령권, 각종 서류 비치 의무, 매년 보고

의무, 서당에 대한 적용 제외, 도 장관의 감독권 등을 명시하고 있다.[60] 이 시기만 해도 '사립학교 규칙'이 기독교에 큰 위협이 되지 않았으나, 1914년 1월 조선총독부가 시정 3년을 맞아 조선 통치의 성과를 선전하기 위해 간행한 『朝鮮統治 三年間 成果』에 이르러서는 달랐는데, 교육과 종교를 분리하기 위한 총독부의 미래 계획이 발표됨에 따라 기독교계에 암운이 드려진다.

> 종래 조선에서 보통교육 정도의 학교로서 다소 볼만한 것은 많은 경우 외국선교사들이 설립에 관계한 학교인 탓에 지금 갑자기 교육과 종교의 분리를 강제한다면 전도를 목적으로 설립된 이들 학교는 모두 존속할 수 없을 것이다. 따라서 그에 대신할 관공립학교가 완비되지 않은 현재로서는 그 폐교에 의해 교육상 심각한 결함이 발생할 것이므로, 현재에 있어서는 다만 그 폐단을 방지함에 멈추고, 장래 교육제도가 완성되는 시기에 이르러 교육과 종교의 분립주의를 힘써 행하려 한다.[61]

『朝鮮統治 三年間 成果』는 즉각적으로 내한선교사들의 반발을 불러왔고, 강력한 항의를 통해 현재와 같은 교육정책이 적어도 앞으로 10년 이상 변경 없이 지속할 것으로 정부로부터 보장받았으나, 이는 야속하게도 1년이 조금 넘어 깨지고 만다. 즉, 1915년 3월 24일에 '개정사립학교 규칙'(부령 제24호)가 공포됐기 때문이다. '개정사립학교 규칙'은 이전 '사립학교 규칙'의 제3조와 제12조 중 일부 내용을 변경한 후 다음과 같은 조항들이 신설됐다. 사립전문학교 설립 시 재단법인 설치 의무화, 교과과정 통제 및 종교교육 금지, 교원의 자격조건과 국어사용 의무, 기타 부칙과 유예규

60 안유림, 『일본제국의 법과 조선기독교』(서울: 경인문화사, 2018), 171-183.

61 『朝鮮統治三年間成果』, 朝鮮總督府, 1914, 65; Ibid., 230에서 재인용.

정 등이다. 이 중에 제6조 2항은 기독교에 매우 치명적인 조항이었는데, 보통학교 규칙, 고등보통학교 규칙, 여자고등보통학교 규칙, 실업학교 규칙, 전문학교 규칙에 규정한 이외의 교과과정을 가할 수 없다고 규정하여 기독교 사립학교에서의 종교교육을 전면적으로 금지했다.[62]

이 같은 일제의 통제는 3.1운동이 발발했을 때, 기독교계 학교가 적극적으로 참여하게 하는 도화선이 되었다. 기독교계 학교들은 3.1운동 전개와 확산에 조직적 기반을 제공했고, 중심 세력으로 자리 잡았다. 3.1운동 이후 일제는 내한선교사들의 건의에 따라 기독교계 학교에 대한 선교사들의 요구를 수용하여 1920년 3월 사립학교규칙 개정을 통해 종교교육 금지조항을 폐지하여 종교교육 문제로 인한 기독교계와의 마찰을 피했다. 대신 사립 고등교육에 관한 통제와 억제방침을 통해 기독교계 학교들을 다스렸다.

1926년 제21차 대화회(총회)가 예천구역 점촌교회에서 개최됐는데, 이때 전격적으로 발표된 것이 펜윅의 '학교교육 금지령'이다. 이는 펜윅에 의해 주장되었고, 「달편지」를 통해 전국교회에 전달됐는데, 이때의 상황을 경험했던 김용해 목사는 다음과 같이 기록하였다.

> 1916년 편공부께서는 아는 바 열매(善惡果)는 교만(驕慢)케 하는 것이요,(창 3장 22절) 의심(疑心)은 죽게(고후 3장 6절)하는 것으로 주님 오실 때가 이미 가까이 왔으니 세상 사람들이 배우는 학교에 성도의 자녀를 보내어 공부하는 것이 신앙생활(信仰生活) 심령에 불가하다고 전제(前提)하고 임원들 자녀부터 솔선해서 학교에 보내지 말고 성경을 많이 보는 진실한 사자로 양성하라고 지시하면서 지식 많은 사람 중에 고맙게 믿는 사람이 대단히 귀하다는 것이고 지식보다 구원이 귀하다는 것을 강조함으로 온 교회들은 자녀교육에 등한시하고 또는 단

62 Ibid., 230-240.

념하였던 바도 있었다.[63]

펜윅의 '학교교육 금지령'은 현재까지 논란이 되고 있는데, 대체로 부정적인 평가가 지배적이다. 대표적으로 허긴 박사를 들 수 있는데, 그는 펜윅에 대해 평가하기를, "본래 학교 교육을 받은 바 없으며 근본주의 신앙에 기초한 섭리주의 신앙의 소유자였던 펜윅은 인본주의에 기초한 서구의 세속교육에 대하여 심한 거부감을 지녀 왔었다"라고 혹평하였다.[64] 이정수 목사도 "펜윅은 극단적인 종말론적 신앙을 가지고 있었다. 주님이 오실 때까지 이미 가까웠으니 세속교육을 시키는 것이 신앙생활에는 불가하다고 전제하여 임원 자녀들로부터 솔선하여 학교교육을 폐지할 것을 명령한다는 것이다."[65] 김장배 목사 역시 "1926년에 일어난 임원의 자녀들에 대한 우선적 세속 교육금지 문제도 마찬가지의 성격을 띠고 있는 또 한 가지의 과도한 처사라고 아니할 수 없다."[66] 그런데 만일 이와 같은 주장이 맞다면, 1903년 펜윅이 공주 성경학원을 설립하면서 이곳에 교역자를 양성하는 것과는 별도로 측량부를 설치하여 기술교육을 병행한 것,[67] 그가 원산에 공업학교를 세워 교인들에게 기술교육을 할 계획을 세웠다는 것,[68] 더불어 1916년까지 교단 산하에 여러 남녀 학당이 있어 교육에 힘썼다는 것을 어떻게 설명할 수 있을까? 이런 사실들을 고려해 볼 때, 펜윅의 '학교교육 금지령'에 대한 이유를 다른 곳에서 찾는 것이 타당하다.

펜윅이 내린 '학교교육 금지령'을 이해하기 위해서는 이것이 나오게 된

---

63 김용해, 『大韓基督敎浸禮會史』(서울: 성청사, 1964), 44-45.
64 허긴, 『한국침례교회사』(대전: 침례신학대학교출판부, 2000), 255.
65 이정수, 『韓國浸禮敎會史』(서울: 침례회출판사, 1994), 92.
66 김장배, 『한국침례교회의 산 증인들』(서울: 침례회출판사, 1994), 116.
67 이정수, 『韓國浸禮敎會史』(서울: 침례회출판사, 1994), 54.
68 Ibid., 88.

당시 역사적 배경을 살펴볼 필요가 있다. 펜윅은 1917년 5월 아내의 지병 치료를 위해 출국하였다. 당시 북미지역은 1918년에 종식된 제1차 세계대전의 여파로 화해 분위기 속에 종교적 관용이 형성되면서 소위 '현대주의-근본주의 논쟁'에 대해 냉소적 반응을 보였고, 성경적 진리를 사수하기 위한 신학 논쟁은 부정적으로 인식되었다. 이처럼 기독교가 대중의 관심에서 멀어진 틈으로 유럽에서 들어온 다윈의 진화론은 북미지역 지식인층을 중심으로 주목을 받았다. 이것은 1925년에 이르러 소위 "스콥스 재판"이라 불리는 진화론과 창조론의 대결 구도를 형성하게 된다. 펜윅은 점차 북미지역에 진화론이 아편과 독버섯처럼 확산하는 것을 바라보며 심히 우려했다. 이는 반기독교적 사상으로 기독교에 치명적인 영향을 끼칠 수 있기에, 도저히 용납될 수 없고, 결코 용납되어서는 안 된다고 굳게 믿었다. 1923년 5월 그가 한국으로 돌아왔을 때, 당시 일제의 학교교육을 생각하지 않을 수 없었다. 미국에서 일어난 일이 한국에서 일어나지 않는다는 보장이 없었기 때문이다. 특히 한국에서도 학교 교육을 통해 진화론이 소개되고 있었고, 심지어 교단의 일부 사역자가 진화론이 한국 교역자들의 신앙을 병들게 한다고 펜윅에게 알려주었다.[69] 이런저런 사정을 알게 된 펜윅은 일제의 학교교육을 통해 가르쳐지는 진화론을 비롯한 반기독교적인 것이 결국 기독교 신앙에 악영향을 끼칠 것을 우려하여 교단의 모든 교역자와 신자들에게 일제에 의한 학교 교육을 금지하도록 하였다.

펜윅은 1926년 「달편지」에서 "우리 놉흔 사람 곧 대학교 졸업장 받은 사람이 리치 설명치 안이하면 다른 사람 알아듣지 못하겠다오. 아난 바는 교만케 하고(창3:22), 의심은 죽게 하는 것(고후3:6)이니"[70] 라고 했는데, 이는 그가 학교 교육 혹은 일반적인 지식을 무시 · 멸시한 것처럼 보일 수도 있

69 허긴, 『한국침례교회사』(대전: 침례신학대학교출판부, 2000), 257.

70 이정수, 『韓國浸禮敎會史』(서울: 침례회출판사, 1994), 92에서 재인용.

으나, 그 이면에는 진화론을 포함해 기독교에 장애가 되는 해로운 지식을 가르치는 일제의 학교교육을 경계한 것이다. 이 같은 지식은 반기독교적이요, 신앙에 해로울뿐더러 복음 전도에도 악영향을 끼칠 것으로 보았다.

한편, 동아기독교회의 장석천 목사가 1930년 7월 25일 「중외일보」 기자와의 인터뷰 내용은 펜윅의 '학교교육 금지령'에 대한 그의 생각을 엿볼 수 있다.

> [기자의 질문] 귀 교회는 적으나 비현대적입니다. 학교 교육은 왜 못하게 합니까? [장석천 목사의 대답] 학교에서 공부만 하고 나면 쓸데없는 허영심만 가득하여 하나님 말씀에 거역하고 반대로 행동을 취함으로, 일체 위험한 과학사상을 배척한다 하며, 유월경 모보에 소개되었던 자기 아들을 공부 못하게 한 전말을 역력히 되풀이한다.[71]

펜윅이 학교교육을 금지한 또 다른 이유는 일제에 대한 저항에서 찾을 수 있다. 그는 일본이 한국을 강제로 합병한 것에 대해 매우 못마땅하게 여겼고, 강제적 통치를 혐오했다. 한 교인이 원산에서 검정 옷을 입었는데 펜윅 선교사가 그를 보고 "그대는 일본 사람 같소"라고 꾸짖으면서 흰옷으로 갈아입으라고 했다는 일화는 유명하다."[72] 그의 일제에 대한 불만은 일제의 공교육에 대한 불신으로 이어지는데, 이는 일제의 학교 교육이 한국의 민족적 측면에서나 기독교적 측면에서나 모두 해롭다고 여겼다.

펜윅이 학교교육을 금지한 결정적 계기가 1924년 10월 11일 발생했는데, 그것은 충청남도 논산에 있는 강경공립보통학교의 신사참배 거부였다. 이는 강경신사(神社) 추계대제(秋季大祭) 때 강경공립보통학교에 다니는

---

71 호서기자동맹 서부지부, "世人의 疑惑을 밧는 동아기독교의 정체," 「중외일보」 1930. 8. 7.

72 김갑수, 『한국침례교 인물사』(서울: 요단출판사, 2007), 25.

기독교인(천주교 개신교) 학생들이 참배를 거부하거나 불참했는데, 이로 인해 학교 측은 이들을 처벌(퇴학 처분)하였다. 이것은 한국 기독교계가 신사참배를 거부한 최초의 공식적 사건으로 그 파장은 매우 컸다.[73] 1925년 조선 신궁 건립 등 신사참배를 전면적으로 확대하려 했던 조선총독부의 정책을 10여 년 후퇴시켰고, 기독교계에는 일제의 신사참배에 대한 경종을 울리는 계기가 되었다. 이 사건은 즉각적으로 강경교회를 통해 원산총부에 있는 펜윅에게 알려졌다. 그는 일제가 학교를 통해 신사참배라는 반기독교적인 우상숭배 행위를 강요하려는 것에 대해 매우 분노했고, 일제의 공교육이 우상숭배를 부추겨 한국교회를 혼란에 빠뜨린다고 보았다. 결국, 이와 같은 인식으로 인해 펜윅은 일제에 의한 학교교육을 금지했다.

第一千二百九十七號

世人의疑惑밧는
東亞基督教의正體
그조직은여하하며
주장은무엇인가?

1930년 7월 25일 중외일보 기사

펜윅의 '학교교육 금지령'은 비상식적 처사 혹은 시대를 망각한 몰지각한 행위로 비쳐질 수도 있다. 그러나 이는 당시 일제가 학교교육을 통해 반민족적, 반기독교적 행위를 강요한 것에 대한 정당한 항거로 보는 것이 타당하다. 김갑수 목사는 "펜윅 선교사가

73 한규무, "1924년 강경공립보통학교 신사참배 거부사건에 대한 재검토," 「한국기독교와 역사」 제55호 (2021. 9), 86.

일본인들이 세운 학교에 가는 것을 적극적으로 반대했다. 한국인들에게 일본의 글과 말을 쓰도록 강요하는 일제의 음모를 파악하고 1923년도 각 교회로 공문을 보내 일본 학교에 보내지 못하게 했다."[74]라고 했고, 이정수 목사도 "펜윅이 학교교육을 폐지한 것에 대해 여론과 비난이 분분했지만, 그의 이면 정신은 하나님을 배반하고 우상을 섬기는 일본의 혼을 심는 식민지 교육을 받을 필요가 없다는 데 발상한 것이다. 더구나 당시에는 진화론에 대해 교육을 하여 성서의 사상에 크게 어긋나기 때문이다."[75]라고 했다. 펜윅의 선교교육 정책을 연구한 이명희 박사도 다음과 같이 말했다.

> 많은 사람들이 펜윅 선교사의 세속교육 불가론에 대해 의심을 품고 심지어 한국침례교의 발전이 더딘 이유에 대해 펜윅 선교사가 학교 공부를 배척했기 때문이라고 주장한다. 그러나 펜윅의 성품으로 보거나 한국 사람을 사랑하는 그의 가치관으로 보거나 한 마디로 그렇게 단언하는 것은 오히려 신자의 자녀들을 우상 숭배로부터 지키고 또 일본식 교육을 싫어했던 데서 비롯된 지극히 한국인을 존중한 결과라고 생각한다. 아무리 대책 없이 무조건 학교 교육을 배척했을 리는 없었을 것이다.[76]

펜윅의 '학교교육 금지령'은 당시 교인들과 교회를 반기독교적 사상으로부터 보호하고, 반민족적인 일제의 공교육에 맞선 그의 숭고한 마음에서 시작되었다. 그러나 안타깝게도 결과적 측면에서 당시 교인들에게 어려움을 준 것도 사실이다. 대표적으로, 칠산교회 장석천 목사를 들 수 있는데,

---

74 Ibid., 25.

75 이정수,『韓國浸禮敎會史』(서울: 침례회출판사, 1994), 122.

76 최봉기·펜윅신학연구소 편,『말콤 C. 펜윅: 한국기독교 토착화의 거보』(서울: 요단출판사, 1996), 372.

슬하의 외아들 장일수가 전주의 신흥중학교에 다니고 있었기 때문이다. 장석천 목사는 교단의 방침에 따라 아들에게 자퇴를 권했으나, 장일수가 이에 불순종함으로 장석천 목사는 교단 적으로 목사직이 중지되는 징계를 받았다. 이는 장석천 목사에게만 국한된 것이 아닌, 교단의 지도자급 인사들에게도 해당이 되어, 그의 자녀들이 공교육을 받지 못하거나 중퇴해야 하는 아픔을 겪는다. 이로 인해 교단의 인재 양성의 길이 끊겨 교단의 발전에 장애가 됐다는 부정적 평가가 있으나, 이로 인해 펜윅의 학교교육 금지는 결코 폄하(貶下)되어서는 안 되며, 이를 통해 그가 일제에 항거한 것은 마땅히 재평가되어야 한다.

제9장

침례교의 신사참배 거부와 교단 폐쇄(1942)

침례교 항일운동의 가장 정점(頂點)은 감목(총회장)에 의해 발표된 신사참배 거부이다. 이것은 일제강점기 기독교계 항일운동의 최대 정점으로, 신사참배에 굴복하여 친일로 전향한 이들과 항거하여 반일로 탄압받은 이들로 그 진로가 분명하게 결정된다. 침례교는 교단적으로 신사참배를 거부한 자랑스런 신앙적 전통이 있는데, 이제 그 과정을 살펴보자.

일제의 한반도 식민지 정책은 1930년대에 들어서 점차 강화되기 시작했다. 그 이전 1920년대는 민족적 평화 시위인 3.1운동의 여파로 인해 일제는 강압적 무단통치에서 문화통치로 전환했고, 이를 바탕으로 여러 유화책을 실시하여 기독교계에 환심을 사고자 했다. 그러나 이미 '사립학교 규칙'이나 '포교규칙' 등을 통해 일제의 야심을 간파했던 기독교계로서는 긴장을 늦출 수 없었고, 줄곧 의심의 눈초리로 그들을 주시했다. 이런 와중에 일제는 1931년 만주사변을 일으켰고, 1937년 중일전쟁을 일으켰다. 이 같은 전시체제 아래서 일제는 1938년 4월 '국가총동원법'(법률 제55호)을 공포했는데, 이는 총력전체제로써, 국민적 통합이라는 명분 아래 노골적으로 신사참배를 강요하기 시작하였다.

신사참배문제는 앞서 언급했던 대로 다음과 같은 특징을 갖는다. 먼저는 일본 제국주의와 한국기독교 간의 '정교(政教) 갈등'을 넘어 천황 중심의 정교일치적 종교체계와 유일하신 하나님만을 믿고 따르는 기독교 간의

'교교(教教) 갈등이요,[77] 기독교인으로서의 "순교냐 배교냐?"의 신앙적 문제를 넘어, "조선인으로 살 것인가 아니면 일본에 동화될 것인가?"라는 민족 문제로의 확산이었다.[78] 그러므로 신사참배문제는 일제와의 종교적 갈등과 더불어 민족적 갈등까지 초래했다는 측면에서 복합적 성격을 띠며, 이로 인해 종교적 측면과 민족적 측면 모두 면밀하게 살펴야 할 필요가 있다.[79]

일제가 강요한 신사참배란 무엇인가? 이는 일본의 민간 종교인 신도(神道)의 신들을 봉인한 신사(神社)를 참배하는 예식으로, 이를 통해 황국신민으로서 천황에 충성을 맹세하게 했다. 신사참배는 메이지유신(明治維新)을 거치면서 형성됐는데, 일본은 근대화를 위해 '천황제 이데올로기'라는 국가종교를 형성했고, 천황을 중심으로 강력한 구심점과 응집력을 가진 일본판 일신교 신앙체계가 확립되었다. 이는 옛날부터 유래된 종교적 신도를 국가적 차원의 신도로 전환했고, 이렇게 시작된 소위 "천황교"는 여러 법제화를 통해 공고히 됐다. 천황 중심의 정치체제가 종교적 성격이 강했음에도 불구하고 '비종교론'을 내세워 일본 윤리와 정신의 기초가 되었고, 국민적 보편 이념으로 자리 잡아 애국 사상을 고취시켰다.

한국에서의 신사참배는 조선총독부의 신사 설치에서 시작되는데, 총독부가 1912년부터 조선 신사(神社) 건립을 위해 설계하기 시작하였다. 1919년 7월 일본 내각의 승인을 얻어 1920년 5월의 지진제(地鎮祭, 기공

---

77 서정민, 『한국교회의 역사』(서울: 살림출판사, 2003), 50-51.

78 민경배, 『교회와 민족』(서울: 연세대학교출판부, 2007), 448.

79 김승태 박사는 신사참배문제를 다음과 같이 언급했다. "일제하의 한국에 있어서 「신사문제」는 종교적 신앙과 관련된 종교의 문제일 뿐만 아니라 한국인의 민족 문제와도 밀접한 관련이 있는 정치, 사회, 문화, 교육, 사상의 문제이기도 하다. 그러므로 이 문제를 정당하게 인식하려면 이러한 여러 관점으로부터 엄밀한 분석 고찰이 있어야 할 것이다." 김승태, "일본 신도의 침투와 1910, 1920년대의 「신사문제」," 김승태 엮음, 『한국기독교와 신사참배문제』(서울: 한국기독교역사연구소, 2003), 191.

식)로 공사를 시작했고, 1925년 6월 조선 신궁으로 변경해 같은 해 10월에 진좌제(鎭座祭, 준공식)로 완공하였다. 이는 조선 신궁을 정점으로 하는 체제를 갖추었다는 것과 함께 강제적인 신사참배의 출발을 알리는 신호였다.[80]

일제는 신사참배를 기독교계와의 마찰을 고려하여 강점기 초부터 다른 차원에서 강조하였다. 즉, 신사참배는 종교의식이 아닌 국민의례이며, 예배 행위가 아닌 조상에 대한 최대의 경의를 표하는 것이라는 소위 '신사비종교론'(神社非宗教論)을 주장했고, 교육의 목적은 학생들의 지적인 육성에만 있는 것이 아닌 학생들이 천황의 신민이 되게 하는 데 있으므로 교사와 학생들 모두 신사참배를 통해 천황에 대한 경의를 표해야 한다고 했다.[81] 이 같은 인식에 따라 일제는 신사참배를 교육계부터 먼저 강요하기 시작하였다. 신사참배가 최초로 우리 사회에서 논쟁거리가 된 것은 앞서 살폈듯이 1924년 10월 11일 충남 논산에 있는 강경공립보통학교의 신사참배 거부사건이다. 이미 그 이전부터 신사 문제가 한반도에서 광범위하게 발생했으나 일제는 강압적 무단통치 아래 극단적 언론 통제를 자행하여 여론화 또는 사회문제화되지 못했다. 그러나 1920년에 이르러 일제의 통치 전환에 따라 제한적으로 언론의 자유가 보장되면서 이에 대해 동아일보가 보도하기 시작했고, 급기야 강경공립보통학교의 신사참배 사건이 발발했다. 이 사건을 계기로 지금껏 공론화되지 못했던 신사참배문제가 수면 위로 떠 올랐고, 이는 세인들의 관심사가 됐을 뿐만 아니라 내한선교사들과 일부 양식 있는 일본인 기독교인들까지도 관심을 가질 정도로 주목의 대상이 됐다.[82]

---

80 성주현·고병철, 『일제강점기 종교정책』(서울: 동북아역사재단, 2021), 313.

81 김인수, 『한국기독교회의 역사下(개정판)』(서울: 쿰란출판사, 2012), 200.

82 김승태, "일본 신도의 침투와 1910, 1920년대의 「신사문제」," 김승태 엮음, 『한국기독교와

신사참배 문제가 한국교회에서 공식적으로 거론되기 시작한 것은 1915년으로, 장로교 제4회 총회에서 일제가 기독교계 학교의 학생들을 제일(祭日, 제삿날)에 참석할 것을 강요한 문제를 다루면서부터였고, 총회는 아담스(J. E. Adams), 탤미지(J. V. N. Talmage), 이여한 등 3인을 선출하여 총독부와 교섭하기에 이른다.[83] 이후 1931년 만주사변을 일으킨 일제는 사상통일을 위해 각종 관변행사를 개최하여 신사참배를 강요하였는데 교육계가 그 첫 번째 표적이었다. 그리하여 1932년 1월 광주[84], 1932년 9월 평양[85], 1933년 9월 원산 등지에서 만주사변에 대한 기원제 혹은 위령제 개최 통보하고 이에 참여할 것을 강요받았으나 기독교계 학교들은 이를 거절하였다. 1935년부터 천황숭배를 지향하는 신사참배가 '일본의 최고 가치에 복종하기 위해 반드시 참여할 의례'가 되면서 이후부터 절대 타협의 대상이 아닌 강요의 대상이 되었다. 그리하여 1935년 11월에 이르러 평안남도 공·사립 중등학교 교장 회의에서 일본인 도지사 야스타케 다다오가 사립학교 관계자들을 모아 놓고 노골적으로 신사참배를 요구했으나, 숭실학교 교장 맥큔(G. S. McCune), 숭의여학교 교장 대리 정익성, 순안 의명학교 교장 리(H. M. Lee)는 신앙 양심을 이유로 거부하였다.[86] 이에 총독부와 도 당국은 신사참배는 애국 행위임을 강력하게 주장하면서 학교장과 학생들의 참배 여부에 따라 교장 파면 및 강제폐교 등을 불사하겠다고 협박했다. 이에 불안을 느낀 안식교의 의명학교장은 굴복했으나, 숭의여학교 교장 스

신사참배문제』(서울: 한국기독교역사연구소, 2003), 230-234.

83 한국기독교역사학회, 『한국기독교의 역사 II (개정판)』(서울: 기독교문사, 2012), 265.

84 1930년대 기독교계 학교에서 신사참배 강요를 거부하여 가장 먼저 문제가 된 사건은 1932년 1월 광주지역의 미남장로회에서 운영하던 숭일학교와 수피아여학교에서 일어났다.

85 만주사변 1주기를 맞아 평양에서 개최된 추계 황령지에 기독교계 학교들이 참가를 거부했지만 타협해 일부 학생들을 제례 직후의 국민의례에만 참석시키기로 했다.

86 박용규, 『한국기독교회사2』(서울: 생명의말씀사, 2004), 696.

일본의 신사

누크(V. L. Snook)와 숭실학교 교장 맥큔(McCune)은 끝까지 거부함으로 이에 일제는 일벌백계(一罰百戒)의 본보기로 그들을 파면했다. 일제의 두 학교 교장 파면은 당시 기독교계 학교에 큰 충격을 주어 점차 신사참배에 순응하는 측이 늘어났다. 일제의 강압적 신사참배 강요로 교육계가 일단락되자 이제 교회로 눈을 돌려 강요하기 시작하였다.

신사참배 강요는 한국교회 내 가장 큰 교세를 보유하던 장로교에서 제일 먼저 논쟁거리가 됐는데, 1915년에 거론되기 시작한 이래 1932년에 이르러서는 총회 적으로 대응하기 시작하였다. 장로교 총회는 기독교계 학교 신사참배 문제를 들어 불가방침을 정하고 총독부와의 교섭을 위해 차재명, 유억겸, 마펫(S. Moffett)을 파견하였다. 제22회(1933), 제23회(1934) 총회에서도 수차 청원서를 총독부에 제출하여 이 문제를 해결하고자 노력했으나 이루어지지 못했다. 이런 가운데 평남노회는 폐교할지라도 신사참배는 할 수 없다고 만장일치로 결의했고, 평양노회도 거부 결의를 하고자 노회 소

집 공고를 했으나 평양경찰서의 금지 명령으로 개최하지 못했다.[87]

내한선교사들의 경우, 먼저 북장로회 선교부는 절대 불가 강경론과 긍정적 수용론이 서로 대립하는 가운데 강경론의 우세로 1938년 교육인퇴(教育引退)를 결의했다. 그러나 소수의 반대자는 이에 불복했고 대의를 위한 명분으로 일제에 순응하였다. 남장로회 선교부는 한국 내 장로교 선교부 중 가장 먼저 신사참배 반대 견해를 밝히며 1932년 11월 교육인퇴를 결정했다. 호주장로회 선교부는 기독교적인 것을 양보하지 않는 선에서 일제의 요구를 들어주기로 했으나 결국 학교 경영이 어렵게 되자 1939년 1월 학교 폐쇄를 결의했다. 캐나다연합교회 선교부는 초기에는 단호히 신사참배를 거부했으나 도 당국과의 타협을 통해 학교 운영을 계속하기로 했다.[88]

일제는 한국의 기독교 중에서 가장 큰 교세를 가진 장로교를 먼저 집중적으로 공략하여 집요하게 신사참배를 강요하기 시작했다. 이는 일벌백계(一罰百戒)를 통해 한국교회를 다스리고자 한 일제의 계책이었다. 그리하여 1938년 2월 평북노회가 먼저 신사참배를 결의한 이래 총회가 열리기 전까지 전국 23개 노회 중 무려 17개 노회가 신사참배를 결의하였다.[89] 일제는 총회 직전 각지 경찰서장을 통해 총회 총대로 선정된 노회 대표들을 회유했는데, 노회 대표들이 총회에 출석하면 신사참배가 죄가 아니라는 것에 동의할 것과 신사참배 문제가 상정되면 침묵을 지킬 것, 그러나 앞의 두 가지를 실행할 의사가 없으면 총대를 사퇴하고 출석하지 말 것을 강요하고, 이에 불응할 경우 검속 · 투옥할 것임을 협박하였다.[90] 총회가 있기 전 일제는 먼저 신사참배를 반대했던 주기철 목사, 채정민 목사, 이기선 목

87 한국기독교역사학회, 『한국기독교의 역사 II (개정판)』(서울: 기독교문사, 2012), 266.

88 김승태, 『한말·일제강점기 선교사 연구』(서울: 한국기독교역사연구소, 2006), 188-207.

89 박용규, 『한국기독교회사2』(서울: 생명의말씀사, 2004), 714.

90 한국기독교역사학회, 『한국기독교의 역사 II (개정판)』(서울: 기독교문사, 2012), 264-65.

사 등을 예비 검속한 후 총대 원을 한 사람씩 불러 협박하며 신사참배의 가결을 촉구하였다. 1938년 9월 제27차 총회가 개최되었을 때, 일제는 경관 97명을 동원해 193명의 총대 사이사이에 앉게 하고 반대자를 제재하였다. 평양 · 평서 · 안주 세 노회를 대표해서 박응률 목사가 신사참배는 국민의 당연한 의무라고 역설하며 결의와 성명서 발표를 제안하자 이에 블레어(W. N. Blair) 선교사가 이의를 제기했다. 이에 일경은 그를 회의장 밖으로 강제로 끌어냈고, 박임현 목사의 동의, 길인섭 목사의 제청을 거쳐 홍택기 총회장이 가결했다. 이날 장로교 총회는 굴욕적으로 신사참배를 선언했고, 성명서를 채택했는데 그 내용은 다음과 같다.

> 아등(我等)은 신사(神社)는 종교가 아니고 기독교 교리에 위반하지 않는 본의(本義)를 이해하고 신사참배가 애국적 국가의식임을 자각하며, 이에 신사참배를 솔선여행(率先勵行)이라고 추(追)히 국민정신 총동원에 참가하여 비상시국하에서 총후 황국신민으로서 적성(赤誠)을 다하기로 기(期)함.[91]

장로교의 신사참배 가결 이전 감리교계 선교사들은 일찍부터 신사참배를 국가의식으로 받아들여 일제와 별다른 마찰 없이 신사참배에 동참했고, 한국의 감리교회도 일제와의 마찰을 피하고자 1936년 6월 감리교 총리사 양주삼이 총독부 초청 좌담회에 참석한 후 일제의 입장을 따르기로 하였다. 이는 1938년 9월 성명으로 재확인했으며, 1939년 9월 정춘수 목사가 3대 감독으로 선출된 후 적극적으로 신사참배에 동참하였다. 기타 성결교, 구세군, 성공회 등 대부분 교파도 일제에 강압에 굴복하여 신사참배에 순응하고 말았다.[92]

---

91 김영재, 『한국교회사(개정3판)』(수원: 합신대학원출판부, 2008), 257.

92 한국기독교역사학회, 『한국기독교의 역사 II (개정판)』(서울: 한국기독교역사연구소, 2012), 269.

그러나 모든 한국교회가 신사참배에 굴복한 것은 아니었다. 신사참배를 반대했던 이들도 속속 등장했는데, 대표적 인물로 주기철 목사를 들 수 있다. 그의 신사참배 반대 이유를 첫째로 신사참배가 하나님의 계명에 반하는 우상숭배로 간주했다. 그는 신사참배가 십계명의 제 1 · 2계명을 범하는 죄로 보았다. 이 점은 그가 신사참배를 반대했던 가장 중요한 이유였다. 둘째는 신사참배는 개인의 신앙 양심과 신교(信敎)의 자유를 억압하는 것으로 보았다. 마지막으로는 교회의 순수성과 거룩성을 지키기 위해서였다. 한국교회는 선교 초창기부터 조상제사를 우상숭배로 금지해 왔는데, 신사참배 또한 우상숭배로 간주한 것이다.[93] 주기철 목사 외에 일제강점기 신사참배에 맞서 항거했던 이들은 많다. 평안북도에서 활동했던 이기선 목사, 경상남도에서 활동했던 한상동 목사, 전라남도에서 활동했던 손양원 목사 등을 들 수 있다. 이들이 속한 노회가 신사참배를 가결했으므로 이를 거부하려면 교역자의 지위를 내려놓아야 했고, 오로지 양심적 신자로 항거해야 했다.

일제의 신사참배 강요는 동아기독교회에도 닥쳤다. 일제의 침례교 박해는 이미 1916년 포교계 제출 거부에서 시작되었고, 이로 인해 1918년 교단이 폐쇄되는 수모를 당했다. 이후 포교계 제출이 더욱 간소화되면서 개교회별로 포교계를 제출했는데, 일제의 동아기독교회 감시는 교세 파악을 통해 면밀하게 이루어졌다. 조선총독부에서 조사한 기독교 포교소 현황(1912-1925)이나 「조선총독부통계연보」(1912~1925)의 기독교 포교자 현황에 동아기독교회가 없었으나 1937년에 이르러 당국의 통계에 등장하기 시작했다. 조선총독부 경무국 보안과 사무관인 모리 히로시(森浩)는 1937년 중일전쟁 이후 기독교계의 교세와 동향을 조사한 "사변하에서의 기독교"(1938)를 그들의 기관지 「조선」에 발표했는데, 여기에 의하면, 동아기독

93 이상규, 『해방 전후 한국장로교회의 역사와 신학』(서울: 한국기독교역사연구소, 2016), 222.

교회의 교인 수가 2,263명으로 나온다.[94] 모리 히로시(森浩)는 한국의 기독교계를 외국인 포교의 교파, 내지(일본)인 포교의 교파, 조선인 포교의 교파로 구분했는데, 이 중에 동아기독교회는 3번째 범주에 넣었고, 가장 많은 북장로회 교인 수(203,191명)부터 제일 작은 홀리네스교회 교인 수(142명)에 이르기까지 상세하게 기록하고 있다. 결국, 일제는 중일전쟁 이후 사상통일을 위한 자료로 동아기독교회를 포함한 기독교 각 교파의 교인들을 파악하여 그들을 세밀하게 살피고 있었음을 알 수 있다.

점차 조여오는 일제의 신사참배 강요에 동아기독대(1933-1939)의 김영관 감목(총회장)은 1935년 10월 5일 자 「달편지」를 통해 전국의 교회에 신사참배와 황궁요배의 부당성과 당국의 강요에 불복할 것을 당부하는 광고를 했는데, 그 내용은 다음과 같다.

> 어떤 구역에서는 관청 당국에서 황제에게 요배를 하라고 시켰사오나, 그것에 대하여 결코 응할 수 없는 것은 가령 황제님 앞에서 절한다는 것은 옳지만 멀리서 보이지 않는 데서 절하는 것은 헛된 절이며, 곧 절반은 우상의 의미를 가졌으니 이것은 성경에 위배되는 것으로 우리 믿는 사람은 못할 일입니다. 이것을 하지 않는다고 황제께 불경한 죄라고 할 수 없는 것은 믿는 사람이 복음을 어기고 황제께 공경한다면 진정한 복음이라고 할 수 없고 따라서 복음을 어기고 자기를 공경하라고 명하실 황제님이라고 저희는 생각할 수 없습니다. 그래도 불경죄라고 책임을 지운다면 그 은혜 베푸시는 대로 핑계 없이 감당하기를 원하며….[95]

---

94 조선총독부, 「조선」 (1938년 11월호), 57-71; 김승태 편역, 『일제강점기 종교정책사 자료집』(서울: 한국기독교역사연구소, 1996), 271-272.

95 허긴, 『한국침례교회사』(대전: 침례신학대학교출판부, 2000), 280-281에서 재인용.

김영관 감목(총회장)은 일제의 황궁요배 강요는 우상숭배로써 성경에 어긋나는 것이고, 믿는 사람이 복음을 어기는 것이 되므로 결코 응해서는 안 되며, 만일 일제가 이를 불경죄로 다스린다면 기꺼이 감당할 것을 당부하였다. 이 같은 감목(총회장)의 간곡한 당부가 있었으나, 일제의 간악한 회유와 협박 그리고 혹독한 탄압에 못 이겨 신사참배에 응한 일부 동아기독대의 교인들이 있었고,[96] 심지어 교인들에게 국방헌금을 각출하는 지도자(통장)까지 등장하였다. 이에 대해 조선총독부 고등법원 검사국 사상부가 1938년 9월에 발행한「思想彙報」제16호에 다음과 같은 내용이 나온다.

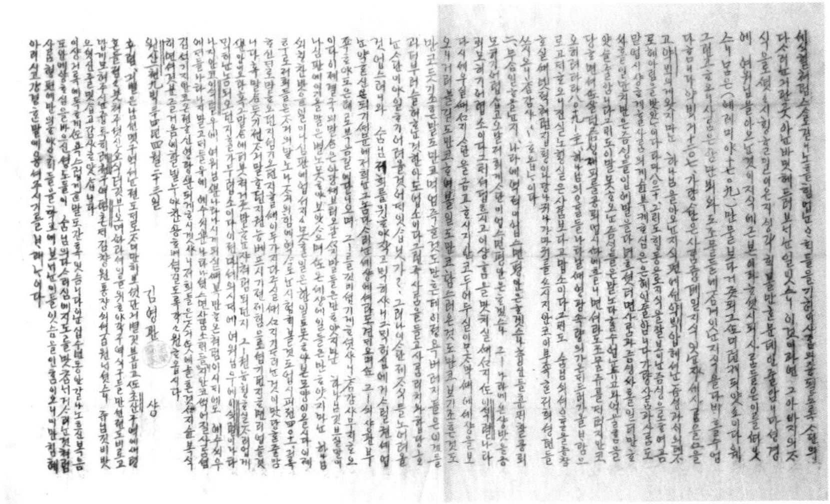

달편지 일부분

함북 경흥군 경흥면 동아기독교대 통장 박석홍은 작년(1937) 11월 6일 관할서에 출두하여 '우리들은 일본제국 신민이라는 것을 망각하고 있는 감은 없지만, 좌담회 등에 의하여 황군을 우리들 때문에 싸우고 있다는 것을 알았다'고 하면

96 Ibid., 282.

서 제국 신민이기 때문에 안심하고 기도를 계속하게 된 것을 깨달아 예하 신자 일동으로부터 국방헌금을 갹출하였다.[97]

이글에 등장하는 박석홍은 함경북도 경흥군 경흥면에서 활동하던 동아기독대 통장(統長, 당회(구역) 임원으로 100명의 교인을 통솔하는 직분)으로, 일제가 개최한 시국좌담회 개회 시 황거요배(皇居遙拜)에 대해 "기독교도는 기독(基督) 외에 절대 요배하지 않는다고 성서에 기록되어 있다"라고 항변할 정도로 신앙이 투철했던 인물이었다.[98] 그러나 시국좌담회를 통해 그의 생각이 변했고, 이후 자발적으로 담당 경찰서에 출두해 자신의 잘못을 시인한 다음 자신이 관리하는 경흥구역 교인들에게 국방헌금을 각출하여 일제에 바치는 적극성을 보였다.[99] 이 같은 내용의 출처가 되는 이 글은 "지나

김영관 감목

1936년 원산대화회(조용호 목사 제공)

97 조선총독부 고등법원 검사국 사상부 「思想彙報」 제16호 (1938. 9), 7-28: 김승태 편역, 『일제강점기 종교정책사 자료집』(서울: 한국기독교역사연구소, 1996), 253.

98 「基督教關係者の 動靜」, 『治安狀況 (昭和12年)』, 第26報-第43報, 1937. 11. 5.; 국사편찬위원회 온라인 자료, http://db.history.go.kr/id/had_187_1160, 2023년 3월 20일 접속; 성주현·고병철, 『일제강점기 종교정책』(서울: 동북아역사재단, 2021), 335에서 재인용.

99 이정수 목사에 의하면, 1940년대 동아기독교회 경흥구역(지방회)에 15개 교회가 존재했다고 한다. 이는 한반도 내 구역 중 제일 많은 교회 숫자를 보인다. 이를 고려하면, 박석홍 통장이

사변(중일전쟁)기에 기독교의 동정과 그 범죄에 관한 조사"로, 일제가 중일전쟁을 일으킨 후 기독교계의 동향과 기독교인으로서 불경죄, 보안법, 치안유지법 등으로 검거된 사람들을 일제 검찰이 조사한 기록이다. 이 내용만으로 박석홍 통장의 친일행위에 대해 다 알 수는 없다. 다만 국방헌금을 각출했다는 사실만 파악될 뿐이다. 그러나 그가 투철한 신앙인에서 친일을 한 데는 일제의 기만적 술책이 있었음은 틀림없다.

1938년 8월 조선총독부는 국체명징(國體明徵)을 내세우며 신사 규칙을 전면 제정하여 다시 참배할 것을 재차 동아기독대(1933-1939)에 강요하자, 김영관 감목(총회장)도 「달편지」를 통해 신사참배와 황궁요배에 불복할 것을 전국의 교회에 자차 통고하였다. 감목(총회장)의 통고에 대해 허긴 박사는 다음과 같이 언급했다.

> 신사참배와 황궁요배는 우상숭배이며 이것은 성서에 위배되며 믿는 사람이 취할 도리가 아님을 분명히 했다. 또한, 일제가 이 일을 불경죄로 다스린다고 하면 교인들은 성령의 인도하심에 따라 조용히 순교의 길을 택할 것을 당부하고 있다.[100]

동아기독대의 신사참배 반대에 일제는 경악하며 서둘러 이 같은 거부운동 확산을 막고자 이들을 제압하려는 방안 마련에 신속하게 착수하는데, 이런 와중에 경흥구역에 속한 함경북도 웅기교회에서 신사참배 반대 광고가 실린 「달편지」가 일경에 의해 발각되었다. 함경북도 경흥구역은 앞서 박석홍 통장의 친일을 통해 알 수 있듯 침례교 내 신사참배문제에 있어 매

각출한 국방헌금은 상당했을 것으로 추정된다. 이정수, 『韓國浸禮敎會史』(서울: 침례회출판사, 1994), 135.

100 허긴, 『한국침례교회사』(대전: 침례신학대학교출판부, 2000), 281.

우 예민했던 대표적인 곳이었다. 탄압을 위한 꼬투리를 찾고 있던 일제는 이를 빌미로 교단의 핵심적 지도자인 김영관 감목(총회장) · 백남조 총부서기 · 이종덕 목사 · 전치규 목사 · 노재천 목사 등 5인을 원산경찰서로 긴급 소환하였다. 일제의 강압적 조사와 무자비한 고문에도 불구하고 5인의 지도자들이 한결같은 신앙적 답변으로 일관하자, 일제는 그들을 가둔지 3개월 만에 검찰에 송치하여 5개월간 원산교도소에 감금하였다. 이후 더 이상의 죄를 발견하지 못하자 일제는 김영관 감목(총회장)과 백남조 총부서기는 3년 집행유예, 다른 3인(이종덕 목사 · 전치규 목사 · 노재천 목사)은 기소유예로 석방하였다.[101]

1939년 3월 김영관 감목(총회장)은 원산에서 긴급하게 임원회를 소집하였다. 이는 감목(총회장)이 「달편지」를 통해 신사참배가 교단 적으로 받아들일 수 없다고 분명하게 표명했음에도 불구하고, 일부 교회와 교인들이 이 같은 감목(총회장)의 처사는 시국을 외면한 조치라며 반발한 것에 따른 것이었다. 일부의 반발은 점차 확대되었고 불만이 고조됨에 따라 교회와 신자들이 혼란에 빠졌는데, 감목(총회장)의 지시에 따를 것인가 아니면 일제의 지시에 따를 것인가? 이 같은 문제해결을 위해 교단의 임원들이 논의를 시작했다. 신사참배 거부라는 대전제에는 변함이 없었으나 일제와의 마찰을 피하고 이를 실천하기 위한 구체적 방법과 교인들의 피해를 줄이기 위한 모색에는 갑론을박(甲論乙駁)이 생겼다. 이로 인해 해결의 기미가 보이지 않자 결국 김영관 목사는 감목(총회장) 직을 사임하기에 이른다. 이에 임원회는 원로교우회를 확대하고 이종덕 목사, 전치규 목사, 김명보, 이상필 등을 위원으로 구성하여 당분간 교단을 운영하기로 결의하였다. 감목(총회장) 부재에 따른 공백을 최소화하고 교단의 현안을 처리하기에 이르는데,

---

101 Ibid., 282.

이 역시 신사참배에 대해서는 이렇다 할 결정을 내리지 못했다. 이듬해인 1939년 이종덕 목사가 제34차 대화회(총회)의 임시의장이 되어 회무를 진행했는데, 여기서 이종근 목사를 제5대 감목(총회장)으로 선임하였고, '숨님(성령)의 권능이 행하시는 대로 다룬다'라는 신앙적 결단에 따라 신사참배와 황궁요배에 대한 일제의 강요에 굴하지 않고 교단의 신앙적 입장을 그대로 지켜나가기로 결의하였다.[102]

이종덕 목사

전치규 목사

노재천 목사

이렇게 신사참배문제를 일단락 지음으로 결국 교단은 신사참배 거부를 분명히 했는데, 이에 대해 허긴 박사는 다음과 같이 평가하였다.

> 동아기독대가 포교계 제출을 거부하고 신사참배 거부 운동을 교단 적으로 전개한 사실은 이들이 침례교인임을 만방에 입증한 역사적인 사건이었다. 왜냐하면, 포교계 제출 요구는 침례교인들이 주장하는 '정교분리' 원리에 위배되며, 신사참배 요구는 침례교가 주장하는 '신앙 앙심의 자유' 원리에 위배되기 때문이다. … 정교분리 원리와 신앙 양심의 자유 원리를 유린하는 일제의 포

---

102 Ibid., 301; 이정수,『韓國浸禮敎會史』(서울: 침례회출판사, 1994), 129.

교계 제출과 신사참배 강요에 대해서는 분연히 일어나 행동으로 항거하고 거부 운동을 전개함으로써 신앙과 순교의 피로 일제 맞섰던 것이다.[103]

한편, 김승태 박사도 신사참배 거부 항쟁이 갖는 교회사와 민족사적 의의는 오늘 우리에게 신사참배문제에 대해 다시금 되새겨 보게 한다고 했다.

신사참배 거부 항쟁이 갖는 교회사와 민족사적 의의를 몇 가지로 정리하면 다음과 같다. 첫째로는 세속권력을 절대시하고 신성시하는 천황숭배와 신사숭배의 '천황제' 이데올로기를 거부하고 신앙의 순수성을 지켰다는 점이다. 둘째로는 당시에 세속권력에 굴복하여 타협하는 공교회의 변질을 엄중하게 경고하고 개혁하려 하였다는 것이다. 셋째로는 타민족을 식민으로 재배하고 민족정신을 말살하려는 일제의 지배체제를 부정하고 이에 항거하였다는 것이다. 넷째로 가공의 이데올로기로 민족과 교회를 변질시켜 국제 평화를 파괴하는 대외 침략 전쟁에 내몰리는 일제의 군국주의적 침략정책에 반대하고 저항하였다는 점이다.[104]

이종근 감목

교단 적인 신사참배 반대 속에서 1940년 제35회 대화회(총회)가 개최됐는데, 본 회의에서는 일제와의 불필요한 마찰을 피하고자 교단 명칭을 '동아기독교회'로 환원할 것을 결의하였다. 1920년 일제의 강압 때문에 교단

103 허긴, 『한국침례교회사』(대전: 침례신학대학교출판부, 2000), 281-282.
104 김승태, 『식민권력과 종교』(서울: 한국기독교역사연구소, 2012), 267.

명칭이 '대한기독교회'에서 '동아기독교회'로 변경했으나, 1933년에 '동아기독대'로 다시 변경하였다. 이는 오직 펜윅 개인의 의사에 따른 것으로, 그가 교단 명칭을 갑작스럽게 변경한 것은 당시 교회의 세속화에 따른 교회의 성별의식 때문이었다. 교회란 명칭 대신 하나님의 성별된 양(羊)의 무리를 의미하는 '대'(隊)를 사용하여 '동아기독대'로 변경한 것이다.[105] 중일전쟁 이후 태평양전쟁을 준비하고 있던 일제는 끝까지 신사참배를 거부한 '동아기독대'의 명칭이 군대 조직을 느끼게 하는 '대'(隊)라는 군사 용어를 사용하여 일본의 황군에 대한 저항감을 불러일으킨다고 트집 잡고 교단 명칭변경을 강요하였다. 이런 일제의 강압에 교단은 탄압의 구실을 피하고자 이전에 사용했던 '동아기독교회'로 환원하였다.[106]

한편, 1941년 만주에 있는 동아기독교회는 한반도에 있던 동아기독교회에서 분립되어 만주국조선기독교연맹에 들어가는데, 그 과정은 다음과 같다. 일제는 만주국 안에 있는 여러 기독교 교파를 하나로 통합하기 위해 만주계 기독교는 만주기독교연합회로, 일본계 기독교는 전만일본기독교연맹을 결성하게 했다. 당시 만주국에 있던 한국계 기독교는 장로교 · 감리교 · 동아기독교 · 성결교 · 안식교 등 모두 6개 교파가 있었다. 일제의 강압에 따라 이들 6개 교파가 합동준비위원회를 구성해 통합작업데 들어가는데, 준비위원회 동아기독교 대표는 전치규 · 이종덕 · 안대벽 · 한기춘 · 신혁균이 참석했고, 준비위원장은 김창덕 목사였다. 준비위원회는 교리조정과 교헌조직을 작성하여 1941년 11월 28일 신경(新京)의 협화회관에서 통합결성식을 개최하고 회장에 정상인 목사, 부회장에 송득우 목사, 서기에

---

105 이정수, 『韓國浸禮敎會史』(서울: 침례회출판사, 1994), 102; 허긴, 『한국침례교회사』(대전: 침례신학대학교출판부, 2000), 266.

106 Ibid., 130-131; 1940년 11월 구세군도 군대의 성격을 갖는다는 일제의 강압에 따라 '구세단'으로 교단 명칭을 바꿨다.

계창목 목사, 부서기에 이형재 목사 등을 선출했다. 봉천에 교역자 양성 기관으로 만주신학원을 개원하여 교장에 정상인 목사, 교수에 박형룡 박사, 박윤선 목사 등이 선임되었다. 이로 인해 재만 동아기독교는 만주국조선기독교연맹에 들어갔고, 사실상 본국의 동아기독교회에서 분립되고 말았다.[107]

일제는 동아기독교회의 지속적인 신사참배 거부에 제동을 걸고 탄압의 법적 근거를 마련하고자 1940년 동아기독교회 원산총부에 교규(教規) 제출을 통보하였다. 그런데 공교롭게도 당시 교단에는 교규가 없었다. 물론 처음부터 없었던 것은 아니었다. 1906년 '대한기독교회'라는 교단이 창설될 때 13장 46개 조의 교규가 있었고,[108] 이후 이것을 중심으로 교단과 교회가 운영되었다. 그러나 1930년대 펜윅 말년에 이르러 사람이 만든 교규는 모두 소용없으며, 오직 성경대로 행할 것을 강조하면서 성문화된 기존의 교규를 모두 파기하였다.[109] 일제의 명령에 교단총부는 서둘러 성경을 토대로 15장 36조의 교규를 작성했고, 원산에 있는 진성여자보통학교 교장인 강주수 선생의 도움으로 일어로 번역하여 1940년 9월 9일 당국에 제출하였다. 본 교규는 이종근(中山川行) 감목(총회장)이 1940년 7월 15일 함경남도 원산부 영정을 주소로 포교관리자 설치를 신청한 서류와 함께 제출했는데, 주된 내용은 1906년에 작성했던 교규와 크게 다르지 않았다. 교규의 성격을 규정하는 제1장에 교단의 역사성을 명시한 동아기독교회 연역을 기록했는데, 그 내용은 다음과 같다.

---

107 허긴, 『한국침례교회사』(대전: 침례신학대학교출판부, 2000), 308-309.

108 이정수, 『韓國浸禮教會史』(서울: 침례회출판사, 1994), 57-63.

109 허긴, 『한국침례교회사』(대전: 침례신학대학교출판부, 2000), 310.

제1장 동아기독교회 연혁

본 동아기독교회 초대 감독인 故 펜위크(편위익)는 영국령 캐나다 토론토 출신으로 센템 신학교를 졸업하고 메이지 23년(1890) 12월 8일 조선으로 건너와 선교에 종사하고 있었다. 그러나 그는 3년 후에 미국에 가서 시카고에서 침례교 선교사 고든 목사로부터 침례교의 교리를 듣고 침례가 예수의 가르침에 합치한다고 생각하여 고든 목사로부터 침례를 받았다. 그러나 그 교파의 가르침이 너무 침례를 강조하기에 복음에 있어서 침례의 뜻을 잘못 이해하고 복음 전체에 있어서 조화를 이루지 못한다고 생각하여 침례파와의 관계를 끊고, 또 다른 모든 교파와도 관련이 없는 완전히 독자적인 교회를 설립하여 주 예수에 직속하여 복음의 모든 것을 전파하고자 메이지 38년(1905) 8월 25일 스스로 본교회를 설립하였다. 그때 이후 본교회는 2대[이종덕], 3대[전치규], 4대[김영관], 5대[이종근] 감독까지 조선인을 임명해 완전한 자치 독립교회로 확립되어, 다른 교파와는 전혀 관련이 없는 독자적인 한 교회가 되었다.[110]

제1장의 동아기독교회 연혁을 통해 알 수 있는 것은, 외국인(펜윅)이 설립했으나 특별히 외국과는 관계없고, 다른 교파와도 관련 없는 독자적 교회임을 진술하고 있다. 왜 그랬을까? 아마도 일제가 전시체제 속에서 교회와 외국선교사와의 관계를 좋아하지 않은 것을 의식한 것으로 보이며, 최대한 일제의 눈 밖에 나지 않으려고 했던 것으로 추정된다. 그런데 이것은 공교롭게도 동아기독교회가 독립된 교파로 인정받지 못하는 결과를 초래하였다. 1940년 사원 및 기타 종교에 관련된 문서들을 모은 「종교사원 및 신도잡건철」(학무국 사회교육과)에 의하면, 동아기독교회가 포교관리자 설치를 신청, 인가받았으나, 교리가 기성 종파인 오순절교회와 유사하여 독립된

110 허긴, 『한국침례교회사』(대전: 침례신학대학교출판부, 2000), 310.

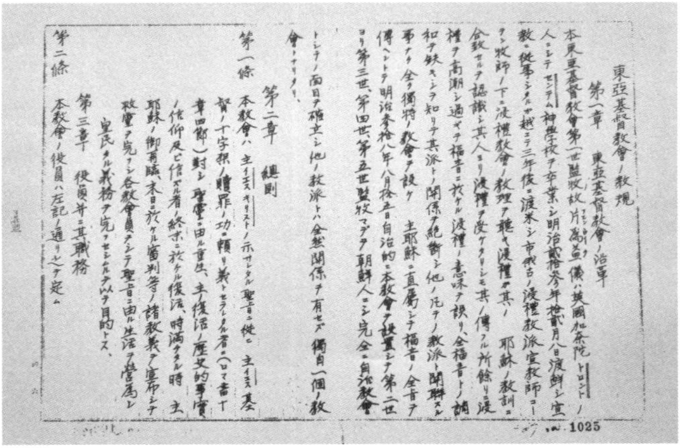

東亞基督教會ノ教規

第一章 東亞基督教會ノ沿革

本東亞基督教會第一世監牧故片爲益儀ハ英國加奈陀トロントノ人ニシテ センテム神學校ヲ卒業シ明治貳拾參年拾貳月八日渡鮮シ宣教ニ從事シタルガ越エテ三年後ニ渡米シ市俄古ノ浸禮教派宣教師ニーケン牧師ノ下ニ浸禮教會ノ教理ヲ聽キ浸禮ヲ其ノ 耶蘇ノ教訓ニ合致セルヲ認識シ其ノ人ヨリ浸禮ヲ受ケタリシモ其ノ傳フル所餘リ浸禮ヲ高調シ過ギテ福音ニ於ケル浸禮ノ意味ヲ誤リ、全福音トノ調和ヲ缺クヲ知リテ其派トノ關係ヲ絶斷シ他ノ凡テノ教派ト關聯スル事ナク全ク獨特ノ教會ヲ設ケ 主耶蘇ニ直屬シテ福音ノ全旨ヲ傳ヘントテ明治參拾八年八月拾五日自治的ニ本教會ヲ設置シテ第二世ヨリ第三世、第四世、第五世監牧マデヲ朝鮮人ニシ完全ニ自治教會トシテノ面目ヲ確立シ他ノ教派トハ全然關係ヲ有セズ 獨自ノ一個ノ教會トナリタリ。

第二章 總則

第一條 本教會ハ 主イエス キリストノ示サレタル聖言ニ從ヒ 主イエス基督ノ十字架ノ贖罪ノ功ニ頼リ義トセラレタル者ニ(ロマ書十章四節)對シ 聖靈ニ由ル重生、主ノ復活ノ歷史的事實ノ信仰及ビ信ズル者ノ終末ニ於ケル復活、時滿チタル時 主耶蘇ノ御再臨、末日ニ於ケル審判等ノ諸教義ヲ宣布シテ救靈ヲ完フシ各教會員ヲシテ聖言ニ由ル生活ヲ營爲シ皇民タル義務ヲ完フセシムルヲ以テ目的トス、

第三章 役員並ニ其職務

第二條 本教會ノ役員ハ左記ノ通リ之ヲ定ム

1025

일제에 제출한 교규서 중에서

교파로 인정하기 어렵다는 이유로 신청서를 반려했다는 기록이 나오는 것을 통해 알 수 있다.[111]

일제가 동아기독교회에서 제출한 교규를 검토하던 중에 소위 '우태호(禹泰浩) 사건'이 발발하였다. 그는 본래 장로교인 이였으나, 미국으로 건너가 남침례신학교(Southern Baptist Theological Seminary)를 졸업한 후 네슈빌에 있는 벨몬트 침례교회에서 전도 목사로 안수받은 후 미남침례회 해외선교회 일본국 한국 선교사로 임명받아 입국하였다. 우태호 목사는 일제의 감시를 피하고 자신의 신변 보호를 위해 1941년 말엽 원산의 동아기독교 교단총부를 찾아가 함께 일할 것을 제안하였다. 이때 교단의 주요 인사들은 그의 갑작스러운 출현에 당황하였고, 우태호는 자신이 미남침례회 해외선교회에서 파송된 선교사임을 밝히며 안심시키고자 노력하였다. 그러

111 1940년 학무국 사회교육과에서 발행된 「종교사원 및 신도잡건철」에는 사원 창립에 관한 건, 사원 조사 및 규제에 관한 건, 사원 재산에 관한 건, 포교에 관한 건으로 분류되는데, 이중 포교에 관한 건에 동아기독교회 관련 내용이 나온다. 조선총독부 기록물 온라인 자료, https://theme.archives.go.kr/next/government/viewGovernmentArchives.do?id=0001565565#%EC%9A%94%EC%95%BD, 2023년 3월 20일 접속.

나 교단 임원들은 우태호와 같은 외부인의 합류를 달갑지 않게 여겨 함께 하는 것을 거절하였고, 안대벽은 그가 교단 재산을 노리고 합류를 시도한다고 여겨 일경에게 그에 대한 조사를 의뢰하였다. 이에 우태호도 매우 불쾌하게 여겨 교단에 의혹을 품고 일본 헌병대에 동아기독교회를 불순한 단체로 고발하였다. 그는 동아기독교회의 실태 파악을 위해 원산번역 『신약전서』와 『복음찬미』를 주의 깊게 살폈고, 이들 책을 성서공회 총무 오문환에게 건넸다. 오문환은 당시 대표적 친일 인사로, 평소 동아기독교회가 성서공회에 속하지 않고 독자적으로 성경 판매를 단행하는 처사에 불만을 품었었는데, 마침 우태호에게 건네받은 두 책이 검토한 후 불온문서로 규정하여 총독부 경무국에 고발하였다. 특히 『복음찬미』의 "대왕님 예수씨 보혈"이라는 용어와 "주의 재림"에 대한 가사 내용을 트집 잡아 이것은 일본 천황에 대한 모독과 국체명징에 벗어나는 불온적인 사상이라고 비판하였다. 이에 일제는 동아기독교회 원산총부에 예고 없이 들이닥쳐 이곳에 보관하고 있던 6,500여 권의 『신약전서』와 『복음찬미』 그리고 교단의 제반 서류와 각종 문서 등을 강제로 몰수하였다.[112]

1942년 6월 10일 원산의 헌병대는 교단총부를 재차 불시에 수색하는 한편 교단 대표인 이종근 감목(총회장)을 현장에서 전격적으로 체포했는데, 이는 천년왕국에 대한 설교와 동방요배 반대 및 신사참배 거부를 들어 치안유지법 위반 및 불경죄 혐의 때문이었다.[113] 이미 동아기독교회는

---

112 이정수, 『韓國浸禮敎會史』(서울: 침례회출판사, 1994), 138-139; 허긴, 『한국침례교회사』(대전: 침례신학대학교출판부, 2000), 313; 이정수 목사는 이 시기 동아기독교에 대한 일제의 박해를 두 차례에 걸친 '원산사건'으로 기술하였다. 제1차 사건은 1941년 우태호 사건으로 인하여 일본 헌병대의 총부 수색으로 성경과 복음찬미, 중요한 교단서류 일체를 압수 소각한 사건이고, 제2차 사건은 교단 지도자 32인의 옥사사건이다. 이정수, 『韓國浸禮敎會史』(서울: 침례회출판사, 1994), 141.

113 신사참배 거부자를 천황에 대한 불경죄로 연결한 것은 1939년 당시 법원이 만든 논리이다. 1939년 5월 이후 법원은 신궁 대마가 「형법」 제74조 제2항의 '신궁'에 해당되며, 이 신궁 대마의 본질을 이해하는

1939년경부터 신사참배 거부자들에게 천황에 대한 '불경죄'가 적용되고 있었다. 일제는 검속된 이종근 감목(총회장)을 다음과 같이 심문하였다.

> **1문**: 예수가 재림한다는 데 어떤 지위로 재림하는가?
>
> **답**: 성경 말씀대로 만왕의 왕으로 오셔서 왕국을 건설하신다.
>
> **2문**: 천년왕국을 건설하면 일본도 그 통치에 들어가는가?
>
> **답**: 그렇다.
>
> **3문**: 일본의 천황폐하도 불신 시는 멸망하시는가?
>
> **답**: 성경에 그렇게 기록되었다.
>
> **4문**: 찬미가 7장에 "대왕님 예수"라 했는데 예수는 천황폐하보다 더 높은 대왕인가?(그때는 일본도 망하고 천황폐하도 예수 통치하에 들어가는가?)
>
> **답**: 전 세계가 통이 되는 동시에 예수님 아래 있을 수밖에 없다.
>
> **5문**: 국체명징(國體明徵)에 위반이면 불경죄에 해당하는 것을 모르는가?
>
> **답**: 신앙 양심에서 답하는 바이다.
>
> **6문**: 단체 대표인 감목이 그렇게 답변할 때 간부는 물론이고 전 교단 내 지도자들도 같은 신조를 지도하고 있는 것이 아닌가?
>
> **답**: 같은 성경으로, 같은 신앙을 소유하는 것이 합치되는 이론일 것이다.[114]

위의 문답을 통해 일경의 강압적 질문의 초점이 예수 그리스도의 재림

자가 신궁 대마에 대한 오독(汚瀆) 행위를 하면 간접적으로 천조 황 대어 신의 존엄을 모독한 행위가 되어 '신궁에 대한 불경죄'를 구성한다고 선언했다. 그리고 불경죄가 「경찰법 처벌규칙」 제1조 66의 적용대상이라고 선언했다. 여기서 「형법」 제74조는 '천황·태황태후·황태후·황후·황태자 또는 황태손, 그리고 신궁 또는 황릉에 대한 불경 행위자에게 3개월 이상 5년 이하 징역에 처한다'(제1항, 제2항)는 내용이고, 「경찰범처벌규칙」 제1조 66은 '신사·불당·예배소·묘소·비표·형상과 기타 그와 유사한 것을 오독하는 자에게 구류 또는 과료(벌금)에 처한다'는 내용이다. 고병철, 『일제하 종교 법규와 정책, 그리고 대응』(서울: 박문사, 2019), 523.

114 이정수, 『韓國浸禮敎會史』(서울: 침례회출판사, 1994), 141-142.

에 맞춰져 있음을 알 수 있다. 그만큼 일제가 기독교의 재림신앙에 민감했음을 반증하는데, 이는 손양원 목사의 심문에서도 동일하게 나타난다.

문: 너의 전도 활동은 일본을 파괴할 목적으로 한 것이라고 생각되는데?

답: 그리스도의 재림시엔 일본만 아니고 모든 나라들이 멸망할 것입니다. 그러므로 우리는 일본을 믿을 수 없습니다. 믿다가는 불신국가와 함께 우리도 결과적으로 망하기 때문입니다. 더욱이 우리는 사람의 영혼을 사랑하므로 그들을 그리스도에게 인도하여 마지막 날에 하나님의 심판을 면하게 해 주어야 합니다. 많은 사람이 믿게 될 때는 국가 제도는 자연히 바뀌어질 것이고 그때에는 신사참배는 다시는 없을 것입니다. 기독교 원리가 국가의 기초가 되겠지요.…

문: 그러면 그리스도가 너희 믿는대로 재림한다고 하자. 현대 무력을 갖춘 일본을 그가 어떻게 파괴할 수 있는가? 파괴의 방법은 무엇인가?

답: 그리스도는 권세를 가지고 올 것입니다. 그러나 무력은 아닙니다. 무기란 사람의 사용을 위한 것이고, 무기 사용을 원하는 자가 하나도 없으면 무용지물입니다. 기독교회가 왕성하고 하나님의 자녀가 많아지면 무리고 싸울 필요가 없습니다. 더욱이 그리스도의 능력으로 신도(神道) 신화적 신앙에 기초한 현 일본 국체는 바뀌어지고 말 것입니다.

문: 너희 전도 사업은 일본의 국체를 파괴하는 방법이라고 인정하다. 너의 의견은?

답: 무기로 저항할 의도는 전혀 없으나 백성들이 복음화되면 일본은 현 국체를 유지하지 못할 것입니다. 그러므로 결과적으로는 일본의 신도국가 체계를 변혁하는 방법으로 생각하시겠지요.[115]

---

115 김남식, 『신사참배와 한국교회』(서울: 새순출판사, 1992), 169-170.

일경의 집요한 심문에도 불구하고 이종근 감목(총회장)이 단호하고 침착하게 일관적으로 대답하자 일제는 다음날 전치규 목사와 김영관 목사도 전격적으로 구속하였다. 이들을 무려 3개월간 무자비하게 고문하고 심문했으나 그 이상의 혐의를 찾을 수 없게 되자 일제는 1942년 9월에 또 다른 교단 지도자들에게 구인장을 발부하였고, 9월 11일까지 총 32인의 교단 지도자들이 체포하였다. 그 32명의 명단은 다음과 같다.[116]

검거 날짜	검거된 명단
6월 10일	이종근 감목(함남 원산)
6월 11일	전치규 목사[117](강원 울진), 김영관 목사(강원 울진)
9월 4일	김용해 목사(전북 익산)
9월 5일	노재천 목사(경북 상주)
9월 6일	박기양 목사(경북 예천), 신성균 목사(경북 점촌), 김주언 감로(경북 점촌), 이덕상 교사(경북 점촌), 이덕여 감로(충남 예산)
9월 7일	장석천 목사(충남 임천), 김만근 감로(충남 임천), 이상필 감로(전북 용안)
9월 8일	백남조 목사(경북 광천), 박두하 감로(경북 영양), 박병식 감로(경북 조사리), 정효준 감로(경북 영일)
9월 10일	문규석 목사(강원 울진), 남규백 감로(강원 울진), 문재무 감로(강원 울진) 전병무 감로(강원 울진), 안영태 감로(강원 구산), 김해용 감로(경북 울도),
9월 11일	박성도 목사(함북 경흥), 박성은 감로(함북 경흥), 박성홍 감로(함북 경흥) 방사현 목사(평북 자성), 위춘혁 교사(평북 자성), 한기훈 감로(평북 자성) 김재형 목사(함남 원산), 한병학 감로(함북 나진), 강주수 선생(함남 원산)

체포된 교단 대표 32인을 성직별로 분류하면, 목사 13명(이종근 · 전치규 · 김영관 · 김용해 · 노재천 · 박기양 · 신성균 · 장석천 · 백남조 · 문규석 · 방사현 · 박성도 · 김재형, 안사와 감목 포함), 감로 16명(김주언 · 이덕여 · 김만근 · 이상필 ·

116 이정수 목사 자료에는 9월 8일에 검속된 4인 중에 경북 영일의 '증효준'으로, 허긴 박사의 자료에는 '정효준'으로 나온다. 필자는 후자를 택했다. 이정수, 『韓國浸禮敎會史』(서울: 침례회출판사, 1994), 142-143; 허긴, 『한국침례교회사』(대전: 침례신학대학교출판부, 2000), 315-316.

117 전치규 안사로 나오나 여기서는 목사로 하였다. 안사는 감목(총회장)을 역임한 목사를 일컫는 표현이다.

정효준 · 박병식 · 박두하 · 김해용 · 전병무 · 문재무 · 안영태 · 남규백 · 한기훈 · 박성은 · 한병학 · 박성홍), 교사 2명(이덕상 · 위춘혁), 평신도 1명(강주수)이다. 이를 통해 체포된 교단 대표들의 직분이 목사와 감로, 교사(전도사)로 구성되어 있음을 알 수 있다. 또한 지역별로 분류하면, 함경도 7명(이종근 · 박성은 · 박성도 · 한병학 · 박성홍 · 김재형 · 강주수), 평안도 3명(방시현 · 한기훈 · 위춘혁), 강원도 7명(전치규 · 김영관 · 문규석 · 전병무 · 문재무 · 안영태 · 남규백), 충청도 3명(이덕여 · 장석천 · 김만근), 경상도 10명(노재천 · 박기양 · 신성균 · 이덕상 · 김주언 · 백남조 · 정효준 · 박병식 · 박두하 · 김해용), 전라도 2명(김용해 · 이상필)이다. 이를 통해 당시 침례교가 지역별로 어떻게 분포되어 있는지를 가늠할 수 있는데, 경상도(10명) · 강원도(7명) · 함경도(7명) · 충청도(3명) · 평안도(3명) · 전라도(2명) 순임을 알 수 있다.

교단 대표 32인의 옥중 고초에 대해 허긴 박사는 다음과 같이 기술하였다.

> 이들은 수감된 순서대로 5일 동안 아침부터 저녁까지 형언할 수 없는 구타로 심문을 받았다. 이들이 당한 심문은 곤봉과 주먹으로 사정없이 때리면서 시작하는 것이 인사였다. 무릎을 꿇게 하고 곤봉으로 양어깨와 팔뚝을 사정없이 구타하며 어깨에서 팔까지 시퍼렇게 검은 멍이 들었으며 의자를 높이 들게 하여 몇 시간씩 꿇어 앉아 정좌를 취하게 하는 고문은 산다는 것이 죽는 것만 못한 시련이었다. 박병식 · 이덕여 감로는 몇 달을 병으로 신음하였고, 전병무 · 이상필 감로는 수염을 깎지 않는다고 무수한 봉변을 당하기도 했다.[118]

한편, 동아기독교회 교규를 일본어로 번역하여 체포된 강규수 선생의 아들 강대건이 아버지의 옥바라지에 대해 다음과 같이 기술했는데, 여기서 우

---

118 허긴, 『한국침례교회사』(대전: 침례신학대학교출판부, 2000), 316.

리에게 놀라운 정보를 주고 있다.

> 헌병대의 조사가 장기화 되면서 사식과 읽을 책의 차입이 허용되어 나는 매일 학교에서 돌아와 이른 저녁 식사를 하고는 국과 찬을 널따란 놋 양푼에 담아 보자기에 싸서 들고 헌병대에 갔다. 나는 교복을 입고 그런 것을 들고 가는 것이 좀 창피하기는 했지만 그것을 할 수 있는 것은 집안에서 나밖에 없었다. 그렇게 헌병대로 갔던 어느 날 나는 허우대가 좋은 한 사나이가 옷깃에 오장(일본군 하사관 계급 중의 하나)의 계급장을 단 군복에 망토를 두르고 허리춤에는 일본도를 차고 오연한 자세로 앉아 있는 것을 보았다. 나는 금방 그것이 노덕술임을 짐작했다. 조선인 사상범 색출로 악명 높은 노덕술이 동아기독교 사건에도 관여하고 있다는 말을 듣고 있었기 때문이다. 그 후 내가 월남해서 공부하면서 한참 생존을 위해 허덕이고 있을 때 나는 또 한번 명동 거리에서 이 사람을 본 일이 있었다. 정확한 날짜는 기억하지 못하지만 아마도 그가 수도 경찰청 수사과장으로 있었을 1947년 8월경의 어느 날이었을 것이다. 그는 마치 불사조인 양 이번에는 산뜻한 사복 차림을 하고 의기양양하게 명동 거리를 활보하고 있었다. 나는 걷잡을 수 없이 치밀어오르는 울분을 느끼면서 또 한편으로는 사회정의에 대한 깊은 회의와 무력감에 빠져들었다.[119]

악질적 친일매국노 노덕술(盧德述)이 동아기독교 사건에 관여했다는 강대건의 진술은 어느 한국침례교 관련 문헌에서도 찾을 수 없는 희귀한 정보로, 우리를 놀라게 한다. 일제강점기에 고등계 형사로 활동하면서 수많은 독립운동가를 체포 · 고문했던 악명높은 친일분자 노덕술이 동아기독교 사건에 관여했다는 것으로 보아 이 사건의 중요성이 어떠했는가를 짐작하

---

119 강대건, 『아버지의 기도』(서울: 북하우스, 2008), 31-32.

게 한다. 일제강점기 노덕술은 일반 사건보다 주로 사상범을 다루면서 고문 기술자로 명성이 높았는데, 이로 인해 그는 1943년 당시 22,728명의 경찰 중 단 8명뿐인 조선인 경시(오늘날 총경급)에까지 올랐고, 평남 경찰부 보안과장으로 승진하였다. 이런 그가 무슨 연유로 "동아기독교 사건"에 관여했는지 현재로서는 알 수 없다. 그리고 이와 관련된 정보도 찾을 수 없다. 그러나 이는 일제가 "동아기독교 사건"을 결코 가볍게 취급하지 않았음을 방증하는 결정적 증거가 된다. 구금된 32인의 신사참배 반대는 신앙적 차원을 넘어 일본의 국체를 뒤흔드는 사상적인 죄로 확대됐음을 노덕술의 가담을 통해 오늘 우리에게 증언해 준다.

여기서 우리는 교단 대표 32인을 범죄자로 몰아간 일제의 '치안유지법'에 대해 알아보자. 이 법의 시초는 1919년 3.1운동 이후인 1923년 9월 '치안 유지를 위한 벌칙에 관한 건'(칙령 제403호)에서 시작됐다. 1925년 5월에 '치안유지법'이 제정되었고, 1928년에 개정되고 1941년에는 이전과 달라질 정도로 대폭 개정된다. 이는 공산주의, 사회주의 운동에 대한 탄압법이었는데, 나아가 독립운동과 민족주의자들의 사상까지도 탄압하는 악법이었다. 그것이 포괄하는 범주가 매우 광범위하여 일본 천황제와 일제 재배정책에 대해 반감을 갖는 '생각'은 물론, 그럴 가능성이 있는 사람들조차 탄압할 수 있는 악법 중의 악법이었다.[120]

1941년 3월에 전면 개정된 '치안유지법'(법률 제54호)은 제7조와 제8조, 제9조에서 "국체를 부정하거나 신사 혹은 황실의 존엄을 모독할 사항을 목적으로" 결사를 조직한 자, 결사의 임원, 집단을 결성하거나 지도한 자, 집단에 참여한 자, 금품 기타 재산상의 이익을 제공하거나 제공하기로 약속한 자 등을 처벌할 수 있는 규정을 신설하였다. 이로써 종래 '치안경찰법'

---

120 홍선영·윤소영·박미경·복보경 편역, 『사상통제(1): 사상통제 관련 법규와 통제 주체』(서울: 동북아역사재단, 2021), 282.

이나 형법의 불경죄 등으로 처벌하던 종교 사범에 대해 한층 강력한 법으로 처벌할 수 있게 되었다. 현인신(現人神)으로서의 천황의 신격, 아마테라스 오미카미(天照大神)의 신격과 배치되는 기독교의 유일신 사상, 삼위일체 사상, 천지창조설, 재림신앙 등을 고집하는 소수의 기독 교파는 반국가적, 반국체적인 것으로 간주하여 탄압의 대상이 되었다.[121]

일제에 의해 32인 교단 대표가 체포되었을 때, 이를 피한 교단의 몇몇 이들도 있었다. 대표적으로 이종덕 목사와 최성업 목사는 만주국조선기독교연맹에 소속되어 있었고, 한기춘 목사는 교단을 떠난 상태였다. 안대벽 교사(전도사)는 당시 지역의 유지였으며 교회사역을 담당하지 않았고, 윤종우 감로와 이종만 감로는 주소불명으로 인해 화를 면했다.

[122]교단 대표 32인이 일제에 의해 구속되자 동아기독교회는 사실상 마비되었다. 이때 교단의 위기를 수습하는 데 커다란 도움을 준 인물은 이원균 목사였다. 그는 성결교 출신으로, 일찍이 보성전문학교를 나와 경성신학교(성결교)를 졸업할 무렵 동아기독교회를 알게 되었고, 펜윅과도 깊은 교분이 있었다. 그가 함흥중앙장로교회를 시무하고 있을 무렵 '우태호 사건'이 발발했고, 이때 총독부에 들어가 압수당한 원산번역 『신약젼서』와 『복음찬미』를 찾는 데 큰 도움을 주었다. 교단 대표 32인이 전국적으로 검거되자 이종근 감목(총회장)과 인편으로 긴밀하게 교류했는데, 감목은 그에게 동아기독교회의 총무 직권을 위임하면서 사후 수습을 요청하였다. 그는 교회에 양해를 구하고 원산과 서울을 오가며 구속된 32인의 재판이 완결될 때까지 유태설 변호사를 내세워 교단 사역자들의 석방 활동을 벌였다.[123]

모진 고문과 옥고에 시달리던 교단 대표 32인은 원산 헌병대 유치장에

121 안유림, 『일본제국의 법과 조선기독교』(서울: 경인문화사, 2018), 375.

122 허긴, 『한국침례교회사』(대전: 침례신학대학교출판부, 2000), 316-317.

123 Ibid., 317-318.

서 겨울을 보내고 이듬해인 1943년 5월 1일 함흥 교도소로 이감되었다. 이들은 푸른 미결수복을 입은 채로 교도소에서 10리나 되는 함흥재판소로 끌려다니면서 일본 관헌이 퍼붓는 갖은 욕설과 구박을 감내해야 했다. 15일간의 재판 결과 32명 중에 이종근 감목(총회장)을 비롯한 노재천 · 전치규 · 김영관 · 백남조 · 장석천 · 박기양 · 신성균 · 박성도 등 9명의 목사는 검사에 의해 공소가 제기되어 피고들의 공판 여부를 판단하기 위한 예심에 회부되어 재차 투옥되었고, 다른 23명(목사 4명, 감로 16명, 교사 2명, 평신도 1명)은 범죄 혐의는 인정되나 피의자의 여러 정황 등을 참작하여 공소를 제기하지 않는 기소유예 처분을 받아 1943년 5월 15일에 석방되었다.[124] 예심에 회부된 이들이 모두 목사(목사 13명 중 9명)라는 것은, 다른 어느 직분보다도 목사가 신사참배 거부에 적극적으로 참여했음을 알 수 있다. 석방된 23명은 일제의 고문과 구타로 인한 후유증, 열악한 옥중생활로 극도의 영양실조로 건강을 잃었는데, 출옥 후 이들을 도왔던 인물은 안대벽 교사이다. 그는 자신의 자택에 석방된 23인의 교단 대표를 모셔왔고, 정성스런 간호와 기력을 회복하는 최선을 다했으며, 귀향하는 데도 적극적으로 협조하였다.[125]

1943년 조선총독부 고등법원 검사국 사상부가 편집한 "조선중대사상사건 경과표"에 의하면, 9월 말 시점으로 '동우회 사건'[126]을 시작으로

124 Ibid.; 이정수, 『韓國浸禮教會史』(서울: 침례회출판사, 1994), 144-145. 이정수 목사의 기록에 의하면, 검속된 32명 중 23명이 기소유예로 석방된 것은 안대벽이 일제의 강요 때문에 재산 일체를 당국의 요구대로 기부한 결과라고 한다. 그렇다면 필자는 다음과 같은 의문이 남는다. "왜 교단 대표 32인 아닌 23인가? 그리고 이들의 선정 기준은 무엇인가?" 혹은 "교단 대표 32인 모두 석방하는 것은 과연 불가능한 일이었나?"

125 김장배, 『한국침례교회의 산 증인들』(서울: 침례회출판사, 1994), 159.

126 1937년 6월부터 1938년 3월에 걸쳐 일제가 수양동우회에 관련된 181명의 지식인을 검거한 사건. 당시 재경성기독교청년면려회가 각 지부에 기독교인으로서 독립에 이바지하는 방법을

31건의 중대한 사건과 그 내용을 간략하게 기록하고 있다. 이곳에 “동아기독교 사건”을 언급했는데, 예심에 회부된 9인의 범죄 요지를 다음과 같이 밝히고 있다.

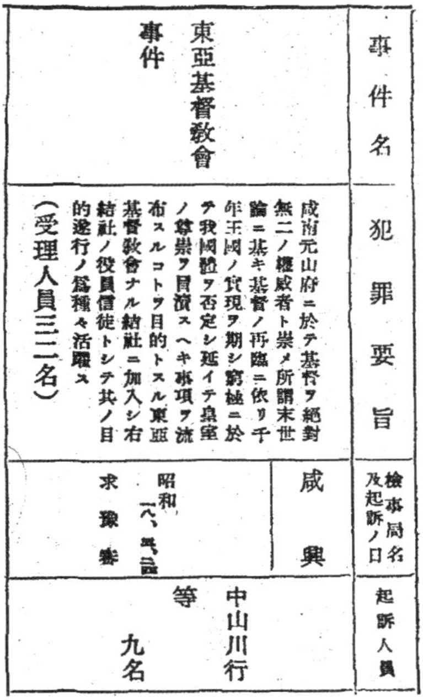

事件名	東亞基督教會事件
犯罪要旨	咸南元山府ニ於テ基督ヲ絶對無二ノ權威者ト崇メ所謂末世論ニ基キ基督ノ再臨ニ依リ千年王國ノ實現ヲ期シ窮極ニ於テ我國體ヲ否定シ延イテ皇室ノ尊崇ヲ冒瀆スヘキ事項ヲ流布スルコトヲ目的トスル東亞基督敎會ナル結社ニ加入シ右結社ノ役員信徒トシテ其ノ目的遂行ノ爲種々活躍ス (受理人員三二名)
檢事局名及起訴ノ日	咸興 / 昭和一八、四、二〇 求豫審
起訴人員	中山川行等九名

조선중대사상사건 중 동아기독교 사건

함남 원산부에서 그리스도(基督)를 절대무이한 권위자로 높여 소위 말세론(末世論)을 기초로 그리스도(基督)의 재림(再臨)함으로서 천년왕국(千年王國)이 실현된다는 것을 굳게 믿어 궁극적으로 우리 국체(國體)를 부정할 뿐만 아니라 황실(皇室)의 존숭(尊崇)을 모독하는 사항(事項)을 유포할 목적으로 한 동아기독교의 결사에 가입하고, 그 결사의 임원 및 신도로서 이 목적을 수행하기 위해 여러 활동을 하고 있음(수리 인원 32명)[127]

담은 문서를 발송한 것이 일본 경찰에 발각되면서, 그 배후를 밝히려는 과정에서 동우회가 수사망에 들게 되었다. 이에 안창호를 비롯해 이광수, 김성업 등 동우회의 지역 지부 대부분 회원이 검거되었고, 재판 끝에 적게는 2년, 많게는 5년의 징역을 선고받았다. 이 과정에서 안창호는 재판에 넘겨지기 전, 최윤세, 이기윤은 고문 끝에 감옥에서 사망했고, 김성업은 불구자가 되었다. 다음 백과 온라인 자료, https://100.daum.net/encyclopedia/view/b12s3602a, 2023년 3월 20일 접속; 한편, “조선중대사건사건 경과표”에는 동우회 사건을 비롯하여 등대사사건, 황국교사건, 신사불참배교회 재건운동사건, 신인(神人)동맹사건, 무극대도교사건, 동아기독교회사건, 삼산교사건, 천자교사건, 선교(仙教)사건 등을 언급하고 있다.

127 朝鮮總督府 高等法院 檢事局 事相部 編, “朝鮮重大事件思想經過表”, 『思想彙報續刊』(1943), 12.; 공훈전자사료관 원문사료실 온라인 자료, http://e-gonghun.mpva.go.kr/portal/url.jsp?ID=PV_SS_0026_00000003, PDF, 12, 2023년 3월 20일 접속.

조선총독부 고등법원 검사국 사상부는 교단 대표 32인 중 9인을 기소하여 예심으로 회부했다. 그리고 이들의 죄목을 밝힌 후 이를 “동아기독교 사건”이라고 명명했다. 이로 보건대, 교단 지도자들의 신사참배 거부를 단순히 종교적 차원의 저항을 넘어 사상적 측면으로 보고 취급했음을 밝히고 있다. 즉, 동우회 사건을 비롯한 여러 사상적 사건과 동아기독교회의 신사참배 거부를 동일 선상에서 취급하여 여타 사상 사건과 똑같이 “동아기독교 사건”을 다루고 있다.

일제가 교단 대표 32인 중 9인을 예심에 회부한 핵심적 죄목은 바로 ‘재림신앙’(말세론)에 있었다. 1942년 6월 10일 이종근 감목(총회장)이 검속된 이래 일제로부터 끊임없이 추궁당했던 죄목으로, 일제는 기독교에 있어서 재림신앙을 가장 싫어했다. 일제가 재림신앙을 유난히 경계한 이유는 이것이 유대민족의 재건이라는 민족주의적인 측면 때문이다. 성경 속에 나타난 유대민족의 재건과 식민지 치하 한민족의 재건이 재림신앙으로 연결되어 독립의 희망을 갖게하는 것이 일제 입장에서는 달갑지 않았고, 자신들의 식민통치에 장애가 된다고 보았다. 그리고 재림 신앙적 요소인 말세론과 천년왕국을 기다리는 태도가 일제의 태평양전쟁에 대한 심판적 입장과 기독교적 평화주의를 구체화한다고 여겼고, 그리스도의 왕권과 천년왕국의 지상건설이라는 교리가 천황을 정점으로 한 일본의 통치 즉 국체에 대해 전면적으로 배치된다고 보았기 때문이다.[128]

1943년 5월 28일 9인의 교단 지도자는 조선총독부 검사 와타나베 레이노스케(渡邊 禮之助)에 의해 함흥지방법원 검사국에 예심을 청구되었다. ‘예심청구서’에는 먼저 전체적인 범죄사실은 기술한 다음 각각의 인물에 대

128 윤선자, 『태평양전쟁 발발 이후 일제의 인적 지배와 그리스도교계의 대응』(서울: 집문당, 2005), 81-82.

해 언급하고 있는데, 내용을 중요성을 고려하여 전문 내용 모두를 밝힌다.

〈범죄사실〉

동아기독교회는 메이지(明治) 39년(1906년)경 유태계 캐나다인 선교사 故 말콤 C. 펜윅(조선명 편위익)이 충청남도 강경에서 가난한 자들에게 전도하여 얻은 신자 신명균 외 수명 및 침례파 기독교도 약 200명과 협의하여 창립하였다. 펜윅은 신, 구약성경에 독자적인 해석을 시도하여 편성한 교리 신조를 믿는 자들로 하여금 조직한 종교단체로 총부(본부)를 함경남도 원산 영정에 두고, 원로 및 교우된 자로 하여금 조직한 것이 원로교우회이며, 이 교우회에 의해 최고 간부인 감목 및 안사를 선임하였고, 포교 방침을 심의 결정을 하도록 하고, 감목은 포교 사무 일체를 총괄하여 목사 이하의 사역자를 임면 지휘하고, 안사는 감목을 보좌하고, 함께 지방교회를 순회하여 포교하며, 상황의 감사 등에 종사하고, 목사는 감목의 명을 받아서 담임 지구(구역이라고 칭함) 내 포교의 책임을 지고, 감로 및 교사는 목사의 지휘에 따라 전도와 그 외의 의무를 협의하고, 총부로부터 동아기독교회 편찬에 관계되는 독특한 『신약전서』, 『복음찬미』 그 외의 인쇄물을 통하여 포교에 노력한 결과 쇼와(昭和) 13년(1938년)경부터 함경남도, 강원도, 평안북도, 충청남도, 전라북도, 경상북도에 걸쳐서 12구역 지방교회 총 94명의 교인(침례를 받

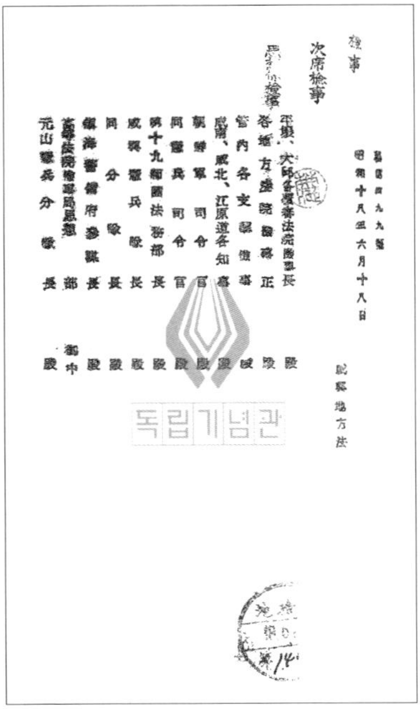
檢事
次席檢事
昭和十八年六月十八日

예심청구서 표지

은 신자를 뜻함)과 3,000명이 넘고, 또 만주와 국내에 약간 수의 교회 교인을 얻었으며 현재에 이르고 있다. 그리하여 그 교리 신조의 특색은 그리스도를 절대 유일의 권위자로 숭배하고, 그리스도는 수난 이후 부활하여 하늘 위에 있다가 말세에 이르면 지상에 재림하여 소위 천년왕국을 건설하고, 우리나라를 포함한 모든 민족 국가 위에 군림하여 소위 만왕의 왕이 되어 우선 심판을 행한다. 그 때 이교도 및 유대 민족을 박해한 국가는 매우 엄한 처벌을 면할 수 없음은 물론이고, 그리스도와 함께 신자는 황후의 지위에 올라 영생을 누리게 되는 것임으로, 현재 세태의 혼란 분규는 이를테면 위의 지상왕국 출현의 징조임으로 신자는 더욱 열심을 바쳐 교세 확대를 꾀하고, 복음을 ○기 해야 한다는 취지를 강조 선포하여 그 필연적 결과로서 쇼와(昭和) 12년(1937년) 경까지 공공연하게 신자에게 지령하여 이방인(같은 국민이라고 하더라도 이교도로 모두 호칭)과의 교제 및 국가의 설립 감리에 관계되는 학교에 취학, 신궁 신사의 예배를 엄금하고, 삼가했고, 관헌의 강력한 지휘에 저항하고 또 그 후에 표면을 호도하고 있음과 또 전에 가르치는 자세는 곡해에 기초하여 교리 신조를 바꾸지 않은, 즉 천황 무궁의 광휘 있는 우리 국체를 부정하고, 나아가서 황실의 존엄을 모독하는 조항을 유포하는 것을 목적으로 하는 것과 같은 것이다.

제1피고인 이종근(中山川行)은 어렸을 때 서당에서 수년간 한문을 배우고, 성장하여 농업에 종사하던 중 동아기독교회의 교리 신조를 따라 타이쇼(大正) 2년(1913년) 침례를 받고 교인이 되었고, 타이쇼(大正) 8년(1919년) 교사가 되었고, 타이쇼(大正) 12년(1923년) 목사가 되었고, 쇼와(昭和) 12년(1937년) 3월 감목으로 선임되어 현재에 이른 자이다. 함경남도 원산 영정 소재의 동 교회 총부에 있어서 (1) 쇼와(昭和) 16년(1941년) 8월 중으로 날짜는 상세하지 않지만 원로인 피고인 전치규 전 감목, 명예 목사인 피고인 김영관 외 4명을 소집하여 재만 지방교회가 만주국 기독교국에 포섭 통합하고자 하는 것을 방해하기 위하여 방책을 협의하였고, 그 실행위원으로 하여금 피고인 전치규 외 3명을 만주에 파견할 것을 결의하여 보냈다. (2) 쇼와(昭和) 16년(1941년) 5월 15일부터 쇼와(昭和) 17년(1942년) 1월 상순경까지 3회에 걸쳐 조선 내 각 구역에 포교 자료인 동아기독교회 편찬 성서 약 30부, 복음 찬미 약 1700부를 배포하고, (3) 위 기간 중 매 주일 수요일의 예배 시에 신자 김중출 외 30명에게 그리스도의 재림과 심판 및 천년왕국의 출현을 기원한 내용의 설교를 하였다.

제2피고인 전치규(陽田宇成)는 어렸을 때 서당에서 수년간 한문을 익히고 성장하여 농업에 종사하던 중 동아기독교회의 교리 신조를 따라 메이지(明治) 42년(1909년)경 침례를 받고 교인이 되었고, 타이쇼(大正) 4년(1915년) 목사가 되었고, 타이쇼(大正) 13년(1924년) 감목으로 선임되고, 쇼와(昭和) 9년(1934) 사임 이후에는 안사로 천거되는 동시에 원로 겸 원산구역 명예 목사가 되어 현재에 이른 자이다. (1) 쇼와(昭和) 16년(1941년) 8월 중 감목인 피고인 이종근의 소집을 받아 전게 제일의 기록내용의 협의를 하였다. (2) 쇼와(昭和) 16년(1941년) 5월 15일부터 쇼와(昭和) 17년(1942년) 1월 상순경까지 매월 2회 평균 전 총○부에서 예배를 할 때 신자 김중생 외 약 30명에게 전기와 마찬가지의 설교를 하였다. (3) 쇼와(昭和) 16년(1941년) 8월 중 강원도 통천군 통천면 서리 소재 원산구역 내 서리교회에서 최명선 외 20명에게 침례를 베풀고 이를 교인으로 하였다.

제3피고인 김영관(金山榮官)은 어렸을 때 서당에서 수년간 한문을 배운 후 농업에 종사하던 중 동아기독교회의 교리 신조를 따라 타이쇼(大正) 2년(1913년)경 침례를 받고 교인이 되었고, 동 12년(1923년) 교사가 되었고, 다음 해(1924년) 목사가 되었고, 쇼와(昭和) 9년(1934년) 감목으로 순서를 따라 승급하였고, 쇼와(昭和) 13년(1938년) 3월 사임함과 동시에 원로 겸 명예 목사가 되고,

현재에 이른 자이다. (1) 쇼와(昭和) 16년(1941년) 8월 중, 감목인 피고인 이종근의 소집에 응하여 전게 제1의 (1) 기재 내용의 협의를 하였다. (2) 감목인 피고인 이종근의 강력 요청에 의해서 같은 해 7월 중 만주국 간도성 ○○○대파교회 외 한 교회에서 4회에 걸쳐서 김순철 외 120명 정도(○○○○인)에게 전기와 같은 설교를 하였다.

제4피고인 장석천(張田錫天)은 어렸을 때 기독교계 사립학교에서 성서 및 한문 등을 배우고 성장하여 농업에 종사하던 중 침례파 기독교도가 되어 동아기독교회 창설을 하는 등 당초부터 이에 가입하는 동시에 목사가 되었고, 쇼와(昭和) 15년(1940년) 10월 원로 겸 명예 목사로 선임된 이래 충청남도 부여군 임천면 칠산리 소재 칠산교회에서 포교에 종사하고 있는 자이다. 쇼와(昭和) 16년(1941년) 5월 15일부터 쇼와(昭和) 17년(1942년) 8월 말경까지 같은 교회에서 매 일요일 예배 시에 신자 장석철(張田錫哲) 외 약 80명에게 전기와 같은 설교를 하였다.

제5피고인 노재천(盧山光石)은 어렸을 때 서당에서 수년간 한문을 배우고 성장하여 농업에 종사하던 중 동아기독교회의 교리 신조를 따라 메이지(明治) 43년(1910년)경 침례를 받고, 그 교인이 되었고, 타이쇼(大正) 3년(1914년) 목사로 선임되어 현재에 이른 자이다. (1) 쇼와(昭和) 16년(1941년) 5월 15일부터 쇼와(昭和) 17년(1942년) 9월 상순경까지 소속된 충청남도 공주교회에서 매 일요일의 예배 시에 신자 이기출 외 약 50명에게 전기와 같은 설교를 하였다. (2) 쇼와(昭和) 16년(1941년) 5월 중순 및 그해 8월 20일경까지 2회에 걸쳐 전과 같은 교회에서 ○○○와 20명에게 침례를 베풀고 이를 교인으로 하였다.

제6피고인 박기양(木村方春)은 어렸을 때 서당에서 수년간 한문을 배우고, 성장하여 농업에 종사하던 중 동아기독교회의 교리 신조를 따라 타이쇼(大正) 6년(1917년) 침례를 받고, 그 교인이 되었고, 동 12년(1923년) 교사가 되고, 다음 해(1924년) 목사로 선임되어 현재에 이른 자이다. 쇼와(昭和) 16년(1941년) 5월 15일부터 쇼와(昭和) 17년(1942년) 6월 상순경까지 매 일요일 소속된 경상북도 예천군 용궁면 금남리 금남교회에서 신자 장사출 외 약 40명에게 전기와 같은 설교를 하였다.

제7피고인 백남조(白原信祚)는 어렸을 때 서당에서 수년간 한문을 닦고, 성장하여 농업에 종사하던 중 동아기독교회의 교리 신조를 따라 타이쇼(大正) 원년(1912년) 침례를 받고, 그 교인이 되었고, 동 7년(1918년) 교사가 되었고, 다음 해(1919년)에 목사로 선임되어 현재에 이른 자이다. 쇼와(昭和) 16년(1941년) 5월 15일부터 쇼와(昭和) 17년(1942년) 9월 상순경까지 소속 만주국 간도성 연길현 자성 종성교회에서 매 일요일의 예배 시에 신자 임승용 외 약 120명(모두 조선인)에게 전기와 같은 설교를 하였다.

제8피고인 신성균(平山聖均)은 어렸을 때 서당에서 수년간 한문을 배운 후 농업에 종사하던 중 동아기독교회의 교리 신조를 따라 타이쇼(大正) 5년(1916년) 침례를 받고, 그 교인이 되었고, 동 12년(1923년) 교사가 되었고, 다음 해(1924년) 목사로 선임되어서 현재에 이른 자이다. 쇼와(昭和) 16년(1941년) 5월 15일부터 쇼와(昭和) 17년(1942년) 9월 상순 경까지 소속되어 있던 경상북도 영일군 송남면 광천리 광천교회에서 매 일요일 예배의 때 신자 이○○ 외 약 30명에게 전기와 같이 설교를 하였다.

제9피고인 박성도(竹山成道)는 경성 기호중학교를 중퇴한 후 서당 교사, 농업에 종사하고 있던 중 동아기독교회의 교리 신조를 따라 메이지(明治) 44년

(1911년)경 침례를 받고, 그 교인이 되어 타이쇼(大正) 13년(1924년) 감로가 되었고, 쇼와(昭和) 14년(1939년) 4월 목사에 선임되었다. 이후에 함경북도 함홍 종성에서 구역을 담당하고 현재에 이른 자이다. 쇼와(昭和) 16년(1941년) 5월 15일부터 쇼와(昭和) 17년(1942년) 9월 상순경까지의 기간 중 관할하는 구역인 나진교회 등에서 매월 1회 평균 예배 시 신자 김태복 외 약 320명에게 전기와 같은 설교를 하였다.

이상 이들은 동아기독교회의 직원(교역자)으로서 임무에 종사한 자이다.[129]

일본인 검사 와타나베 레이노스케(渡邊 禮之助)가 청구한 예심서에 기록된 교단 지도자 9인의 죄목 역시 "조선중대사건사건 경과표"에 나타난 것과 마찬가지로 재림신앙을 가르친 것에 초점이 맞춰져 있다. 또한, 9인의 피고인의 범죄사실에 대해서도 공통으로 "그리스도의 재림과 심판 및 천년왕국의 출현을 기원한 내용의 설교를 하였다."라고 지적하였다. 그의 이 같은 지적은 그만큼 기독교의 재림신앙을 일제가 제일 싫어하는 사상으로, 범죄의 소지가 크다는 것을 보여준다. 또한, 이 재림사상은 식민지 한국에서 일제에 중대한 위협이 되기에 이를 사전에 차단하고 확산을 막고자 교단 지도자들을 엄히 다스렸다. 결국, 9인의 교단 지도자의 범죄가 재림신앙에 근거하고 있다는 것을 강조하고 있으며, 재림신앙은 종교적 성격을 넘어 일제의 반응에 의해 정치적 성격으로 전환되었음을 알 수 있다.

당시 기독교인의 재림신앙 전파로 인한 치안유지법 위반 사례는 많다. 대표적인 것 몇 가지를 들면 다음과 같다. 첫째로 앞에서도 언급했던 손양원(孫良源) 목사는 1941년 11월 4일 광주지방법원으로부터 신치안유지법 제5조를 적용받아 징역 1년 6월을 부과받았다. 법원은 그의 성서관에서 나

129 독립기념관 온라인 자료, http://search.i815.or.kr/contents/microFilm/detail.do?isTotalSearch=Y&adminId=1-006466-005-0074&sortNo=9999, PDF, 2023년 3월 20일 접속.

온 유심적 말세론에 따라 우리나라를 포함한 현존 국가의 멸망과 천년왕국 건설의 필요성을 확신한 자로, 이 사상에 의해 우리 국민의 국가신념을 교란해 국체의식을 변혁하게 하여 현존 질서의 혼란 동요를 유발하면서, 궁극적으로 이른바 아마겟돈에 의해 현존 질서가 붕괴하니 우리나라를 비롯한 세계 각국의 통치조직을 변혁하여 천년왕국 건설을 실현하고자 추구해 온 자라고 했다. 다음으로, 1942년 5월 12일 평양지방법원에 예심 청구된 이기선(李基善) 등 35명의 예수 교도들의 범죄 요지는 1939년 8월 이래, 성서에 이른바 말세론에 따라 조만간 기독이 재림하여 지상 신(神)의 국가가 실현된다고 하고, 궁극적으로 우리 국체를 변혁하여 천년왕국을 건설할 것을 목적으로 신사 불 참배, 재건총회 조직준비회인 비밀결사를 조직하고 전 조선에 걸쳐 그 확대 강화를 위해 활동하고 또한 여러 가지 불온언동을 일삼았다고 했다. 마지막으로, 1942년 8월 10일 광주지방법원은 신치안유지법 제5조를 적용하여 전도사 김용말에게 징역 2년 6월을, 박동환과 조용택에게 각 징역 1년 6월을 부과했다. 피고들 모두 말세론적 사상을 전도하여 우리 국민의 국체의식을 마비시켜 국가 관념을 동요시키면서 서서히 현존 질서의 혼란을 유발하고 기독의 재림을 기다려 기독 국가의 건설을 실현할 것을 궁극의 목적으로 하여 기독교 전도의 합법적 가면에 숨어 그 주의 사상 선전에 힘썼다고 했다.[130] 이처럼 일제는 기독교의 재림신앙을 자신들에게 도전하는 사상으로 간주하여 종교적 측면이 아닌 사상범으로 다스렸다.

1943년 5월 28일 9인의 교단 지도자는 일본 검사에 의해 예심에 회부되어 감옥생활이 계속됐는데, 1년이 넘는 혹독한 심문과 열악한 수감생활로 인해 교단 지도자들은 날로 쇠약해 갔다. 이들 중에 장석천 목사가 가장

130 오기노 후지오, 『일제강점기 치안유지법 운용의 역사』, 윤소영 옮김(서울: 역사공간, 2022), 440-441.

병약했으나 기적같이 견디어 냈다. 그러나 1944년 2월 13일 전치규 목사가 병고에 시달리던 중 형무소 안에서 일생을 마침으로 거룩하신 하나님의 부르심을 받았다. 옥고와 영양실조, 여독으로 온 신병으로 인해 그는 57세로 순교자의 반열에 오르는 영광을 얻었다.[131] 전치규 목사가 순교한 지 이틀 후인 1944년 2월 15일 이종근 감목(총회장)을 제외한 7인(노재천 · 김영관 · 백남조 · 장석천 · 박기양 · 신성균 · 박성도)은 병보석으로 임시출옥하였다. 7인 병보석을 통해 볼 때, 이들의 형무소 생활이 얼마나 혹독했는지 알 수 있다. 석방된 8인은 극도로 쇠약해 있었다. 그들은 원산 반도의원의 차형은 원장(감리교 장로)의 호의로 병원에 입원하여 여러 날 간호를 받았다. 그러나 그들의 건강은 단기간의 치료로 완쾌될 수 없을 정도로 매우 열악하였다.[132]

이종근 감목(총회장)은 옥중에 있었고, 병보석으로 임시 출옥한 7인이 각지로 돌아가 몸을 추스르고 있을 무렵, 청천벽력(青天霹靂)과도 같은 소식이 전해졌다. 1944년 5월 10일 함흥재판소가 동아기독교회 교단 해체령을 공표한 것이다. 해체령의 주된 요지는 동아기독교회가 신사참배와 황궁요배를 거부하므로 일제와 천황을 모독했으며, 교단의 교규 내용이 국체명징에 위배되는 불온사상을 지닌 교단이라는 죄목에 대한 판결이었다. 이것은 어처구니 없는 처사로, 교단 해체와 같은 중대사를 서울의 고등법정이 아닌 지방법원에서 판결했다는 것이며, 법질서에 있어서 상식 밖의 일이 아닐 수 없다. 이 같은 일제의 불법적인 교단 폐쇄령에 따라 전국의 동아기독교회 건물은 폐쇄조치 되었고, 일체의 예배행위가 금지되었으며, 교회의 종각들은 강제로 국가에 헌납되었고, 교회의 대지와 건물은 매각되어 국방

---

131 전치규 목사의 생몰연대에 대해 이정수 목사는 57세, 허긴 박사는 66세에 순교했다고 한다. 이정수, 『韓國浸禮敎會史』(서울: 침례회출판사, 1994), 147; 허긴, 『한국침례교회사』(대전: 침례신학대학교출판부, 2000), 319.

132 이정수, 『韓國浸禮敎會史』(서울: 침례회출판사, 1994), 147.

헌금에 납입되었다. 충남 강경의 요지인 옥녀봉 일대 4천여 평이 넘는 강경 교회 대지가 일제에 강제로 몰수되어 그들의 신사 부지로 조성한 것도 이 무렵이다.[133]

강경교회의 대지가 일제에 의해 강제로 몰수된 것에 대해서는 좀 더 면밀한 검토가 필요하다. 왜냐하면, 일제에 의해 강탈당했음에도 불구하고 지금껏 돌려받지 못하고 있기 때문이다. 1895년 엘라씽기념선교회(Ella Thing Memorial Mission)에서 파송된 폴링(E. C. Pauling) 선교사에 의해 세워진 강경 선교부(station)의 구내 면적이 4,732평에 달했는데, 이는 강경의 옥녀봉 전체 크기에 3분의 1에 해당하는 상당히 큰 규모였다. 이후 1899년 말 폴링이 귀국하면서 스테드맨(F. W. Steadman) 선교사가 인계받았고, 1901년 4월 스테드맨이 귀국하면서 펜윅이 강경 선교부를 포함한 선교회의 모든 재산을 인수했다. 1912년 10월 1일 일제의 토지조사법(1910. 8)에 따라 이 땅을 펜윅이 등재했고, 1929년에 작성한 유서에서 펜윅은 원산 · 공주 · 칠산(갈밭)과 함께 강경 토지도 팔아 전도자들을 위해 사용하라고 당부했다. 이는 1935년 펜윅이 사망하자 위임받은 위원들(안대벽 · 김재형 · 전치규)은 대부분 실행했으나, 강경(봉화채)의 토지만은 처분하지 못했다. 이는 강경신사 인접 지역이라는 특수성 때문이었다. 이후 1939년 9월 8일 일제는 강경신사 확장을 위해 강경교회 토지 중 135번지(3,237평)의 일부(399평, 후에 135-1로 지번 분할)와 139번지(800평)의 일부(182평, 후에 139-1로 지번 분할)를 매입했다. 이때까지 옥녀봉 강경교회의 모든 재산은 펜윅의 이름으로 되어 있었으나, 9월 12일(계약 체결 나흘 뒤) 재산의 소유주가 안대벽 · 김재형 · 전치규로 보존 등기됐다. 1942년 6-9월 교단 대표 32인이 일제에 의해 구속되어 재판받게 되었고, 이런 와중에 일제의 강압에 못 이겨 안

133 허긴, 『한국침례교회사』(대전: 침례신학대학교출판부, 2000), 320.

대벽이 옥녀봉에 있는 강경교회 남은 재산을 기부했고, 다음날인 1943년 5월 15일에 32인 중 23명이 기소 유예로 풀려났다. 즉, 이때 4,151평이 모두 강경신사로 넘어간 것이다(폴링이 매입한 4,732평 중 1939년 소유권이 이전된 581평 제외). 토지들의 등기부 등본을 보면, 1943년 2월 22일 증여가 이루어져 1943년 5월 14일 수증자(受贈者)인 강경신사로 소유권 이전이 확정된 것으로 나타난다. 그중에 강경읍 북옥리 137번지는 지병석이 마련한 최초의 사택이고, 136번지는 폴링의 주택이며, 124번지는 정사각형 예배당 자리이다. 이미 일제에 모든 땅을 강탈당한 강경교회는 1944년 5월 10일 교단 폐쇄령에 따라 예배당이 폐쇄되어 예배조차 드릴 수 없는 처지가 되었다.[134] 한편, 강경교회의 남주희 장로가 조사한 바에 의하면, 구 지적도 및 등기부 등본을 근거로 강경교회 토지 명세서를 작성했는데 다음과 같다.[135]

구분	지번	소유등기	지적(㎡)	지적(평)	비고
1	124	(국) 재정경재부	443	134	1943년 5월 14일 증여
2	135-1	논산시	1,319	399	1939년 9월 12일 매매
3	135-2	(국) 재무부	7,828	2,838	1943년 5월 14일 증여
4	135-3	조홍규	1,554	470	1967년 6월 14일 135-2에서 분할
5	136	(국) 재무부	922	279	1939년 9월 12일 증여
6	137	논산시	674	204	1943년 5월 14일 증여
7	138	(국) 재무부	231	70	1943년 5월 14일 증여
8	139-1	(국) 재정경제부	602	182	1939년 9월 12일 매매
9	139-2	(국) 재무부	2,043	618	1939년 9월 12일 증여
계			15,616	4,732	

134 송현강, "강경침례교회 초기 역사(1896-1945),"「한국기독교와 역사」제42호 (2015. 3), 35-37.

135 윤석일, "강경침례교회(ㄱ자형 교회) 약사,"「한국 최초침례교회 ㄱ자형 교회 검증을 위한 학술발표회」(2020. 6. 22), 14.

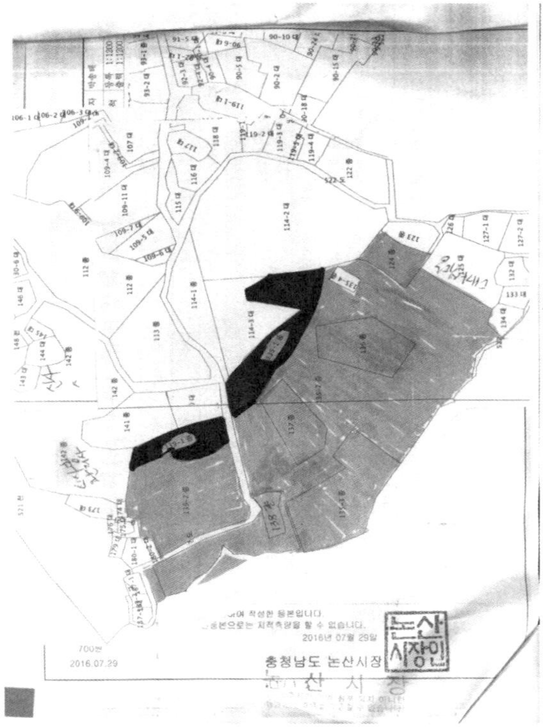

강경교회 지적도

지금까지 진술한 바에 따르면, 일제의 강압에 의해 빼앗긴 강경교회 토지 4,151평은 반드시 돌려받아야 마땅하다. 그럼에도 불구하고 지금껏 그렇지 못하고 있는 것은 신앙의 후손으로서 우리의 잘못은 없었는지 반성해야 할 것이고, 국가를 대상으로 이 토지를 반환받는 방안에 모두의 중지(衆志)를 모아야 할 것이다.

때때로 침례교의 교단 폐쇄와 성결교, 안식교의 교단 해산을 동일하게 취급되는 경향이 있다.[136] 이는 성결교가 중요시하는 4대 교리 중에 '재림'

136 윤선자, 『태평양전쟁 발발 이후 일제의 인적 지배와 그리스도교계의 대응』(서울: 집문당, 2005), 79.

이 있다는 것과, 안식교의 교리가 예수 그리스도의 재림에 초점이 맞춰져 있다는 것으로 인해 각 교단이 동일한 '재림신앙' 강조로 일제에 의해 해체됐다는 것이다. 그러나 이에 대해서는 면밀한 검토가 필요하다. 얼핏 보기에 세 교단이 '재림신앙' 강조로 교단이 폐쇄된 것처럼 보이나, 이들 간에는 엄밀하게 다른 두 가지의 차이가 있다. 먼저, 침례교가 법적으로 교단 폐쇄를 당했던 반면, 성결교와 안식교는 스스로 교단을 해산했다. 다음은, 침례교가 교단 폐쇄로 인한 성명서를 발표하지 않았을뿐더러 강제적으로 재산을 빼앗겼던 반면, 성결교와 안식교는 월간지를 통해 교단의 해산을 성명서로 발표했을 뿐만 아니라 자신하여 재산을 헌납했다.[137] 물론 성결교와 안식교에서는 일제의 강압에 의해 어쩔 수 없이 발표한 것이요, 그와 같은 상황에서는 누구도 거절할 수 없을 것이라고 항변(抗辯)하거나 다른 시각에서 해석하기도 한다.[138] 그리고 교단의 의사와 별개로 일제에 저항했던 의식있는 성결교회와 교인들이 있었음은 잘 아는 바이다. 이는 참으로 아름다운 신앙인의 모습을 보여주고 있다는 측면에서 높이 평가받아 마땅하다.[139] 침례교 역시 교단의 의사와 상관없이 일제에 협력했던 박석홍 통장과 같은 무리들이 있었음을 부인할 수 없다. 그러나 필자가 여기서 언급하고자 하는 것은 개인적 차원이 아닌 교단적 차원이라는 것을 기억해야 한

---

137 성결교 해산 성명서 발표(1943. 12. 29)와 같은 시기에 나온 "교회 해체에 관한 건"이라는 공문이 『조선검찰요보』 제1호(1944. 3) 41에 나오는데, 내용은 다음과 같다. "표제의 건에 대하여는 별지 성명서와 같이 교리가 우리 국체와 상반되는 점 때문에 자발적으로 해산하기로 한 바, 귀 교회 신도에게 이 뜻을 전달함과 동시에 교역자 각위에게도 이러한 잘못된 신앙을 시정하고 결전하에 황국신민으로서 적절한 직장에 나가 국책에 순응하고 진충봉공(盡忠奉公) 하도록 하며 또한 각 교회의 부동산 및 비품 일체는 조만간 당국의 지시에 의하여 잔무정리위원이 처리할 것이므로 그리 아시고 어떠한 유감도 없도록 하기를 바람." 김승태, 『식민권력과 종교』(서울: 한국기독교역사연구소, 2012), 312에서 재인용.

138 이에 대해서는 다음의 책을 참고하시오. 기독교대한성결교회출판부. 『일제의 식민통치와 한국성결교회』(2019).

139 이에 대해서는 다음의 책을 참고하기 바람. 김승태, 『식민권력과 종교』(서울: 한국기독교역사연구소, 2012), 294-294-308.

다. 비록 개인적 차원에서는 일제에 협력했던 이들이 있었을지라도 교단적으로는 결코 신사참배 하지 않은 것이 팩트이다. 독자들의 현명한 판단을 위해 1943년 12월 29일에 발표된 성결교와 안식교 두 교단의 해산 성명서 전문을 아래와 같이 소개한다.

<성결교 해산 성명서>

우리 조선예수교 동양선교회 성결회는 조선에 포교 이래 삼십 오륙 년, 그간 장기에 걸쳐서 미국인 선교사의 지도를 받은 것뿐이 아니라 재정적 기초도 역시 미국에 의존하여 왔기 때문에 부지부식간에 적(敵) 미·영사상의 포로가 되어 지금도 그 잔재를 말살키 어려움은 유감으로 생각하는 바다. 더구나 교리로서 신생, 성결, 신유, 재림의 네 가지 가운데 복음을 고조하여 왔는데 그 가운데 재림의 항은 기독이 가까운 장래 육체로써 지상에 재림하여 유태인을 모으고 건국하여 그 왕이 될 뿐 아니라 만왕의 왕인 자격으로서 전세계 각국의 주권자로부터 그 통치권을 섭정하여 이를 통치한다는 것으로 근본적으로 국체의 본의에 적합하지 못 할 뿐더러, 신관에 대하여도 성서의 해석에 기초하여 '여호와' 이외에 신이 없다는 사상을 선포하여 온 것은 현재 우리들의 심경으로 보면 실로 국민 사상을 혼미에 빠뜨린 것으로 그 죄를 통감하는 바입니다. 우리들은 최근 이 점에 깊이 깨달은 바 있어 여하히 하여 성서의 해석을 우리 국체의 본의에 적합케 할 것이냐에 관한 연찬(硏鑽)을 거듭하여 왔으나, 필경 성서는 그 기지(基址)를 유태사상에 두어 우리 국체의 본의에 배반하는 기다적(幾多的) 치명적 결함을 포장하는 것으로서 성서 자체로부터 이탈치 못한다면 완전한 국민적 종교로서 성립하지 못할 것으로 결론에 도달하였다. 다수 유력 신도 간에는 현 시국에 감(鑑)하여 우리들의 전시(前示) 소견과 동일 소견하에 자숙 자계, 교단의 자발적 해체의 요망이 있자 이들 신도의 총의에 응하는 것은 우리들 교단 간부에게 부하(負荷)된 책무인 것을 통감하고 이에 우리들은 단호히 조선예수교 동양선교회 성결교회(개명 일본 기독교 조선성결교단)를 자발적으로 해체하게 되었다. 우리들은 오랜 세월동안 부지부식중에 그와 같은 불온한 포교를 하여온 책임을 통감하고 이제 맹서하여 결전하 황국신민의 자격을 실추지 않을 것을 기함.

우(右) 해체에 즈음하여 중외에 성명함.

조선 예수교 동양선교회 성결교회(일본 기독교 조선성결교단)

목야명직(이명직), 산본정도(최석모), 무촌건(이건), 신정현명(박현명), 식산영택(최영택), 신정형순(박형순), 안전창기(안창기)[140]

<안식교 해산 성명서>

본 교회는 미국 선교사의 손에 의하여 창립되었으며, 이래 40유여년간 직접 그 지도를 받아왔음과 동시에 그 재정적 기초도 전혀 미국 선교사에 의존했었다. 따라서 우리들은 부지부식간에 적(敵) 미·영적 사상에 감염되어 그들 양이의 풍속·습관이 반 산앙화되어 동양 고유의 순풍미속(醇風美俗)은 점차 파괴되고 있었다. 그뿐만 아니라 본 교회의 교리 가운데는 개인주의를 강조하는 나머지 국가의 존재를 경시하고, 자유주의의 미명하에 국가의 존엄을 모독하는 듯한 혐(嫌)이 없다고 할 수 없다. 이는 개인의 행동 있는 것을 알고 국가적 제약을 모르는 것으로, 이는 천리공도(天理公道)에 반함이 실로 심하다고 아니할 수 없다. 우리들은 그러한 교리는 우리 국체의 본의에 배반됨을 자각하고 일야(日夜) 쇄심(碎心) 이를 국체의 본의에 순응케 하려고 노력을 경주하여 왔으나 소의(所依)의 교전(教典) 자체를 배제하지 않으면 어떠한 노력도 무익에 돌아갈 것을 깨닫고, 또한 일상생활에 있어서 양이(洋夷)의 풍속을 청산하고 나아가 (敵) 미·영적 사상의 구각(舊殼)으로부터 선탈(蟬脫)하여 심

140 「동양지광」 1944년 2월호, 49; 김승태 편역, 『일제강점기 종교정책사 자료집』(서울: 한국기독교역사연구소, 1996), 384-385에서 재인용.

신이 함께 동아에 돌아와 대일본제국의 황민으로서 소생하려 한다. 그러한 우리들의 결의는 대동아전쟁의 대조(大詔) 봉대시(奉戴時)에 그 맹아(萌芽)를 생하였으며, 이래(爾來) 스스로 반성 수련하기를 3년, 드디어 귀착해서 얻은 결론적 발로(發露)에서 다를 것 없다. 이에 우리들은 본 교회의 구각(舊殼)인 제7일 안식일 예수재림교 조선합회 유지재단을 자발적으로 해산하여 우리들의 새로운 결의를 표명하려 한다. 그 위에 우리들은 교단의 사람의 지위로부터 일개의 자연인으로 돌아가기로 하며 천황폐하의 적자로서 국가에 진충(盡忠)하기는 물론, 황국신민으로서 대동아전시하 시국적 요청에 순응하여 일의정신(一意挺身)으로써 국은에 보(報)하기를 맹서한다.

우(右) 성명하노라.

조선 제7일 안식을 예수재림교 연합회

제7일 안식일 예수재림교 조선합회

유지재단평의회 및 이사

평강신길(오영섭), 송촌의길(이성의), 삼　순일(박창옥), 김전예준(김예준), 임성일(임종희), 보원정수(곽종수), 좌등실(차영준), 고산충구(고두칠)[141]

해산 성명서의 여러 내용을 차치(且置)하더라도 성결교 해산 성명서 끝부분에 "우리들은 오랜 세월 동안 부지부식 중에 그와 같은 불온한 포교를 하여온 책임을 통감하고 이제 맹서하여 결전하 황국신민의 자격을 실추지 않을 것을 기"한다는 표현이나, 안식교 해산 성명서 끝부분인 "우리들은 교단의 사람의 지위로부터 일개의 자연인으로 돌아가기로 하며 천황폐하의 적자로서 국가에 진충(盡忠)하기는 물론, 황국신민으로서 대동아전시하 시국적 요청에 순응하여 일의정신(一意挺身)으로써 국은에 보(報)하기를 맹

141 「동양지광」 1944년 2월호, 48; 김승태 편역, 『일제강점기 종교정책사 자료집』(서울: 한국기독교역사연구소, 1996), 382-383에서 재인용.

서한다."라는 표현은 백 보 양보한다 해도 결코 용납될 수 없는 표현이다. 아무리 강요에 의한 것이라고 해도 이는 분명 기독교인으로서 결코 넘어서는 안 될 선(線)을 넘은 것이요, 해서는 안 될 짓을 한 것이다.[142] 이렇게 용납할 만큼 기독교 신앙이 가벼운가? 그때그때에 따라 얼마든지 자신의 소신을 바꿀 정도로 기독교가 하찮은가? 이는 목숨을 걸고 복음을 전하여 준 선교사들을 모욕하는 것이요, 궁극적으로는 우리의 죄를 위해 자신의 아들을 십자가에서 죽게 하신 하나님을 모욕하는 것이다. 결국, 어떤 진영논리로도 덮을 수 없고, 어떤 변명의 여지도 없는 부끄러운 것임을 기억해야 한다. 만일 이것을 용납한다면, 과연 기독교인으로서 그리스도를 따른다는 것이 무엇이며, 신앙을 지킨다는 것이 무엇인지 묻고 싶다. 비단 이것은 성결교와 안식교에만 국한된 것이 아니다. 버젓이 신사참배에 가담했던 수많은 기독교인이 일제의 강압이라는 핑계로 앞다퉈 자기변명 하기에 바쁘니 참으로 가소로울 뿐이다. 훗날 주님은 뭐라 하실지 궁금하다.

일제에 의해 교단이 폐쇄되고 각 교회의 집회가 불허된 가운데, 1944년 8월 8일 임시출옥했던 7인(노재천 · 김영관 · 백남조 · 장석천 · 박기양 · 신성균 · 박성도)이 재수감 되었다. 7인은 구류 중인 미결수 상태에서 병보석으로 석방되었기에 몸이 회복되었다고 판단한 일제는 이들을 다시 수감했던 것이다. 공판이 계속되는 가운데 9월 7일에 이르러 재판이 종결됐는데, 7인은

142 김승태 박사는 성결교의 해산이 일종의 부일협력으로 해석할 여지가 있다고 주장하며 다음과 같이 언급했다. "여기서 문제가 되는 것은 이 해산이 일제에 의한 강제해산이라고 해서 수난으로만 해석해야 할 것이냐는 것이다. […] 그 절차가 강제에 의한 것이기는 하지만, 자발적 해산의 형식을 취하였고, 성결교의 이사장 이하 간부들이 전무처리위원으로 남아 일제 당국의 지도에 따라 교회의 재산을 처분하여 일제에 모두 '헌납'하였다는 점에서 자발적인 것은 아니라 하더라도 일종의 부일협력 행위로도 해석할 수 있는 여지를 남긴 것이다. 강제로 빼앗기는 것과 어떤 형식으로든 '헌납'하는 것은 전적으로 다른 것이다. 그리고 이 점은 일본의 성결교계의 대응과도 다른 점이라는 것이다. 성결교회가 해산된 후 성결교의 교역자들과 신자들은 개별적으로 장로교나 감리교 등 다른 교파에 합류하거나 칩거하였다." 김승태, 『식민권력과 종교』(서울: 한국기독교역사연구소, 2012), 220-221.

집행 유예 5년으로 석방되었고, 이종근 감목(총회장)은 6개월 징역형을 선고받아 재수감되었다. 이종근 감목(총회장)은 1945년 3월 말 옥중생활 2년 9개월을 마치고 석방된 후 가족과 함께 만주의 간도로 이주했다.[143]

교단 폐쇄령이 내려진 이후 예배처를 잃은 많은 신자들은 사방으로 흩어져 타 교단으로 가거나 이 집 저 집으로 몰려다니며 예배드리다가 그것도 여의치 못하면 가정예배로 대치되었다. 동아기독교회는 해방되어 1946년 2월 다시 교단이 재건되기까지 최대의 암흑기에 접어들었다.[144]

침례교는 신사참배 거부로 일제에 의해 교단 대표 32인이 체포되는 초유의 사태에 직면했으며, 이들은 열악한 수감생활 속에서 온갖 고문과 구타를 당하는 등 무지막지(無知莫知)한 탄압과 박해를 받았다. 그중에 최소 6명이 순교를 했는데, 전치규 목사는 옥중에서 순교했고, 김해용 감로, 남규백 감로, 박두하 감로, 이상필 감로가 출옥 후 순교했으며, [145]장석천 목사도 출옥 후 병석에서 신음하다가 결국 순교했다.[146] 그 외 다른 분들도 가족과 후손의 증언에 의하면, 살아있다고 해도 정상적인 생활이 불가능할 정도로 고문 후유증에 시달렸다고 한다. 이 같은 순교와 고난의 발자취가 있음에도 불구하고 지금껏 역사 속에 묻혀있었다는 것이 그저 안타까울 따름이다. 믿음의 후손으로서 이들의 신앙을 기리고, 계승하여 오늘 우리의 삶에 적용해야 하겠다. 이분들이 몸으로 저항했던 신사참배 거부는 8.15해방으로 끝나지 않았다. 또 다른 측면의 신사참배 강요가 우리 주변에 허다하다. 그 무엇보다, 그 누구보다 주님을 더 사랑할 수 있는가? 신앙을 지키기

---

143 이정수, 『韓國浸禮敎會史』(서울: 침례회출판사, 1994), 147; 김갑수, 『한국침례교 인물사』(서울: 요단출판사, 2007), 100-101.

144 허긴, 『한국침례교회사』(대전: 침례신학대학교출판부, 2000), 320.

145 이정수, 『韓國浸禮敎會史』(서울: 침례회출판사, 1994), 155.

146 「침례신문」 온라인 자료. http://www.baptistnews.co.kr/news/article.html?no=7594, 2023년 3월 20일 접속.

위해 기꺼이 손해를 감수할 수 있는가? 예수 그리스도께서 말씀하신 것을 다시금 되새겨 보자.

> 이에 예수께서 제자들에게 이르시되 누구든지 나를 따라오려거든 자기를 부인하고 자기 십자가를 지고 나를 따를 것이니라. 누구든지 제 목숨을 구원하고자 하면 잃을 것이요, 누구든지 나를 위하여 목숨을 잃으면 찾으리라. 사람이 만일 온 천하를 얻고도 제 목숨을 잃으면 무엇이 유익하리요? 사람이 무엇을 주고 제 목숨과 바꾸겠느냐? 인자가 아버지의 영광으로 그 천사들과 함께 오리니 그 때에 각 사람이 행한 대로 갚으리라(마태복음 16장 24-27절).

필자는 지금까지 침례교 항일운동사에 대해 서술하였다. 침례교 항일운동의 특징으로 시작하여 침례교 최초의 항일운동인 1906년 '위국기도회' 참여, 펜윅 선교사의 기독교적 애국 사상을 표출한 1907년의 '대한 노래' 발표 그리고 3가지의 거부 활동 즉 포교계 제출 거부, 공교육 거부, 신사참배 거부에 대해 살폈다. 침례교의 항일은 단순히 일제의 정부 정책에 대해 거부한 것이 아닌 일제의 부당한 명령에 대한 거부 즉 불복종 운동을 한 것이다. 일제가 자신의 권력을 남용하여 기독교 신앙에 반하는 행동을 강요했을 때, 기독교인들은 마땅히 저항해야 하고 불복종해야 한다. 그러나 그 방법은 어디까지나 기독교적인 비폭력적 저항 운동이어야 한다. 그래야 기독교적 저항의 정당성을 가질 수 있기 때문이다. 그런 측면에서 침례교는 일제의 부당한 권력에 맞서 불복종했고, 신앙에 입각한 비폭력적 저항을 하여 자신들의 신앙과 의지를 표출하였다.

제10장

침례교의 항일운동이 남긴 과제

지금까지 필자는 침례교 최초의 항일운동인 위국기도회(1905)로부터 시작해서 펜윅의 기독교적 애국 사상이 내포된 대한노래(1906), 일제의 감시와 펜윅 선교사의 활동, 일제강점기 포교계 제출 거부운동(1916), 학교교육 거부운동(1926), 신사참배 거부운동(1935) 등 한국침례교의 항일운동사에 대해 살펴보았다. 이제 이것이 남긴 교훈이 무엇인지 생각해 보고자 한다.

첫째로, 침례교의 항일운동에 관한 연구의 활성화가 필요하다. 대체로 교계와 학계에서 한국의 침례교가 항일운동을 했고, 일제로부터 탄압을 받았다는 것에 대해 거의 알려져 있지 않다. 특히 일제강점기 신사참배 거부운동에 대한 인식이 주로 주기철 목사를 비롯한 소위 출옥 성도들에게 집중되고 있는 것이 현실이다. 물론 그분들의 업적을 폄하(貶下)거나, 평가절하할 마음은 추호(秋毫)도 없다. 오히려 지금보다 더 높이 평가받아 마땅하고 계승되어야 한다고 생각한다. 다만, 아쉬운 것은 일제강점기 침례교인들의 항일운동이 있었음에도 불구하고 상대적으로 그분들에 비해 상대적으로 저평가되었다는 것이 유감이다. 이 같은 문제 극복을 위해 침례교 항일운동에 관한 연구가 활성화되어야 한다고 제안한다. 무엇보다도 이와 관련된 1차 자료 조사 및 수집이 시급하다. 필자의 경우, 1905년에 있었던 위국기도회에 침례교가 참여했다는 사료를 찾는데 많은 시간을 들여 찾았던 기억이 난다. 아마도 더 많은 사료가 있을 텐데, 우리의 무관심 혹은 게으름 때문에 찾지 못하고 있는 건 아닌지 스스로 되돌아보아야 한다. 더불어 연구를 위한 인제 양성 및 인프라 구축도 서둘러야 할 과제이다. 또한 구체적인 연구물들이 발표되어 침례교 항일운동이 정당한 학문적 평가가 있기를 기대한다.

둘째는, 침례교 항일운동에 대한 대중화이다. 기독교한국침례회는 이미 2015년 제105차 정기총회에서 일제의 신사참배 강요거부로 인해 교단이 폐쇄된 날(5월 10일)을 교단 기념일로 가결하고, 이듬해인 2016년 5월 10일 강경의 ㄱ자 교회터에서 200여 명이 운집한 가운데 신사참배 거부 교단 기념 예배를 성대하게 드렸다. 그러나 앞서도 지적했듯이 단발성 행사로 그친 채 중단되었다가 오늘에 이르러 재개되었다. 왜 이런 결과가 나온 것일까? 이유야 어찌 됐든 중요한 것은 이에 대한 공감대 형성의 실패와 대중화가 이루어지지 않았다는 것이 필자의 생각이다. 그러므로 먼저 침례교 신사참배에 대한 교단적 차원의 공감대 형성이 필요하다. 이를 위해 무엇보다도 교단 총회에서 결의된 신사참배 거부 기념예배를 연례적인 교단 행사로 자리매김해야 하겠다. 그리고 일부가 아닌 교단 내 다수의 구성원이 공감할 수 있도록 침례교 항일운동에 대한 교육이 이루어져야 한다. 특히 신학교에서 이와 관련된 과목 혹은 내용을 수업할 수 있도록 적극적인 반영이 요구된다. 또한 대중화를 위해 각 교회와 지방회 그리고 총회 차원에서 지속적인 관심이 필요하다. 교회학교 교육과 성경학교 및 수련회에서 이와 관련된 프로그램을 시행할 수 있도록 콘텐츠 개발 및 지도자 양성을 해야 할 것이다. 더불어 교단을 넘어 교계 차원의 대중화를 위한 모색 역시 함께 추진되어야 한다.

마지막으로, 침례교 항일운동의 정당한 역사적 평가가 필요하다. 일제강점기 일제의 탄압 때문에 모진 고초를 당하신 분들은 분명 하나님께서 큰 상을 주시리라 믿는다. 그렇다고 이것만 생각하여 그분들에 대한 합당한 대우를 간과한다면, 이는 신앙적 후손으로서 해야 할 도리를 다한 것이 아니다. 주기철 목사의 경우, 일제의 탄압 때문에 1944년 4월 21일(당시 47세) 옥중 순교한 것을 기리기 위해 1963년 건국훈장 독립장이 추서됐고, 국립묘지에 안장됐다. 또한, 2007년 11월 국가보훈처에서는 '이달의 독립운동가'로 주기철 목사를 선정하게도 했다. 그런데 같은 일제의 탄압을 받고 1944년 2월 13일(당시 57세)에 옥중 순교한 전치규 목사는 지금껏 국가적 서훈을 받지 못하고 있다. 이는 분명 형평에 어긋난 처사요, 정당한 역사적 평가도 아니다. 더불어 강경교회 토지가 일제에 의해 강제적으로 빼앗겼음에도 불구하고 지금껏 되찾지 못하고 있다. 이것 역시 시급하게 바로잡아야 할 것이며, 반드시 돌려받아야 할 우리 교단의 땅이다. 이 모든 것이 결국은 침례교 항일운동에 대한 정당한 역사적 평가와 관련되어 있음을 기억하고 이를 위한 방안 모색에도 힘써야 할 것이다.

제2부

신사참배 거부로 수난당한 교단 대표 32인

침례교 항일운동에서 가장 정점에 이른 것이 바로 일제의 신사참배 강요에 대해 단호하게 거부한 사건으로, 이로 인해 교단 대표 32인이 체포, 구금되었다. 1942년 6월 10일에 시작하여 9월 11일까지 3개월에 걸쳐 모두 일제에 의해 체포됐는데, 이들의 명단은 다음과 같다.[147]

검거 날짜	검거된 명단
6월 10일	**이종근 감목(함남 원산)**
6월 11일	**전치규 목사(강원 울진)**, **김영관 목사(강원 울진)**
9월 4일	김용해 목사(전북 익산)
9월 5일	**노재천 목사(경북 상주)**
9월 6일	**박기양 목사(경북 예천)**, **신성균 목사(경북 점촌)**, 김주언 감로(경북 점촌), 이덕상 교사(경북 점촌), 이덕여 감로(충남 예산)
9월 7일	**장석천 목사(충남 임천)**, 김만근 감로(충남 임천), 이상필 감로(전북 용안)
9월 8일	**백남조 목사(경북 광천)**, 박두하 감로(경북 영양), 박병식 감로(경북 조사리), 정효준 감로(경북 영일)
9월 10일	문규석 목사(강원 울진), 남규백 감로(강원 울진), 문재무 감로(강원 울진) 전병무 감로(강원 울진), 안영태 감로(강원 구산), 김해용 감로(경북 울도),
9월 11일	**박성도 목사(함북 경흥)**, 박성은 감로(함북 경흥), 박성홍 감로(함북 경흥) 방사현 목사(평북 자성), 위춘혁 교사(평북 자성), 한기훈 감로(평북 자성) 김재형 목사(함남 원산), 한병학 감로(함북 나진), 강주수 선생(함남 원산)

*진하게 표신된 것은 예심에 회부된 9명

32인의 교단 대표는 일제의 재판을 통해 1943년 5월 15일 이종근 감목(총회장)을 비롯한 전치규 · 김영관 · 노재천 · 박기양 · 신성균 · 장석천 · 백남조 · 박성도 등 9명의 목사는 예심에 회부되어 재차 투옥되었고, 다른 23명

147 인물 집필을 위해 참고한 자료는 다음과 같다. 김갑수. 『한국침례교 인물사』(서울: 요단출판사, 2007); 김용해. 『大韓基督敎浸禮會史』(서울: 성청사, 1964); 김장배. 『한국침례교회의 산증인들』(서울: 침례회출판사, 1994); 이정수. 『韓國浸禮敎會史』(서울: 침례회출판사, 1994); 허긴. 『한국침례교회사』(대전: 침례신학대학교출판부, 2000). 그리고 관련된 각 개교회의 역사자료, 관련 후손들의 증언과 그분들이 보내주신 자료를 토대로 역사적 재구성을 했기에 각주를 달지 않았고, 특별한 경우에만 제한적으로 각주를 사용했다.

은 기소유예 처분을 받아 석방되었다. 제2부에서는 이를 토대로 예심에 회부된 9명은 일제의 예심청구서에 명시된 순서대로 먼저 진술하고(이종근 감목, 전치규 목사, 김영관 목사, 장석천 목사, 노재천 목사, 박기양 목사, 백남조 목사, 신성균 목사, 박성도 목사), 그밖에 23명은 가나다 순으로 살펴볼 것이다(강주수 선생은 별도로 맨 마지막에 넣었음).

제1장
일제에 의해 예심이 청구된 교단 대표 9인

1. 이종근 목사(李鍾根, 1891-1945)

이종근은 1891년 함경북도 회령에서 5형제 중 맏아들로 출생했는데, 그의 집안은 대대로 양반 가문이었고, 부친은 한학자요 선비였다. 이런 배경으로 인해 그는 어려서부터 한학을 공부하였고, 유년 시절은 북만주의

소란대미에서 보냈다. 그는 의지가 굳건하여 무엇이든지 결심하면 꼭 하고야 마는 성격으로 인해 마을 어른들이나 친구들로부터 "의지의 사나이"라는 별명으로 불렸다고 한다. 1908년(17세) 함경북도 경흥지방과 간도를 순회하던 펜윅이 간도에서 이종근에게 복음을 전했고 이내 개종을 하였다(이때 최성업, 이종만, 장진규 등도 함께 개종). 펜윅의 간도 순회 이후 1909년부터 간도지역 전도가 활발하게 이루어졌고, 이후 부흥하기 시작하여 제4차 대화회(총회) 때에 간도구역이 설정되었다. 그는 입교 초기부터 교회 생활을 성실하게 했으며, 하나님의 말씀을 배우고 익히면서 틈틈이 이웃에게 복음을 전했다. 이종근은 개종 후 얼마 되지 않아 전도인으로 소명 받았고 만주 서간도의 양무촌, 집안현 등지에서 복음을 전파하였다. 1919년 만주의 종성동에서 개최된 대화회(총회)에서 문규석, 손상열, 김용제 등과 함께 교사(전도사) 직분을 받았는데, 그는 문규석과 함께 배당된 구역에서 목사를 보좌하며 북방지역 전도 활동을 하였다. 1922년 함경북도 경흥에서 개최된 제17차 대화회(총회)에서 목사로 안수를 받았고, 이곳 경흥과 만주지역으로 파송 받아 순회 사역을 하였다.

이종근 목사가 함경북도 경흥과 간도를 누비며 활동하는 동안 일제는 신사참배를 강요를 통해 동아기독교에 온갖 탄압과 박해를 가하였다. 당시 제4대 감목이던 김영관 목사는 일제의 신사참배를 완강히 거부했고, 「달편지」를 통해 전국교회에 호소하였다. 그런데 이것이 일제의 간계로 교단 내 분란(교단의 감목 지시를 따를 것인가 아니면 일제 당국의 지시를 따를 것인가에 대한 것)으로 발전하자 김영관 목사는 감목(총회장) 직을 사임했고, 이종근 목사가 1940년 제5대 감목으로 피선되어 교단의 총책임자가 되었다. 이종근 감목(총회장)은 '숨님(성령)의 권능이 행하시는 대로 다룬다'라는 신앙적 결단에 따라 신사참배와 황궁요배에 대한 일제의 강요에 굴하지 않고 교단의 신앙적 입장을 그대로 지켜나가기로 결의하였다.

일제의 압박이 조여오는 가운데 '우태호 사건'이 발발하였고, 일제는 이를 빌미로 예고 없이 동아기독교회 원산총부에 들이닥쳐 6,500여 권의 『신약전서』와 『복음찬미』 그리고 교단의 제반 서류와 각종 문서 등을 강제로 몰수해 갔다. 이후 원산의 헌병대도 1942년 6월 10일 교단총부를 불시에 수색하는 한편 교단 대표인 이종근 감목(총회장)을 현장에서 전격적으로 체포했다. 이는 천년왕국에 대한 설교와 동방요배 반대 및 신사참배 거부가 치안유지법 위반 및 불경죄 혐의로 보았기 때문이었다. 잡혀온 이종근 감목(총회장)은 일제로부터 다음과 같은 심문을 받았다.

1문: 예수가 재림한다는 데 어떤 지위로 재림하는가?

답: 성경 말씀대로 만왕의 왕으로 오셔서 왕국을 건설하신다.

2문: 천년왕국을 건설하면 일본도 그 통치에 들어가는가?

답: 그렇다.

3문: 일본의 천황폐하도 불신 시는 멸망하시는가?

답: 성경에 그렇게 기록되었다.

4문: 찬미가 7장에 "대왕님 예수"라 했는데 예수는 천황폐하보다 더 높은 대왕인가?(그때는 일본도 망하고 천황폐하도 예수 통치하에 들어가는가?)

답: 전 세계가 통이 되는 동시에 예수님 아래 있을 수밖에 없다.

5문: 국체명징(國體明徵)에 위반이면 불경죄에 해당하는 것을 모르는가?

답: 신앙 양심에서 답하는 바이다.

6문: 단체 대표인 감목이 그렇게 답변할 때 간부는 물론이고 전 교단 내 지도자들도 같은 신조를 지도하고 있는 것이 아닌가?

답: 같은 성경으로, 같은 신앙을 소유하는 것이 합치되는 이론일 것이다.

1942년 6월 10일에 체포될 당시 이종근 감목(총회장)은 지천명(知天命)

을 바로 넘긴 51세의 나이로 온갖 고문과 입에 담지 못할 모욕을 받으며 혹독한 감옥생활을 견뎌야 했다. 그는 원산 헌병대 유치장에서 여름과 겨울을 보냈고, 이듬해인 1943년 5월 1일에 이르러 함흥 교도소로 이감되었다. 15일간의 재판 결과 함께 체포된 32명 중 이종근 감목(총회장)을 비롯한 노재천 · 전치규 · 김영관 · 백남조 · 장석천 · 박기양 · 신성균 · 박성도 등 9명은 검사에 의해 예심에 회부되어 재차 투옥되었고, 다른 23명은 기소유예 처분을 받아 1943년 5월 15일에 석방되었다.

이종근 감목(총회장)은 조선총독부 검사 와타나베 레이노스케(渡邊 禮之助)에 의해 1943년 5월 28일 함흥지방법원 검사국에 예심이 청구되었는데, '예심청구서'에는 그의 범죄 사실이 다음과 같이 기록되어 있다.

> "제1 피고인 이종근(中山川行)은 어렸을 때 서당에서 수년간 한문을 배우고, 성장하여 농업에 종사하던 중 동아기독교회의 교리 신조를 따라 타이쇼(大正) 2년(1913년) 침례를 받고 교인이 되었고, 타이쇼(大正) 8년(1919년) 교사가 되었고, 타이쇼(大正) 12년(1923년) 목사가 되었고, 쇼와(昭和) 12년(1937년) 3월 감목으로 선임되어 현재에 이른 자이다. 함경남도 원산 영정 소재의 동 교회 총부에 있어서 첫째, 쇼와(昭和) 16년(1941년) 8월 중으로 날짜는 상세하지 않지만 원로인 피고인 전치규 전 감목, 명예 목사인 피고인 김영관 외 4명을 소집하여 재만 지방교회가 만주국 기독교국에 포섭 통합하고자 하는 것을 방해하기 위하여 방책을 협의하였고, 그 실행위원으로 하여금 피고인 전치규 외 3명을 만주에 파견할 것을 결의하여 보냈다. 둘째, 쇼와(昭和) 16년(1941년) 5월 15일부터 쇼와(昭和) 17년(1942년) 1월 상순경까지 3회에 걸쳐 조선 내 각 구역에 포교 자료인 동아기독교회 편찬 성서 약 30부, 복음 찬미 약 1700부를 배포하고, 셋째는 위 기간 중 매 주일 수요일의 예배 시에 신자 김중출 외 30명에게 그리스도의 재림과 심판 및 천년왕국의 출현을 기원한 내용의 설교를 하였다."

1944년 2월 15일 이종근 감목(총회장)을 제외한 7인(노재천 · 김영관 · 백남조 · 장석천 · 박기양 · 신성균 · 박성도, 전치규 목사는 옥중순교)은 병보석으로 인해 임시출옥을 했고, 같은 해 5월 10일 함흥재판소는 동아기독교회에 교단 해체령을 공표하였다. 1944년 8월 8일 임시출옥했던 7인은 재수감 되어 공판이 계속되었고, 9월 7일에 이르러 이들의 재판이 종결됐는데, 7인은 집행유예 5년으로 석방되고, 이종근 감목(총회장)은 6개월 징역형을 선고받았다. 그는 1945년 3월 말 옥중생활 2년 9개월을 마치고 석방된 후 가족과 함께 만주의 간도로 이주하였다.

해방 이후 만주가 중국 공산당에 의해 장악되면서 기독교 박해가 심해지자 이를 피하기 위해 1946년 10월 김영관 목사가 나진으로 이주했고, 이종근 목사도 종성동으로 이주하였다. 더불어 박형순 목사(김영국 감로 둘째 사위)가 나진으로, 최성업 목사가 청진으로, 최헌 교사(전도사)가 종관진 교회로 오게 되었다. 해방은 되었으나 신탁통치로 인해 남북이 단절된 가운데 1947년 초 나진교회에서 총부의 재건과 교단수습 총회가 열렸다. 제1회 총회장에 이종근 목사, 부회장에 박형순 목사, 고문에 김영관 목사가 선임되었다. 북한 내 각 구역은 감로와 교사들에게 위임하여 구역순찰을 하며 교회 재건에 적극적으로 활동하게 했다. 1948년 제2회 총회가 나진교회에서 개최되었을 때, 총회장에 최성업 목사, 부회장에 박형순 목사, 고문에 이종근 목사가 선출되었고, 각 부장을 선임하여 구역을 순회하게 하였다. 이후 북한의 침례교는 김일성 중심의 공산정권이 강화되면서 탄압과 박해로 점차 쇠퇴해 가다가 1950년 6.25사변 이후 점차 사라지게 된다.

일제의 탄압을 피해 만주로, 중국 공산당을 피해 다시 종성동으로 돌아왔으나 이종근 목사는 이곳 공산당의 박해를 피할 길이 없었다. 공산당들이 수시로 교회에 찾아와 "예수 믿지 않겠다"라는 말을 이 목사에게 듣기 위해 많은 매질을 했고, 그럴 때마다 그는 "지금까지 예수를 믿어 온 목사가 당신들에게 어떻게 안 믿겠다고 하겠느냐?"고 하면서 끝내 굴하지 않고 고통을 참았다. 이종근 목사를 천장에 매달아 놓고 몽둥이로 마구 때리자 급기야 정신을 잃고 말았다. 이때 공산당들이 "이제 죽었으니 갖다 버리라"고 하면서 동구 밖에 버렸는데 얼마 후 깨어나 돌아왔다. 이후 이종근 목사의 행적은 알려지지 않으나, 그의 동생인 이종수의 증언에 따르면, 북한 공산당들에게 모진 탄압과 박해를 계속 받았고, 결국 이로 인해 순교했다고 한다. 이때는 해방 직후인 1945년이고, 향년 54세였다.

이종근 목사 순교 이후 직계 가족들은 북한에서 뿔뿔이 흩어져 그 존재 여부를 알 수 없고, 막내인 이종선 집사만 중국에서 한의사로 활동하면서 4남 3녀의 7남매를 훌륭하게 신앙으로 양육하였다. 특히 둘째 딸은 연변침례신학교를 졸업한 후 전도사로 활동하였고, 슬하에 두 자녀 모두 목사가 되어 현재 사역하고 있다. 그중 맏딸 최선희 목사는 한국침례신학대학교 신학대학원을 졸업했고 목사안수를 받은 후 중국과 북한선교 사역자 양성을 위해 2004년에 설립된 동아시아신학교(경기도 안성 소재)에서 ATA 인정 신학대학원의 전임교수로 사역하고 있다.

문규석 목사, 김영관 목사, 이종근 목사, 박기양 목사

2. 전치규 목사(全穉圭, 1888-1944)

전치규는 1888년 1월 5일 강원도 울진군 근남면 행곡리에서 출생했다. 그는 어려서부터 동리에서 신동으로 불렸고, 서당에서 한학을 공부한 후 고을에서 한학자로 활동하며 존경을 받았다. 1907년(20세) 영동구역 울진에서 활동하던 손필환 교사(전도사)의 전도를 받아 기독교에 입교하였고(이때 전치주, 남규연 등 8명이 개종), 이후 울진지역에 행곡과 척동에 교회가 세워졌으며, 울진구역이 설정되었다. 필재가 좋고 학문이 뛰어났던 전치규는 개종 직후 펜윅의 비서로 발탁되어 원산총부로 갔다. 그는 총부의 사무를 보는 한편 펜윅 밑에서 6년간 성경을 공부했으며, 펜윅의 성경번역에도 조력자 역할을 하였다. 펜윅이 한글로 번역을 하면 어휘를 다듬고 바로잡는

일은 그가 담당했는데, 먹을 갈아서 일일이 붓으로 썼고, 한 번 쓴 것을 다시 교정을 보고 나면 또 고친 부분이 많아 다시 써야 하는 등 5-6번 기록하는 것은 예사였다. 성경을 한 번 쓰는데도 며칠의 시간이 필요했는데, 이로 인해 밤을 새는 건 다반사였으며, 그의 손이 부르틀 정도로 붓으로 기록해야만 했다. 이런 정성을 통해 나온 성경이 바로 원산 번역 『신약성경』으로, 그는 이를 다 기록한 후 한 권의 책으로 엮었다. 신약성경과 함께 256페이지의 『복음찬미』도 발간했는데, 이 모두 수 많은 날을 뜬눈으로 밤을 밝히면서 이루어낸 결실이었에 이들이 발간될 때 전치규는 감사와 감격이 넘쳤다고 한다.

1912년 경상북도 산점에서 개최된 제7차 대화회(총회)에서 전치규는 허담, 안대벽과 함께 교사(전도사)로 임명받았고, 1917년 간도의 종성동에서 개최된 제12차 대화회(총회)에서 노재천, 한봉관과 함께 목사 안수를 받았다. 전치규 목사는 총부의 총무 겸 펜윅의 비서로 활동했으며, 펜윅으로부터 "순종의 아들"이라 칭찬을 받을 정도로 그의 절대적인 신임을 받았다. 이에 대해서 다음과 같은 이야기가 전한다.

> 한번은 펜윅 선교사가 공부하는 학생들에게 무를 주면서 "이것을 밭에 나가 거꾸로 심으라"고 했다고 한다. 모든 학생이 무를 거꾸로 심는 것은 잘못이라고 생각하여 바로 심었는데 전치규 목사만은 선생님 말씀에 순종하여 거꾸로 심었다. 후에 이 사실을 알게 된 펜윅 선교사는 학생들에게 하나님의 종은 주님의 말씀에 이렇게 순종해야 한다고 하며 그를 칭찬했다고 한다.

그는 차분하면서도 온화한 성품과 강직한 학자로서의 인품을 지녔다. 더불어 몸에 밴 겸손함과 원만한 성품까지 겸비했다. 1919년 제14차 대화회(총회)에서 전치규 목사를 원산구역의 교단총부를 중심으로 충청남도과 전라도 지역을 담당하며 순회사역을 했다.

전치규 목사는 엄격한 자녀교육으로 유명하다. 가훈을 정하여 한치도 흔들림 없이 자녀들을 양육했는데, 첫째로 너희들은 먹고 입고 쓸만 하거든 더 이상 바라지 말라. 둘째로 사회생활에 있어 이해관계로 인해 문제가 생기거든 언제든지 손해를 보는 편에서 해결하라. 부산교회 안수집사였던 그의 아들 전인철 집사에게 편지를 보내 "너는 절대로 뒷거래를 하지 말 것이며 저울 눈금을 속이지 말라"고 당부하였다고 한다. 이는 평소에 전 목사의 생활철학으로 실천하였던 것으로, 아들에게도 이런 삶을 권유했던 것이다.

1924년 강원도 울진에서 개최된 제19회 대화회(총회)에서 전치규 목사는 제3대 감목(총회장)으로 취임하였다. 그는 국내외에 산재해 있는 17개 구역에 11명의 구역 전담 목사를 임명하여 조직을 재정비하는 한편 몽골 지역까지 선교 영역을 확장하는 등 교단을 새롭게 발전시키는 데 앞장섰다. 전치규 감목(총회장)이 제3대 감목을 마친 후 1934년 김영관 목사가 제4대 감목(총회장)이 되었다. 감목 직에서 내려온 전치규 목사는 이전과 다름없이 전국을 순회하며 복음전도 사역에 매진하였고, 신자들을 정성껏 돌봤다.

일제가 신사참배문제로 혈안이 되어있던 1938년 웅기교회 「달편지」 발각사건이 발발했는데, 이때 일제는 전치규 목사를 원산경찰서로 긴급 소환하였다. 이는 「달편지」에 감목(총회장)이 일제의 신사참배와 황궁요배를 하지 말라는 광고가 실렸기 때문이다. 이때 김영관 감목(총회장) · 백남조 총부서기 · 이종덕 목사 · 노재천 목사 등도 함께 소환되었다. 일제의 강압적 조사와 무자비한 고문에도 불구하고 이들이 한결같은 답변을 하자 일제는 그들을 가둔지 3개월 만에 검찰에 송치했고, 5개월간 원산교도소에 감금하였다. 이후에도 더 이상의 죄를 발견하지 못하자 일제는 전치규 목사를 비롯하여 이종덕 목사 · 노재천 목사에게 기소유예를, 김영관 감목(총회장) · 백남조 총부서기는 3년 집행유예로 석방하였다.

1940년대 들어 신사참배 거부로 인해 일제의 탄압이 더욱 강화되어 교단이 어려움에 처한 가운데, 1942년 6월 10일 원산의 헌병대가 이종근 감목(총회장)을 불시에 체포한 후 심문을 통해 탄압의 꼬투리를 잡고자 했다. 그러나 이에 실패하자 더욱 독이 올라서 다음 날 강원도 울진에서 활동하던 전치규 목사를 긴급 체포하였다. 이는 그에게서 교단탄압의 원인을 찾고자 했던 것으로, 전치규 목사는 이미 1938년 웅기교회「달편지」발각사건으로 인해 기소유예를 받은 상태였다. 당시 그는 54세의 나이였고, 일제의 탄압과 고문을 몸으로 감당하기에는 너무도 버거웠다. 1942년 6월 11일에 체포된 이래 원산 헌병대 유치장에서 겨울을 보냈고, 이듬해인 1943년 5월 1일에 이르러 함흥 교도소로 이감되었다. 15일간 재판을 받은 결과 체포된 32명 중 전치규 목사를 비롯한 이종근 · 노재천 · 김영관 · 백남조 · 장석천 · 박기양 · 신성균 · 박성도 등 9명의 교단 지도자는 일본의 검사에 의해 예심에 회부되어 재차 투옥되었고, 다른 23명은 기소유예 처분을 받아 1943년 5월 15일에 석방되었다.

전치규 목사는 조선총독부 검사 와타나베 레이노스케(渡邊 禮之助)에 의해 1943년 5월 28일 함흥지방법원 검사국에 예심이 청구되었는데, '예심청구서'에는 그의 범죄 사실이 다음과 같이 기록되어 있다.

> "제2 피고인 전치규(陽田宇成)는 어렸을 때 서당에서 수년간 한문을 익히고 성장하여 농업에 종사하던 중 동아기독교회의 교리 신조를 따라 메이지(明治) 42년(1909년)경 침례를 받고 교인이 되었고, 타이쇼(大正) 4년(1915년) 목사가 되었고, 타이쇼(大正) 13년(1924년) 감목으로 선임되고, 쇼와(昭和) 9년(1934) 사임 이후에는 안사로 천거되는 동시에 원로 겸 원산구역 명예 목사가 되어 현재에 이른 자이다. 첫째, 쇼와(昭和) 16년(1941년) 8월 중 감목인 피고인 이종근의 소집을 받아 전게 제일의 기록내용의 협의를 하였다. 둘째, 쇼와(昭和)

16년(1941년) 5월 15일부터 쇼와(昭和) 17년(1942년) 1월 상순경까지 매월 2회 평균 전 총○부에서 예배를 할 때 신자 김중생 외 약 30명에게 전기와 마찬가지의 설교를 하였다.[148] 셋째, 쇼와(昭和) 16년(1941년) 8월 중 강원도 통천군 통천면 서리 소재 원산구역 내 서리교회에서 최명선 외 20명에게 침례를 베풀고 이를 교인으로 하였다."

예심에 회부된 다른 교단 지도자들과 함께 수감된 전치규 목사는 혹독한 일제의 고문과 열악한 감옥 환경으로 인해 날로 쇠약해 갔다. 그러다가 1944년 2월 13일 그는 옥고와 영양실조 그리고 여독에 시달리던 가운데 형무소 안에서 일생을 마침으로 하나님의 부르심을 받았다. 이는 교단 대표 32인 중에, 특히 예심에 회부된 9인 중에 최초로 옥중에서 순교한 것으로, 당시 그는 56세였다.[149] 그가 남긴 말은 "아버지여, 땅에 남은 교단과 식구들을 부탁드리오니 보살펴 주옵소서"였다고 한다. 전치규 목사는 슬하에 2남 3녀를 두었는데, 일제는 그의 장례식이 반일의 빌미가 될 것을 우려하여 시신을 내어주지 않아 유족들을 더욱 애통하게 만들었고, 전국에서 성도들이 원산까지 달려와 그의 죽음을 슬퍼하며 모든 영광을 하나님께 올렸다. 전치규 목사가 순교한 지 이틀 후인 1944년 2월 15일 이종근 감목(총회장)을 제외한 7인(노재천 · 김영관 · 백남조 · 장석천 · 박기양 · 신성균 · 박성도)은 병보석으로 임시출옥했는데, 이때 그의 시신이 가족에게 인도됐고, 펜윅 선교사가 묻힌 원산에 묻혔다. 슬하의 자녀로 전인칠(부산교회 안수집사, 침례병원 초대원무과장), 손자 전대식(서울교회 안수집사)이 있다.

---

148 밑줄 친 부분의 내용은 앞서 이종근 목사의 범죄 사실에 언급된 "그리스도의 재림과 심판 및 천년왕국의 출현을 기원한 내용의 설교"를 말하며, 이후에 등장하는 인물들의 범죄 사실에도 동일하게 반복하여 언급된다.

149 허긴 박사 자료 319쪽에 전치규 목사의 순교 시기가 66세라고 했다.

3. 김영관 목사(金榮官, 1896-1986)

김영관은 1896년 함경북도 종성에서 4남(영국, 영진, 영익) 1녀(명선) 중 4째로 출생하였다. 본래 그의 가정은 진천 김씨의 유서 깊은 양반 가문으로 뿌리 깊은 유교사상을 갖고 있었으나, 첫째 영국과 둘째 영진이 1907년 간도에서 활동하던 김재형과 김경춘의 전도를 받아 기독교로 개종하였다. 두 형제는 부친의 혹독한 박해가 있었으나 신실한 믿음으로 견뎠고, 마침내 가족 모두를 복음화하는 놀라운 역사를 이루었다. 형들에 의해 복음을 전해 들은 김영관은 성장하면서 자연스럽게 교회를 다니게 되었고, 형들의 신앙을 본받아 날로 믿음이 성장하였다. 당시 한국의 상황은 목숨 걸고 기독교 신앙을 갖고, 전해야 했던 시기였으나 이 같은 고난과 환란 속에

서 4형제는 모범적인 신앙인으로 성장하였다. 1906년 대한기독교회의 간도 선교가 시작된 이래 1912년에 이르러 김영관은 형인 김영진과 함께 안규찰 종찰의 지도로 중국의 임강현 지역에서 전도활동을 하였고, 이듬해인 1913년에는 윤종두, 윤종진, 이만기, 홍순필 등과 함께 임강현에서 압록강 너머 대안 지역인 평안북도의 자성, 후창으로 넘어가 사역했다. 이때 중국어에 능통한 방사현과 많은 새신자를 얻음으로 이 지역의 교세 확장에 크게 기여하였다.

1924년 강원도 울진에서 개최된 제19차 대화회(총회)에서 김영관은 신성균, 박기양, 김용제와 함께 목사 안수를 받았고, 중국의 왕청구역에 파송되어 순회활동을 하였다. 그가 한참 활동하고 있던 시기인 1928년 9월 14일, 두 형님이신 김영국 감로(1919년 감로 안수)와 김영진 목사(1919년 목사 안수)가 만주 종성동교회에서 공산당에 의해 피살당하는 사건이 발생하였다.[150] 김영관 목사는 왕청구역 순회전도로 출타 중이었기에 참변을 면할 수 있었으나, 30여 명의 공산당 유격대원들이 종성동교회에 난입하여 교인들에게 배교를 강요하며 교회 책임자를 추궁했는데, 이때 두 분의 형제는 오히려 간곡한 말로 전도하였다. 이에 공산 폭도들은 두 분에게 결박한 후 심한 매질로 악형을 가했다. 이로 인해 두 분은 숨을 거두게 되는데 죽으면서까지 "감사하오"를 되뇌었다고 한다. 비록 김영관 목사는 화를 면했으나 그 슬픔은 이루말할 수 없었고, 순회전도를 통해 마음을 달랬고, 사경회 때에는 간증으로 많은 감명을 끼쳤다.

1934년 제4대 감목(총회장)에 피선된 김영관 목사는 날로 포악해지는 일제의 만행에 정면으로 맞서야 했다. 특히 신사참배 강요는 가장 큰 과제

---

150 필자가 2017년 9월 중국의 현지에서 김영익 감로(김영관 목사 셋째 형)의 장손과 인터뷰한 바에 의하면, 김영국 감로와 김영진 목사의 순교가 공산당이 아닌 일제의 주구 무장 자위단의 소행으로 보고 있다.

였는데, 그는 이에 대해 매우 단호하였다. 그리하여 1935년 10월 5일 자 「달편지」를 통해 전국의 교회에 신사참배와 황궁요배의 부당성과 당국의 강요에 불복할 것을 당부하는 광고를 했다.

"어떤 구역에서는 관청 당국에서 황제에게 요배를 하라고 시켰사오나, 그것에 대하여 결코 응할 수 없는 것은 가령 황제님 앞에서 절한다는 것은 옳지만 멀리서 보이지 않는 데서 절하는 것은 헛된 절이며, 곧 절반은 우상의 의미를 가졌으니 이것은 성경에 위배되는 것으로 우리 믿는 사람은 못할 일입니다. 이것을 하지 않는다고 황제께 불경한 죄라고 할 수 없는 것은 믿는 사람이 복음을 어기고 황제께 공경한다면 진정한 복음이라고 할 수 없고 따라서 복음을 어기고 자기를 공경하라고 명하실 황제님이라고 저희는 생각할 수 없습니다. 그래도 불경죄라고 책임을 지운다면 그 은혜 베푸시는 대로 핑계 없이 감당하기를 원하며…."

김영관 감목(총회장)은 일제의 황궁요배 강요는 우상숭배로써 성경에 어긋나는 것이고, 믿는 사람이 복음을 어기는 것이 되므로 결코 응해서는 안 되며, 만일 일제가 이를 불경죄로 다스린다면 기꺼이 순교할 것을 당부하였다.

이런 와중에 1938년 웅기교회 「달편지」 발각사건이 발발하였다. 경흥구역에 속한 함경북도 웅기교회에서 신사참배 반대 광고가 실린 「달편지」가 일경에 의해 발각되었는데, 이는 동아기독교 탄압의 빌미가 되어 김영관 감목(총회장) 외에 백남조 총부서기 · 이종덕 안사 · 전치규 안사 · 노재천 목사 등 5인이 원산경찰서로 긴급 소환되었다. 일제의 강압적 조사와 무자비한 고문에도 불구하고 한결같은 답변으로 인해 일제는 가둔지 3개월 만에 이들을 검찰에 송치하여 5개월간 원산교도소에 감금하였다. 이후 더 이상의 죄를 발견하지 못한 일제는 김영관 감목(총회장)은 백남조 총부서기와 함께 3년 집행유예를, 다른 3인은 기소유예로 석방하였다.

김영관 감목(총회장)의 간곡한 당부에도 불구하고 일제의 간악한 회유와 협박 그리고 혹독한 탄압에 못 이겨 신사참태에 응한 일부 동아기독대 교인들이 생겨나자 그는 이를 해결하기 위해 1939년 3월 원산에서 임원회를 긴급하게 소집하였다. 감목(총회장)의 당부에 일부 교회에서 시국을 외면한 조치라며 반발했고, 이로 인해 불만이 고조됨에 따라 임원들은 문제해결을 위해 논의하였다. 신사참배 거부에는 변함이 없으나 이를 실천하기 위한 구체적 방법과 교인들의 피해를 줄이기 위한 모색에서 해결의 기미가 보이지 않자 결국 김영관 목사는 감목(총회장) 직을 사임하였다. 이에 임원회는 원로교우회를 확대하여 교단의 현안 처리에 힘썼으나 신사참배에 대해서는 이렇다 할 결정을 내리지 못했다. 이듬해인 1939년 제34차 대화회(총회)에서 '숨님(성령)의 권능이 행하시는 대로 다룬다'라는 신앙적 결단에 따라 신사참배와 황궁요배에 대한 일제의 강요에 굴하지 않고 교단의 신앙적 입장을 그대로 지켜나가기로 결의함에 따라 일달락 되었다.

신사참배 거부에 대한 교단의 결의가 확고하자 일제는 '우태호 사건'을 빌미로 원산총부에 들이닥쳤고, 원산의 헌병대도 1942년 6월 10일 이종근 감목(총회장)을 전격적으로 체포하였다. 일제는 그에게서 자신들이 얻고자 했던 답을 얻지 못하자 다음날 강원도 울진에 있던 김영관 목사도 체포하였다. 이는 그를 통해 교단탄압의 원인을 찾고자 했던 것으로, 김 목사는 이미 1938년 웅기교회 달편지 발각사건으로 3년 집행유예를 받은 상태였다. 이종근 감목(총회장)처럼 김영관 목사도 일제가 원하는 답을 주지 않으므로 인해 고달픈 감옥살이가 시작되었다. 당시 김영관 목사는 이미 체포된 다른 분들에 비해 비교적 젊은 46세의 나이였으나 일제의 혹독한 고문을 견디기에는 역부족이었다. 1942년 6월 11일에 체포된 이래 원산 헌병대 유치장에서 겨울을 보냈고, 이듬해인 1943년 5월 1일 함흥 교도소로 이감되었다. 15일간의 재판 결과 검속된 32명 중 김영관 목사를 비롯한 이종근 · 노재천 · 전치규 · 백남조 · 장석천 · 박기양 · 신성균 · 박성도 등 9명의 교단 지도자는 일본의 검사에 의해 예심에 회부되어 재차 투옥되었고, 다른 23명은 기소유예 처분을 받아 1943년 5월 15일에 석방되었다.

김영관 목사는 조선총독부 검사 와타나베 레이노스케(渡邊 禮之助)에 의해 1943년 5월 28일 함흥지방법원 검사국에 예심이 청구되었는데, '예심청구서'에는 그의 범죄 사실이 다음과 같이 기록되어 있다.

"제3 피고인 김영관(金山榮官)은 어렸을 때 서당에서 수년간 한문을 배운 후 농업에 종사하던 중 동아기독교회의 교리 신조를 따라 타이쇼(大正) 2년(1913년)경 침례를 받고 교인이 되었고, 동 12년(1923년) 교사가 되었고, 다음 해(1924년) 목사가 되었고, 쇼와(昭和) 9년(1934년) 감목으로 순서를 따라 승급하였고, 쇼와(昭和) 13년(1938년) 3월 사임함과 동시에 원로 겸 명예 목사가 되고, 현재에 이른 자이다. 첫째, 쇼와(昭和) 16년(1941년) 8월 중, 감목인 피고인 이종근의 소집에 응하여 전게 제1의 첫째 기재 내용의 협의를 하였다. 둘째, 감목인 피고인 이종근의 강력 요청에 의해서 같은 해 7월 중 만주국 간도성 ○○○대파교회 외 한 교회에서 4회에 걸쳐서 김순철 외 120명 정도(○○○○인)에게 전기와 같은 설교를 하였다."

김영관 목사 가족

혹독한 감옥생활로 인해 점차 건강을 잃어 더 이상 수감생활을 할 수 없게 되자 일제는 1944년 2월 15일 다른 6인(노재천 · 백남조 · 장석천 · 박기양 · 신성균 · 박성도)과 함께 김영관 목사를 병보석으로 임시출옥시켰다. 출옥 후 그는 원산 반도의원의 차형은 원장(감리교 장로)의 호의로 병원에 입원하여 여러 날 간호를 받았다. 점차 건강을 회복하던 차인 같은 해 5월 10일 함흥재판소는 동아기독교회에 교단 해체령을 공표하였다. 그리고 임시출옥했던 김영관 목사는 1944년 8월 8일 일제에 의해 재수감 되어 공판이 계속되었고, 9월 7일에 이르러 재판이 종결됐는데, 집행유예 5년으로 석방되었다. 그는 일제의 교단 해체로 흩어진 신자들을 돌보는 가운데 해방을 맞았다. 1946년 10월 김영관 목사는 북한의 나진으로 이사하였고, 비슷한 시기에 박형순 목사(김영국 감로 둘째 사위)도 나진으로 왔으며, 이종근 목사는 종성동으로 이주하였다. 그밖에 최성업 목사는 청진으로, 최헌 교사(전도사)는 종관진 교회로 왔다. 이들 지도자를 중심으로 1947년 초 나진교회에서 교단 재건과 수습을 위한 총회가 개최되었는데, 이때 김영관 목사는 고문으로 추대되었다. 이후 문헌에서는 그의 행적을 찾을 수 없으며, 김장배 목사는 공산당에 의해 김영관 목사가 순교를 당했다고 하였다.[151]

그런데 필자가 2017년 9월 중국 현지에서 김영익 감로(김영관 목사 셋째 형)의 장손[152]과 인터뷰한 바에 의하면, 김영관 목사는 순교한 것이 아니라 북한에서 노환으로 별세했다고 한다. 이는 다른 후손의 증언과도 일치하며, 실제로 김영익 감로의 차손이 북한의 김영관 목사와 서신을 교환한 것에서도 찾을 수 있다. 심지어 김영익 감로 차손 부부가 1985년에 북한을 방문하여 구순에 가까운 김영관 목사를 만났고, 1986년 2월에도 재차 방문했다.

---

151 김장배 목사 자료 62쪽에 나와 있다.

152 중국 현지 사정으로 인해 실명 공개를 꺼리는 후손들의 의견을 존중하여 실명을 거론하지 않았고, 이에 대해 알기를 원하는 분은 필자에게 개인적으로 연락하기 바란다.

이때 김영관 목사가 말하기를 "너희들은 동아기독교의 후손들이다. 동아기독교를 잊지 말고 하나님을 잘 섬겨라."라고 반복해서 강조했다고 한다. 몇 해 후 북한을 다녀온 다른 친척들을 통해 김영관 목사가 1986년 2월 14일 향년 90세에 소천했다는 소식을 전해 들었다. 이로 보건대, 해방 이후 김영관 목사가 순교했다는 한국침례교회 내 정보는 시정되어야 한다.

김영관 목사를 포함한 4형제 후손을 살펴보면 다음과 같다. 김영국 감로는 슬하에 1남 2녀, 김영진 목사는 2남 1녀, 김영익 장로는 2남 2녀, 김영관 목사는 2남 3녀, 여동생 김명선은 딸 하나를 두었다. 김영관 목사의 자녀들은 북한의 함흥과 라선시에 거주하고 있기에 그 행방을 알 수 없고, 다른 형제들의 자녀들은 지금까지 중국에 거주하고 있다. 중국 현지의 사정으로 그 이름을 밝힐 수는 없는 것이 매우 유감이나, 후손들은 선친의 신앙을 본받아 중국 공산당의 박해에도 꿋꿋이 신앙을 지켰으며, 더러는 목회자로 사역하고 있고, 더러는 평신도로 신앙생활을 하고 있다. 다만 순교하신 김영진 목사의 차남인 김기준 목사는 남한으로 내려와 슬하에 2남을 두었는데, 장남 김중혁 목사는 경상남도 구미의 예사랑교회에서 목회하고 있고, 차남 김중식 목사는 경상북도 포항의 포항중앙교회에서 목회하고 있다.

포항중앙교회 전경

4. 장석천 목사(張錫天, 1885-1949)

장석천은 1885년 11월 19일 충남 부여군 임천면 칠산리에서 출생하였다. 그의 집안은 부여의 유서 깊은 향반이었고, 그의 부친은 한국침례교회 초대 감로 중 한 분인 장기영이었다. 그는 조상 잘 둔 덕분에 비교적 부유한 유년시절을 보냈으나, 어려서부터 지병으로 고생하였다. 1902년 초(17세) 부친 손에 이끌려 신명균 조사에게 기도를 받은 후 기적적으로 회복되었고, 이후 부친의 권유에 의해 신명균을 따라 원산에 갔다. 그가 신명균을 따라 간 것은 지병으로 학문 배울 시기를 놓쳤기에, 그를 통해 한문과 성경을 배우기 위해서였다. 장석천은 신명균에게 약 5년에 걸쳐 학문을 익혔고, 철저한 신앙훈련을 받았다. 그는 시간이 날 때마다 펜윅의 집에 들러

성경에 대한 의문점을 열심히 질문했는데, 머리가 명석했던 장석천은 특히 신약에 대한 지식이 해박하여 사복음서와 사도행전의 주요 절수를 암송하고 신약에 있는 어떤 구절도 잘 찾아낼 수 있어서 "걸어 다니는 성구 색인"이라 불렸고, 펜윅 선교사는 그의 방문을 언제나 환영하였다.

장석천은 1902년 봄 일본에서 활동하던 스테드맨이 잠시 내한했을 때, 부친과 함께 그에게 침례를 받았다. 그리고 1903년 2월 신명균이 원산에서 공주로 부임할 때, 함께 동행하였다. 그리고 공주성경학원이 개원했을 때, 황태봉 · 고문중과 함께 첫 입학생이 되어 신명균, 황상필, 손필환으로부터 교육을 받으면서 목회자로서 갖추어야 할 학문과 소양을 익혔다. 학업과 병행하여 전도에도 매진했던 장석천은 1903년 공주 신영리 출신인 박노기와 손필환, 이영구를 전도하여 결신시켰다.

1906년 '대한기독교회'라는 교단이 설립되었을 때, 장석천은 손필환, 이영구와 함께 교사(전도사) 직분을 받았고, 신명균 목사의 지도와 홍봉춘 · 장기영 감로의 보조를 받아 공주 · 강경구역으로 파송되어 활동하였다. 장석천 교사는 "우리의 아들"이라는 별명이 붙을 정도로 부흥전도집회에서 그의 설교는 우렁찼고, 청중을 압도했다. 성령의 능력을 힘입은 그의 집회는 가는 곳마다 부흥의 불길을 일으켜 당시 유교의 박해와 다른 교단의 방해로 어려움이 많았음에도 불구하고 놀라운 역사가 일어났다. 그는 낮에는 개인전도, 밤에는 전도 집회를 일과로 삼았으며, 밤마다 열리는 그의 전도 집회는 인산인해를 이루었다고 한다. 1909년 11월 4일 장석천 교사는 12명의 전도사역자들을 새로운 신자들이 생겨나고 있던 각 고을(郡)에 1명씩 파송했는데, 그 이름을 나열하면, 신시우 · 조병구 · 조영우 · 박영호 · 곽중규 · 김상웅과 예비 전도인 임경식 · 이종배 · 노성하 · 김창재 · 장진욱 · 김재덕 등이었다. 이들은 자신이 파송된 지역에서 교회개척과 전도사역을 펼쳤다. 장석천 교사의 부흥사역에 이들이 동참함으로 불과 넉 달 사이에 새로운 교회 36개가 개척되었다.

장석천 교사의 부흥전도 불길이 더욱 확산되고 있던 무렵인 1909년에 그는 목사안수를 받았다. 전라북도 용안에서 개최된 제4차 대화회(총회)에서 그는 손필환과 함께 목사안수를 받았고, 장석천 목사의 부흥운동이 예천구역에서 더욱 확산되자 1910년 충청남도 강경에서 개최된 제5차 대화회(총회)는 그에게 윤종두 · 김재덕 · 이만기 · 이종배를 파송하여 그의 사역에 협력하도록 했다. 장석천 목사 활동 영역이 점차 넓어져 영동구역을 담임하면서 강경침례교회까지 순회목회도 병행하였다. 이렇게 장석천 목사가 부흥운동에 매진하고 있던 1911년 12월에 그만 참변을 당하고 만다. 무지몽매한 집안의 양반들과 일경에 의해 심각한 부상을 당해 개울에 처박혀 걷지도 못한 장석천 목사를 펜윅은 전킨기념병원(Junkin Memorial Hospital, 훗날 전주예수병원)의 의료선교사 어빈(Dr. Irvin)에게 데려가 치료를 받도록 하였다.

와병으로 쓰러진 이후 장석천 목사는 고향 칠산으로 돌아와 요양을 하였다. 당시 칠산교회에는 부친 장기영 감로가 있었는데, 그는 부친의 정성어린 간호를 받았다. 이런 돌봄 속에서 점차 회복되어가고 있을 때 돌연 부친이 소천하였다. 그리하여 장석천 목사는 불편한 몸이었지만 부친 장기영 감로 사망 후 칠산침례교회 제6대 목회자가 되었다. 장석천 목사가 칠산교회에서 목회하고 있었을 당시인 1918년 제13회 대화회(원산)에서 칠산교회에 출석하던 김희서 교사(전도사)가 박노기 목사 · 최응선 감로 · 김영태 총찰과 함께 간도 · 시베리아 지역의 전도사역을 위해 선교사로 파송되었다. 이들은 9월 임지를 향해 북방선교의 장도에 올랐으나, 안타깝게도 10월 20일 이들이 타고 가던 배가 파선함으로 포세트 해상에서 장렬하게 순교하였다. 이는 교단 역사상 첫 순교자로 기록되었다.

1926년 제21회 경상북도 점촌에서 개최된 대화회(총회)에서 펜윅은 학교교육 폐지령을 내렸다. 이는 그가 1917년 5월 도미하여 1923년 5월 돌아온 후에 결정된 것으로, 이는 장석천 목사에게 큰 부담이 되었다. 왜냐하면, 슬하의 맏아들 장일수(張一秀)가 당시에 미남장로회에서 세운 전주의 신흥중학교에 다니고 있었기 때문이었다. 장석천 목사는 교단의 방침에 순종하여 아들에게 학교를 자퇴할 것을 권했다고 한다. 그러나 장일수가 이를 거부하고 학교를 다닌 것으로 인해 교단의 징계를 피할 수 없었다. 그러나 목사직을 완전히 박탈당하지 않고 얼마간의 정직 처분을 받은 것으로 보인다.

장석천 목사가 칠산교회에서 사역하고 있을 무렵인 1942년 9월 7일 일본 경찰이 들이닥쳐 그를 긴급 체포하였다. 이는 신사참배 거부로 인한 일제의 탄압으로, 먼저 잡혀 온 교단 대표들과 함께 감옥생활이 시작되었다. 장석천 목사는 당시 57세로서, 젊은 사람도 견디기 힘들다는 옥중생활을 50이 넘은 목사가 겪기에는 너무도 버겁게만 했다. 그는 체포된 이래 원산 헌병대 유치장에서 겨울을 보냈고, 이듬해인 1943년 5월 1일 함흥 교도소로 이감되었다. 15일간의 재판 결과 검속된 32명 중 김영관 목사를 비롯한 이종근 · 노재천 · 전치규 · 백남조 · 장석천 · 박기양 · 신성균 · 박성도 등 9명의 교단 지도자는 일본의 검사에 의해 예심에 회부되어 재차 투옥되었고, 다른 23명은 기소유예 처분을 받아 1943년 5월 15일에 석방되었다.

장석천 목사는 조선총독부 검사 와타나베 레이노스케(渡邊 禮之助)에 의해 1943년 5월 28일 함흥지방법원 검사국에 예심이 청구되었는데, '예심청구서'에는 그의 범죄 사실이 다음과 같이 기록되어 있다.

> "제4 피고인 장석천(張田錫天)은 어렸을 때 기독교계 사립학교에서 성서 및 한문 등을 배우고 성장하여 농업에 종사하던 중 침례파 기독교도가 되어 동아기독교회 창설을 하는 등 당초부터 이에 가입하는 동시에 목사가 되었고, 쇼와(昭和) 15년(1940년) 10월 원로 겸 명예 목사로 선임된 이래 충청남도 부여군 임천면 칠산리 소재 칠산교회에서 포교에 종사하고 있는 자이다. 쇼와(昭和)

장석천 목사 회갑기념

장석천 목사 가족

장석천 목사 순교기념비

16년(1941년) 5월 15일부터 쇼와(昭和) 17년(1942년) 8월 말경까지 같은 교회에서 매 일요일 예배 시에 신자 장석철(張田錫哲) 외 약 80명에게 전기와 같은 설교를 하였다."

함흥형무소에 수감된 9인 중 가장 병약한 분은 장석천 목사였다. 모두 그의 건강을 걱정했으나 정작 득병으로 순교한 이는 전치규 목사였다. 훗날 김장배 목사는 이에 대해 말하기를, "이와 같이 처참했던 옥사사건 중에서 또 한 가지의 기적이라고 믿어지는 것이 있었으니 다름 아닌 필자의 모교회인 칠산교회에 계시면서 그 교회에서 목회하시던 고 장석천 목사님은 오랜 지병으로 인하여 동절이 되기만 하면 온돌방 안에서도 방한복 모를 쓰시고 사시던 분인데 원산의 헌병대 감방의 추운 겨울을 무사히 넘길 수 있으니 그때에 대 기적이 지금까지도 믿어지지 않는다."라고 했다. 그러나 그의 병세가 더욱 악화되자 일제는 1944년 2월 15일 다른 6인(노재천 · 백남조 · 김영관 · 박기양 · 신성균 · 박성도)과 함께 장석천 목사를 병보석으로 임시출옥 시켰다. 출옥 후 그는 원산 반도의원의 차형은 원장(감리교 장로)의 호의로 병원에 입원하여 여러 날 간호를 받았다. 점차 건강을 회복하던 차인 같은 해 5월 10일 함흥재판소는 동아기독교회에 교단 해체령을 공표하였다. 그리고 임시출옥했던 장석천 목사는 1944년 8월 8일 일제에 의해 재수감 되어 공판이 계속되었고, 9월 7일에 이르러 재판이 종결됐는데, 집행유예 5년으로 석방되었다.

만신창이의 몸으로 돌아온 장석천 목사는 고문 후유증으로 인한 와병으로 일상생활이 불가능한 상태에서 병 수발드는 분들의 도움으로 살다가 해방을 맞았고, 그런 와중에도 교단 재건에 힘쓰다가 1949년 9월 2일 향년 64세에 별세함으로 순교하였다. 2007년 조용호 목사가 제19대 칠산교회 담임 목사로 부임하여 장석천 목사 순교자 기념예배 및 순교자 기념비를 세웠는데, 이는 충남지방회가 총회에 상정안건으로 제출한 것이 제 110차 정기총회를 통해 결의된 것이었다. 슬하에 1남 장일수 목사가 있다. 그는 1956년 교단 총회장을 역임했고, 교단 발전에 지대한 공헌을 하였다.

5. 노재천 목사(盧載天, 1884-1964)

노재천은 1884년 1월 21일 경상북도 예천군 용궁에서 한학자 노성우의 둘째로 출생하였다.[153] 그의 부친이 마을의 훈장으로 있었기에 그 밑에서 한학을 수학하였다. 1907년 김용산과 결혼하였고, 이듬해인 1908년 10월 20일[154] 충청북도 구룡촌 교회에서 개최된 당회(지방회)에서 예천구역 전도인 박영호[155]의 권유를 받아 기독교로 개종했는데(이때 장전욱, 김재덕도 함

153 김갑수 목사 자료 151쪽에 노재천 목사가 경상북도 문경군 호서남면 효계서남에서 출생했고, 후에 가족을 따라 용궁으로 이사했다고 한다.

154 허긴 박사 자료 내 진술의 불일치가 나오는데, 노재천이 주님을 영접한 날짜가 137쪽에서는 10월 22일, 192쪽에서는 10월 20일로 나온다.

155 허긴 박사 자료 내 진술의 불일치가 나오는데, 노재천을 전도한 인물이 137쪽에서는 '방영호',

께 개종), 이날에 장남 한성(아들 노윤백 前한국침례신학대학교 교수, 손자 노은석 한국침례신학대학교 교수)을 득남하여 큰 경사의 기쁨을 누렸다. 그는 장진규 총찰과 장기덕 반장이 담당하던 훤평교회(현 용궁교회)에서 신앙생활을 시작하였다. 1910년 6월 충청북도 옥동의 구룡촌 교회에서 개최된 펜윅의 사경회와 당회 직후 신명균 목사에게 침례를 받고 예비 전도가 되어 그해 8월 경상북도 영양지역에 전도사역자로 파송 받음으로 순회전도자로 활동하기 시작하였다.[156]

1913년 3월에 노재천은 장기덕 총장과 함께 경상남도 진주 지방에 전도로 파송되어 호별 방문 전도를 시작했는데, 집안은 부인에게 맡기고 '불고가사'와 '불고처자'의 신앙으로 오직 전도에만 열중하였다. 전도자로서 그의 생활비(노비)는 매월 10원이었는데, 그중 5원은 현금으로, 나머지는 5원 분량의 성경과 전도 책자를 원산총부로부터 받았다. 이때 교단 형편도 어려워 정규적으로 생활비가 송금되지 않아 끼니를 거르는 날이 많았고, 마침 총부로부터 전보가 와서 뜯어보면 마태복음 6장 8절이 말씀이 노비를 대신했다. 다시 좋은 소식 오기를 기다리는 마음으로 전보를 받아보면 "하나님께서 약백(욥)을 믿으시니 마귀에게 허락하심 그와 같이 공뇌모험" 이라는 내용만 적혀있었다. 몇 달째 생활비가 오지 않아 방세 6원이 밀리고 주인집에서 보리쌀을 겨우 빌려 견디며 단념하고 있을 때 다시 전보가 와서 "60원과 함께 10원은 노재천에게 주어 충청남도 예산의 총찰로 보내고 10원은 이종배에게 주어 황해도 평산 지방의 총찰로 보내고 나머지는 생활비로 충당하라"는 내용이었다. 한편, 노재천이 예산 지방에서 총찰로 사

192쪽에는 '박영호'로 나온다. 한편, 김갑수 목사 자료 152쪽에는 '방영호'로 나온다. 한편, 1908년 제3차 대화회(총회)에서 예천구역을 새로 증설하고 이곳의 전도자로 '박영호'를 파송한 것으로 보아 노재천을 전도한 인물은 '박영호'로 보는 것이 타당하다고 본다.

156 이정수 목사 자료 67쪽에 1910년 예천구역에서 노재천, 윤종두, 김재덕, 이만기, 이종배 등이 전도하였다고 한다.

역할 때 보령 지방에서 왕신을 섬기던 김중천 일가가 주님을 영접하도록 개종시킴으로 그곳의 전도사역에 큰 영향을 끼쳤다.

1915년 경상북도 포항의 조사리에서 제10차 대화회(총회)가 열렸을 때, 노재천 전도는 교사(전도사)로 임명받아 경상남도 진주구역과 포항구역에 파송되어 사역하였다. 1917년 간도의 종성동에서 개최된 제12차 대화회(총회)에서 노재천 교사는 전치규, 한봉관과 함께 목사 안수를 받았으며, 중국의 임강현과 집안현 지역을 담당하였다. 노재천 목사가 자신의 임지를 향해 가는 여정에 대한 회고담은 다음과 같다. 고향을 떠나 원산총부를 거쳐 영흥을 지나 평안북도 중강진으로 행할 때 성탄절이 지난 엄동설한(嚴冬雪寒)이었다. 매서운 혹한 때문에 귀와 입은 수건으로 싸매고 발은 감발로 감았으며 등에는 바구니를 짊어진 모양이 마치 에스키모를 방불케 했다. 이것은 동절기에 북방 전도여행 길에 오르던 사역자들의 공통된 모습이었다. 이런 모습으로 황초령 30리 길을 넘어 한반도 제일의 고산지인 장진에 이르자 백설은 천지를 뒤덮고 빙판은 여행자의 간담을 녹였으며 11일 동안 걸어 중강진에 이르렀다. 얼굴은 얼어서 부었고, 눈에 반사된 햇살에 타서 검게 되어 본인의 모습을 찾아 볼 수 없는 몰골이었다. 그러나 압록강을 건너 임강현 대목송교회를 방문했을 때 교인들의 뜨거운 환대와 사랑으로 모든 고초가 일시에 눈처럼 녹았다. 집회를 마치면 교인들이 음식을 대접했는데, 한겨울에 냉면과 냉김치국 그리고 냉수만 마시게 되어 배탈과 소화불량으로 1개월간 고생하였고, 나중에는 시력까지 상실할 뻔했다. 임지인 중국의 통화현과 집안현으로 가야했기에 다시 길을 떠나 눈 많은 험로로 향하는데, 중국어를 몰라 길을 묻지 못하고 엄동설한에 길을 잃고 정신없이 헤매다가 마침 집안현 약모초안으로 가는 두 전도인을 만나 위기를 모면하였다. 이때부터 400여 리의 길을 앞에서는 이종근 목사가 길을 헤쳐나가고 뒤에서는 한 사람이 따르면서 며칠을 걸어 삼도구에 당도하였다. 도중에 노일령을 넘어야 하는데 그 산에 홍의적 소굴이 있어 이를 피해 멀리 흘루망자라는 곳을 향해 가다가 해는 지고 하룻밤 거처할 곳을 찾지 못하여 헤매다가 산중에서 한 집을 만나 일박을 청하고 옥수수 죽을 대접받았다. 새벽에 다시 출발하여 흘루항자로 향하는데 때는 음력 2월이라 눈이 천지를 뒤덮고 있어 태산준령을 3개나 넘자니 힘은 다하고 허기져서 한 발자국도 더 나갈 수 없게 되었다. 해는 서산에 지고 천지를 뒤덮은 눈 위에서 최후의 순간을 느낀 세 사람은 마지막 제단을 쌓았다. "구주님께서 찬송하옴 절 붓드신 고으신 신랑 보혈 아래 유사올 때, 저는 넉넉 평안하올 종, 상전님 상전님 매일 위로 합시오, 절 간정하심 또 순복케 하시옵소서"라고 『복음찬미』를 부르는데 너무나 허기져서 목 속에서 소리가 나오질 않을 정도였다. 봇짐 속에 든 찬미 책과 성경을 찾는데 꿈에서도 생각지 못했던 떡 한 조각이 나타났다. 아마도 한 달 전에 임강현에서 고향 사람 김주일을 만났을 때 떡 대접을 받고 그때 봇짐 속에 한 덩어리를 넣어 주었는데 모르고 있었던 것이다. 이것은 다병이라는 떡인데, 딱딱하게 마른 떡 하나를 세 조각으로 나누어 한 조각씩 들고 눈을 움켜서 마른 입을 축인 후 먹으니 눈뜨기가 한결 부드럽고 힘이 생겼다. 그들은 하나님이 이런 때를 위하여 준비해 주신 은혜에 감사하고 새로운 힘을 얻어 앞을 막고 있는 준령을 넘기 시작했다. 실은 죽기를 각오하고 마지막 예배를 드리다가 하나님의 은혜로 살아났으므로 새로운 용기와 남은 힘을 다하여 준령을 넘어 약무초안교회에 찾아 들었다. 형제들의 뜨거운 영접을 받고 힘을 얻은 그들은 곧 사경회를 열어 많은 은혜를 받고 하나님께 영광을 돌렸다.

노재천 목사는 간도에서 활동하다가 1924년 강원도 행곡에서 개최된 제19차 대화회(총회)에서 예천과 제천지역으로 사역지를 옮겼고, 이후 이곳에서 순회사역을 하였다. 그런 와중에 1938년 웅기교회 「달편지」 발각사건이 발발하였다. 경흥구역에 속한 함경북도 웅기교회에서 신사참배 반대 광고가 실린 「달편지」가 일경에 의해 발각되었는데, 이는 동아기독교 탄압의 빌미가 되어 노재천 목사를 포함해 김영관 감목(총회장) · 백남조 총부서기 · 이종덕 목사 · 전치규 목사 등이 원산경찰서로 소환되었다. 일제의 강압적 조사와 무자비한 고문에도 불구하고 한결같은 답변으로 인해 일제는 가둔지 3개월 만에 이들을 검찰에 송치하여 5개월간 원산교도소에 감금하였다. 이후 더 이상의 죄를 발견하지 못하자 일제는 노재천 목사를 비롯해 이종덕 목사 · 전치규 목사에게 기소유예를, 김영관 감목(총회장) · 백남조 총부서기에게는 3년 집행유예로 석방하였다.

노재천 목사가 1942년 9월 5일 경상북도 상주에서 활동하고 있을 때 다시금 일제에 의해 긴급 체포되었다. 이는 1942년 6월 10일 신사참배 거부로 인해 이종근 감목(총회장)이 체포당한 후 약 3개월 후였고, 그는 1938년 웅기교회 「달편지」 발각사건으로 기소유예가 된 상태였다. 당시 노재천 목사는 58세의 나이로, 젊어서부터 시작한 순회 사역을 통해 수많은 죽을 고비를 넘기며 단련된 몸이었으나 살벌한 일제의 옥중생활을 견디기에 너무도 벅찼다. 그는 체포된 이래 원산 헌병대 유치장에서 겨울을 보냈고, 이듬해인 1943년 5월 1일 함흥 교도소로 이감되었다. 15일간의 재판 결과 검속된 32명 중 그를 비롯한 이종근 · 김영관 · 전치규 · 백남조 · 장석천 · 박기양 · 신성균 · 박성도 등 9명의 교단 지도자는 일본의 검사에 의해 예심에 회부되어 재차 투옥되었고, 다른 23명은 기소 유예 처분을 받아 1943년 5월 15일에 석방되었다. 노재천 목사는 조선총독부 검사 와타나베 레이노스케(渡邊 禮之助)에 의해 1943년 5월 28일 함흥지방법원 검사국에 예심이 청구되었는데, '예심청구서'에는 그의 범죄 사실이 다음과 같이 기록되어 있다.

"제5 피고인 노재천(盧山光石)은 어렸을 때 서당에서 수년간 한문을 배우고 성장하여 농업에 종사하던 중 동아기독교회의 교리 신조를 따라 메이지(明治) 43년(1910년)경 침례를 받고, 그 교인이 되었고, 타이쇼(大正) 3년(1914년) 목사로 선임되어 현재에 이른 자이다. 첫째, 쇼와(昭和) 16년(1941년) 5월 15일부터 쇼와(昭和) 17년(1942년) 9월 상순경까지 소속된 충청남도 공주교회에서 매 일요일의 예배 시에 신자 이기출 외 약 50명에게 전기와 같은 설교를 하였다. 둘째, 쇼와(昭和) 16년(1941년) 5월 중순 및 그해 8월 20일경까지 2회에 걸쳐 전과 같은 교회에서 ○○○와 20명에게 침례를 베풀고 이를 교인으로 하였다."

혹독한 감옥생활로 인해 노재천 목사는 함께 수감된 다른 분들과 마찬가지로 점차 고문과 영양실조로 건강을 잃어 더 이상 수감생활을 할 수 없게 되었다. 일제는 1944년 2월 15일 다른 6인(김영관 · 백남조 · 장석천 · 박기양 · 신성균 · 박성도)과 함께 노재천 목사를 병보석으로 임시출옥시켰다. 출옥 후 그는 원산 반도의원의 차형은 원장(감리교 장로)의 호의로 병원에 입원하여 여러 날 간호를 받았다. 점차 건강을 회복하던 차인 같은 해 5월 10일 함흥재판소는 동아기독교회에 교단 해체령을 공표하였다. 그리고 임시출옥했던 노재천 목사는 1944년 8월 8일 일제에 의해 재수감 되어 공판이 계속되었고, 9월 7일에 이르러 재판이 종결됐는데, 집행유예 5년으로 석방되었다.

해방 후 1946년 2월 9일 충청남도 부여의 칠산교회에서 교단 재건 회의가 개최되었을 때, 노재천 목사는 임시 감목(총회장)으로 피선되어 교단 재건에 앞장섰으며, 이후 교단을 수습하고 발전시키는데 큰 기여를 하였다. 이후 원당교회, 점촌교회, 부산교회 등지에서 목회를 하였고 76세[157]를 일

157 노재천 목사의 딸 노춘자 권사의 증언에 따르면, 노 목사가 1964년 1월 17일 76세에 돌아가셨다고 한다. 이를 토대로 하면 노 목사의 출생연도는 1888년이다. 그러나 허긴 박사 자료

기로 주님의 부르심을 받았다. 슬하에 4남 4녀를 두었는데, 자녀 중 막내인 노순구 목사는 미국의 서던침례신학대학원(Southern Baptist Theological Seminary)에서 철학박사 학위를 취득한 후 미국에서 교수와 목회 활동을 하고 있다.

192쪽, 김갑수 목사 자료 151쪽 모두 노 목사의 출생연도가 1884년으로 나온다. 이를 토대로 보면 노 목사가 돌아가신 연도는 1960년이 된다.

6. 박기양 목사(朴基陽, 1894-1979)

박기양은 1894년 10월 20일 경상북도 예천군 예천읍 청북동에서 박규석의 맏아들로 출생하였다.[158] 5세 때(1899년) 서당에서 한문을 공부하기 시작하여 4년간 수학했는데, 훈장이 가르침에 따라 잘 읽을 뿐만 아니라 한 가지를 배우면 두세 가지를 깨닫는 등 그의 자질이 뛰어나 많은 칭찬을 받았다고 한다. 서당을 수료할 즈음 모친의 병세가 악화되어 1903년 9월 세상을 떠났고, 아내를 잃은 부친은 방황하다가 훌쩍 방랑의 길을 떠났다. 이로 인해 박기양은 졸지에 부모를 잃게 되었고, 급기야 1년 후 동생마저 세

158 김갑수 목사 자료 161쪽에 11월 20일 박규섭의 장남으로 출생했다고 한다.

상을 떠나는 아픔을 겪었다. 그는 다른 동생들과 함께 외갓집에서 성장했고, 17세 때(1911년) 소산동에 살던 임학이의 장녀와 결혼하였다. 1911년 4월 충청북도 영동에서 활동하던 박영호[159] 전도인을 통해 기독교로 개종하였고, 1915년 이종덕 감목(총회장)으로부터 침례를 받았으며, 같은 해 10월 경상북도 포항 조사리에서 개최된 제10차 대화회(총회)에서 반장 직분을 받았다. 이듬해인 1916년 경상북도 문경의 신원(세원)에서 개최된 제11차 대화회(총회)에서 전도인으로 임명받았다. 1917년 2월 4일 장남이 출생했으나 가족을 처가에 맡기고, 그달 말 중국 만주의 임강현으로 전도의 길을 떠났다.

박기양 전도는 1917년 3월에 신성균, 신용균, 주상득[160]과 함께 고향을 떠나 예천, 단양, 충주를 거쳐 4일간 걸어서 서울에 당도한 후 하룻밤을 지내고 다시 걸어 원산으로 갔다. 원산총부에서 4일간 유한 후 함흥, 장진, 희청, 자성을 거쳐 압록강을 건너 서간도의 임강현까지 장장 1,500리 길을 짚신 감발로 걸어 당도하였다. 그가 집안현에 가서 전도할 때는 12월의 엄동설한으로, 숙박할 곳을 찾지 못해 얼어 죽을 위기에 처하기도 했다. 1919년 4월에는 함경북도 장진읍에서 전도하다가 일제 헌병에 체포되어 하루종일 유치장에 갇힌 채 온갖 고문을 받는 고초를 겪기도 했다. 이후 그는 전도 여행을 떠난 지 3년 만에 집으로 돌아왔다. 1920년 경상북도 광천에서 개최된 제15차 대화회(총회)에서 전도 직분을 받았고, 1921년 10월 종성동 성경학원에 입학하여 1학기 수업을 마친 후 1922년 5월 원산총부의 파송을 받아 김재형 목사와 함께 시베리아의 연추로 갔다. 1922년 9월에는 함경북도 경흥에서 개최된 제17차 대화회(총회)에서 다시 연추로 파송을 받아 김영진 목사와 함께 순회 전도인으로 활동했는데, 이때 일본 경찰에 체

159 허긴 박사 자료 190쪽에 '박영오'로 나온다.

160 김갑수 목사 자료 163쪽에 '주상득'이 아닌 '주팔용'으로 나온다.

포되어 모진 고문을 받기도 했고, 1923년 1월에는 함경북도 태산준령을 넘고 만주의 경계선을 지나 시베리아의 연주, 태성으로 향하던 중에 빙판 30리의 습지를 걸어가다가 몸이 얼어 굳어지고 배는 허기져서 거의 굶어 죽을 지경에 이르렀으나, 마침 쿠두나교회를 찾아가는 일행의 구조를 받아 겨우 목숨을 건지고 기운을 다시 차려 목적지에 이르러 수년간 일하기도 했다.

1923년 충청남도 강경에서 개최된 제18차 대화회(총회)에서 박기양 전도는 교사(전도사) 직분을 받아 충청남도 예산구역에 파송되어 복음을 전하는 전도인으로 활동하였다. 1924년 강원도 울진에서 개최된 제19차 대화회(총회)에서 김용세, 신성균, 김영관 등과 함께 목사 안수를 받았고, 예산구

박기양, 신성균 목사

역으로 파송을 받아 순회 사역을 하였다. 1929년부터 평안북도 운산과 초산지역에서 박기양 목사는 양명길 전도와 활동하면서 수 개의 교회를 개척하였는데, 이를 토대로 초산구역이 새롭게 개설되었다. 그는 1935년까지 평안북도 운산과 초산지방을 거쳐 자성구역의 산간벽지를 누비며 전도 사역에 전념하였다. 그는 하늘을 가로막는 태산과 인적을 거부하는 준령을 넘나들며 한 집, 두 집씩 외롭게 살아가는 동포들을 찾아 복음을 전하며 가정교회를 개척하는 등 북방지역 복음화에 앞장섰다.

박기양 목사가 충청남도 예산구역에서 활동하고 있을 때인 1942년 9월 6일 일제에 의해 긴급 체포되었다. 이는 일제의 노골적인 동아기독교 박해의 일환이었다. 체포될 당시 그는 48세로, 다른 이들에 비해 비교적 낮은 연령에 속했으나, 일제의 탄압과 모진 고문을 통한 옥중생활 앞에서는 젊다고 할 수 없을 정도로 견디기 어려웠다. 박기양 목사는 체포된 이래 원산 헌병대 유치장에서 겨울을 보냈고, 이듬해인 1943년 5월 1일 함흥 교도소로 이감되었다. 15일간의 재판 결과 검속된 32명 중 박기양 목사를 비롯한 이종근 · 김영관 · 전치규 · 백남조 · 장석천 · 노재천 · 신성균 · 박성도 등 9명의 교단 지도자는 일본의 검사에 의해 예심에 회부되어 재차 투옥되었고, 다른 23명은 기소 유예 처분을 받아 1943년 5월 15일에 석방되었다. 그는 조선총독부 검사 와타나베 레이노스케(渡邊 禮之助)에 의해 1943년 5월 28일 함흥지방법원 검사국에 예심이 청구되었는데, '예심청구서'에는 그의 범죄 사실이 다음과 같이 기록되어 있다.

"제6 피고인 박기양(木村方春)은 어렸을 때 서당에서 수년간 한문을 배우고, 성장하여 농업에 종사하던 중 동아기독교회의 교리 신조를 따라 타이쇼(大正) 6년(1917년) 침례를 받고, 그 교인이 되었고, 동 12년(1923년) 교사가 되고, 다음 해(1924년) 목사로 선임되어 현재에 이른 자이다. 쇼와(昭和) 16년(1941년)

5월 15일부터 쇼와(昭和) 17년(1942년) 6월 상순경까지 매 일요일 소속된 경상북도 예천군 용궁면 금남리 금남교회에서 신자 장사출 외 약 40명에게 전기와 같은 설교를 하였다."

고문과 취조의 연속인 수감생활로 인해 박기양 목사의 건강은 날로 쇠약해 졌고, 급기야 더 이상 지속할 수 없을 지경에 이르렀다. 이에 일제는 1944년 2월 15일 다른 6인(김영관 · 백남조 · 장석천 · 노재천 · 신성균 · 박성도)과 함께 그를 병보석으로 임시출옥시켰다. 출옥 후 박기양 목사는 원산 반도의원의 차형은 원장(감리교 장로)의 호의로 병원에 입원하여 여러 날 간호를 받았다. 점차 건강을 회복하던 와중에 같은 해 5월 10일 함흥재판소는 동아기독교회에 교단 해체령을 공표하였다. 그리고 임시출옥했던 박기양 목사는 1944년 8월 8일 일제에 의해 재수감 되어 공판이 계속되었고, 9월 7일에 이르러 재판이 종결됐는데, 집행유예 5년으로 석방되었다.

해방 후 1946년 5월 충청남도 부여의 원당교회에 부임했는데, 성경 말씀을 잘 가르친 것이 교인들에게 큰 감동을 주어 본 교회를 떠난 후 교인들의 간곡한 요청으로 3번이나 다시 부임하였다고 한다. 입포교회, 상주교회, 용담교회와 울릉도의 평리교회, 인천의 숭의교회에서 목회하였다. 1979년 4월 11일 향년 86세로 주님의 부르심을 받았으며, 슬하에 2남 4녀와 외손자를 포함해 20여 명의 후손을 남겼다. 그중 차남 박은호 목사는 경상북도 예천의 개포중앙교회를 시무하였고, 손자 중의 박정근 목사는 부산의 영안교회를 담임하고 있다.

7. 백남조 목사(白南祚, 1875-1950)

백남조는 1875년 6월 9일 경상북도 영일군 송라면 광천리에서 백운락의 4남 1녀 중 장남으로 출생하였다. 지덕을 겸비한 선비요 한학자였던 그는 신학문의 필요성을 깨닫고 일찍이 일본으로 건너가 수학하였으나 반일사상가라는 명분으로 축출당해 귀국하였다. 고향에서 학원을 설립하여 운영하던 중에 지역 사회의 인정을 받아 영일 군청에서 관리로 일하기도 했다. 35세 때(1910) 대한기독교회의 한 전도인으로부터 전도를 받아 기독교인이 되었고, 주님을 영접한 이후 복음 전도에만 전념하였다. 1912년 경상북도 산점에서 개최된 제7차 대화회(총회)에서 전도 직분을 받아 강원도 울진, 울도(울릉도), 경상북도 예천, 포항지역에 전도사역을 했으며, 특히 허

담이 울진구역 총찰로 임명되자 그가 맡고 있던 원우학교를 백남조 전도가 위임받아 관리하였다. 순회 전도에 전념하던 그는 1919년 간도 종성동에서 개최된 제14차 대화회(총회)에서 김재형, 김영진과 함께 목사 안수를 받았고, 충청북도 예천과 제천지역으로 파송을 받아 순회 사역을 하였다. 1924년 강원도 울진에서 개최된 제19차 대화회(총회)는 백남조 목사를 울진, 울도(울릉도), 포항지역으로 파송하였고, 1925년 원산총부에서 서기 직책으로 봉사하였다. 그는 특히 후배양성에 공헌이 컸다. 무엇보다 신학문을 후진들에게 교육해야 한다고 주장했으며, 교규 시행에 엄격하여 정평이 나 있었다.

백남조 목사는 학문이 높은 만큼 붓글씨도 잘 썼다. 그의 붓글씨 솜씨는 우리나라와 중국과 일본에서 인정을 받았다고 한다. 그의 글은 인근에 소문이 자자했고, 그에게 글을 받아가는 사람들로 줄을 이었는데, 이에 대한 다음과 같은 일화가 전해진다.

> 어느 지역에 이름이 널리 알려진 인품이 높은 선비가 있었다. 그는 백남조 목사의 명성이 하도 높아서 소문대로 명필인가 아니면 엉터리인가를 알아보기 위해 나무꾼으로 변장하고 백 목사를 찾아왔다. 선비는 준비한 대로 넓은 송판을 내밀면서 글을 한 구절 써 달라고 간청했다. 백 목사는 송판을 받아들고 한참 실핀 후 먹을 갈아 한 구절 정성껏 써 주었다. 그것을 받아 든 선비는 그 필치와 글귀에 흠뻑 빠져 그만 자기의 신분을 밝히고 말았다. 이로 인해 둘 사이에는 두터운 교분이 생겼다고 한다.

백남조 목사는 경상북도 영일군에서 덕망 있는 선비요 학자로 알려져 있으며, 송라 면장을 3년 간 역임하기도 했고, 영일 군청의 고위관리로도 일했다. 그러나 사도 바울처럼 세상의 명예와 지위, 권세는 한낱 헛된 것으로 여겨 모두 내려놓았다. 나라에서는 영일 군수로 여러 차례 추대하려 했으나 단호히 거절했고, 오로지 주님의 일꾼으로 소명 받은 것을 가장 자랑스럽게 생각하고 복음 전하고 가르치는 일에 전념했다. 이런 점에서 그는 신앙적 긍지와 선지자적 삶을 살았다고 하겠다. 그는 주님이 맡겨주신 사명에 충성을 다했다. 특히 후진들을 만날 때면 의례 "목사가 되려면 먼저 똑똑한 신자가 되라"고 강조하였다. "성경을 읽고 나면 곧 실천에 옮기라"고 권면하고 가르쳤는데, "주님의 종으로서 사명을 받는 것"은 참으로 귀하고 영광스러운 것임을 후진들에게 가르쳤다.

백남조 목사는 남다른 잠버릇이 있었다. 잠을 자면서 호랑이를 보라고 외마디 비명을 질러 사람들을 놀라게 했는데, 이에 영문을 모르는 사람들이 놀라서 그에게 질문했다. 이에 백 목사는 자신이 복음을 전할 때 일어났던 일화를 말하곤 했다. 내용은 대략 다음과 같다.

> 그가 남북한 전역을 돌며 하나님의 복음을 전하려고 깊은 산중에 있는 오솔길을 따라 가고 있었다. 두 명의 동료와 함께 가고 있었지만 어둡고 깊은 산속이었기에 이들에게 두려움이 있었다. 무서움을 이기기 위해 서로 이야기를 하면서 깊은 산을 넘어가고 있었는데, 산 중턱에 이르러 굽어진 산길을 막 돌고 있을 때, 황소보다 더 큰 호랑이가 길을 가로막고 으르렁거렸다. 너무 놀란 일행은 온몸을 움츠리고 있었고, 백남조 목사는 자기도 모르게 벽력같이 고함쳤다. 소리가 어찌나 컸던지 산이 울렸고, 더욱이 일그러진 백 목사의 얼굴을 본 호랑이가 오히려 놀라 산속으로 피해 무사히 목적지까지 갈 수 있었다. 그는 이때부터 호랑이 꿈을 자주 꾸었고, 꿈을 꿀 때마다 그때처럼 고함을 질러 같이 자는 사람들을 놀라게 했다고 한다.

백남조 목사는 평소 동료들로부터 "꼬챙이"라는 별명으로 불렸다. 이 별명을 갖게 된 것은 그가 타협할 줄 모르는 강직한 사람이요, 진리에 관해서는 고집이 센 사람이었기 때문이다. 그는 그만큼 정직하고 강직한 사람이었음을 알 수 있다. 또한 그는 공과 사가 분명했고, 말씀을 읽고 은혜를 받으면 말씀대로 실천하고자 노력했다. 특히 불의와 타협한 적이 없었다. 본 교단의 교규집 제13조 벌칙 43조에 "교역자 및 교우 중 성경에 교유된 점에 배이된 중대실태 또는 위반행위가 있을 경우는 마태복음 18장 15-17절까지의 교훈과 같이 개인적으로 권유하였음에도 불구하고 개선치 않을 경우는 2-3명 교우를 위원으로 하여 권고토록 하고 또 이에도 불순종할 경우에는 개교회에 있어서 공개 권고토록 하고 그 때도 개선하지 않을 경우에는 교회 심판에 회부하여야 한다"라는 규정이 있다. 그리고 44조에 벌칙의 종류는 출교, 정권, 권책이라고 규정하고 있다. 그는 이러한 교단의 교칙을 보호하고 지키려고 노력하였다. 그러므로 이 규정에 저촉되는 행동을 한 교회에는 어떠한 경우라도 고려하지 않고 단호히 시행하였다. 이렇게 단호하게 시행한 것은 잘못한 형제에게 회개할 기회를 주고 신앙생활에 유익이 되도록 하였다. 이와 같이 올바른 법집행을 통해 교단 행정이 바로 서고 질서가 올바로 잡히는데 크게 기여하였다.

백남조 목사가 원산총부 서기로 활동하고 있을 때 웅기교회 「달편지」 발각사건이 발발하였다. 경흥구역에 속한 함경북도 웅기교회에서 신사참배 반대 광고가 실린 「달편지」가 일경에 의해 발각되었는데, 이는 동아기독교 탄압의 빌미가 되어 그를 포함하여 김영관 감목(총회장) · 이종덕 목사 · 전치규 목사 · 노재천 목사 등 5인이 원산경찰서로 긴급 소환되었다. 일제의 강압적 조사와 무자비한 고문에도 불구하고 한결같은 답변으로 인해 일제는 그들을 가둔지 3개월 만에 검찰에 송치하여 5개월간 원산교도소에 감금하였다. 이후 더 이상의 죄를 발견하지 못하자 일제는 백남조 목사와 김영관 감목(총회장)에게 3년 집행유예를, 이종덕 목사 · 전치규 목사 · 노재천 목사에게는 기소유예로 석방하였다.

백남조, 김영관 목사

경상북도 광천에서 순회 사역하던 백남조 목사는 1942년 9월 8일 일제에 의해 긴급 체포되었다. 이는 신사참배 거부로 인한 일제의 탄압에서 비롯됐으며, 그는 이미 1938년 웅기교회 「달편지」 발각사건으로 3년 집행유예를 받은 상태였다. 그는 체포되어 원산으로 압송됐고, 헌병대 유치장에서 겨울을 보냈다. 백남조 목사가 체포될 당시 67세로, 함께 체포된 분들 중에 이상필 감로를 제외하고 제일 나이가 많은 연장자였다. 70이 다된 노구(老

軀)로 일제의 고문과 옥중생활을 감당하기에 버거웠으나, 그는 믿음으로 굳굳하게 이겨나갔다. 원산에서 겨울을 넘기고 이듬해인 1943년 5월 1일 함흥 교도소로 이감되어 15일간 재판을 받았는데, 그 결과 체포된 32명 중 그를 비롯한 이종근 · 김영관 · 전치규 · 노재천 · 장석천 · 박기양 · 신성균 · 박성도 등 9명의 교단 지도자는 일본의 검사에 의해 예심에 회부되어 재차 투옥되었고, 다른 23명은 기소유예 처분을 받아 1943년 5월 15일에 석방되었다. 백남조 목사는 조선총독부 검사 와타나베 레이노스케(渡邊 禮之助)에 의해 1943년 5월 28일 함흥지방법원 검사국에 예심이 청구되었는데, '예심청구서'에는 그의 범죄 사실이 다음과 같이 기록되어 있다.

> "제7 피고인 백남조(白原信祚)는 어렸을 때 서당에서 수년간 한문을 닦고, 성장하여 농업에 종사하던 중 동아기독교회의 교리 신조를 따라 타이쇼(大正) 원년(1912년) 침례를 받고, 그 교인이 되었고, 동 7년(1918년) 교사가 되었고, 다음해(1919년)에 목사로 선임되어 현재에 이른 자이다. 쇼와(昭和) 16년(1941년) 5월 15일부터 쇼와(昭和) 17년(1942년) 9월 상순경까지 소속 만주국 간도성 연길현 자성 종성교회에서 매 일요일의 예배 시에 신자 임승용 외 약 120명(모두 조선인)에게 전기와 같은 설교를 하였다."

재판이 지속되는 가운데 진행된 수감생활로 백남조 목사는 점차 지쳐갔고, 모진 고문과 영양실조로 건강은 날로 쇠약해 졌다. 급기야 더 이상 수감이 불가능하다고 판단된 일제는 1944년 2월 15일 다른 6인(김영관 · 박기양 · 장석천 · 노재천 · 신성균 · 박성도)과 함께 백남조 목사를 병보석으로 임시 출옥시켰다. 출옥 후 그는 원산 반도의원의 차형은 원장(감리교 장로)의 호의로 병원에 입원하여 여러 날 간호를 받았다. 점차 건강을 회복하던 와중에 같은 해 5월 10일 함흥재판소는 동아기독교회에 교단 해체령을 공표하였다. 그리고 임시출옥했던 백남조 목사는 1944년 8월 8일 일제에 의해 재수감 되어 공판이 계속되었고, 9월 7일에 이르러 재판이 종결됐는데, 집행유예 5년으로 석방되었다.

해방 후 교단 재건에 앞장서면서 포항지역에서 활동하다가 1950년 6.25전쟁 중에 공산군에 의해 점령당한 조사리 해변에 숨어 지내다가 폭격으로 집이 무너져 향년 75세로 하나님의 부르심을 받았다.

8. 신성균 목사(申聖均, 1897-1985)

신성균은 1897년 10월 12일 경상북도 문경군 점촌읍 점촌1리에서 신학희의 차남으로 출생하였다.[161] 15세 때(1912. 11. 26) 같은 마을에 사는 박소암의 외동딸 박음점과 결혼하여 일찍부터 가정을 꾸렸다. 1914년 1월 5일 이만기 성도가 전한 복음을 듣고 예수 그리스도를 구주로 영접함으로 기독교인이 되었고, 유곡교회에 출석하였다. 같은 해 9월 25일 이종덕 목사로부터 침례를 받았고, 이후 성경의 진리에 빠져들기 시작해 하나님의 은혜를 체험하면서 자연스럽게 이웃과 친척들에게 복음을 전했다. 그러나

161 이정수 목사 자료 78쪽에 신성균 목사 출생을 1896년으로 나온다.

그의 기독교 개종은 가족들로부터 감당하기 어려운 박해의 연속이었다. 그는 이에 굴하지 않고 오직 믿음과 인내로 복음전도에만 매진하여 이를 극복해 냈다.

1916년 경상북도 문경의 신원(세원)에서 개최된 제11차 대화회(총회)에서 신성균은 가정의 핍박에도 불구하고 믿음을 지켜 전도의 직분을 받았고, 단양지역으로 파송을 받았다. 그는 복음을 전파하다가 주민들로부터 상투가 잘리는 수모를 겪기도 했고, 상투가 잘리자 단발을 한 후 짚신 감발로 전도사역을 이어갔다. 1917년 간도의 종성동에서 개최된 제12차 대화회(총회)에서는 북방전도자로 파송됐는데, 같은 해 3월 10일 짚신 감발에 괴나리봇짐과 전도 책자를 등에 지고 충청북도 단양의 가철맥 교회를 떠나 북방으로 향했다. 그의 목적지는 중국의 만주 길림성 임강구역의 대목송 교회였고, 신용균, 주상득, 박기양과 함께 서울을 거쳐 교단총부인 원산까지 걸어갔다. 그의 임지인 만주의 임강구역에 이르는 수천 리 길은 원산에서 함흥을 거쳐 눈 덮인 황초령과 장진의 태산준령을 넘고 다시 개마고원을 넘어야 했다. 그리고 후창을 지나 중강진에서 압록강을 건너 황량한 만주 들판을 끝없이 걷는 여정이었는데, 그는 여비를 절약하기 위해 등에는 백미와 소금을 짊어지고 노숙하며 임지를 향했다. 이 당시 전도사역자들은 사역지에서 활동하다가도 대화회(총회)가 소집되면 만사를 제쳐 두고 임지에서 도보로 대화회(총회) 장소를 향해 수 없는 먼 여정을 해야 했는데, 천신만고(千辛萬苦) 끝에 임강현에 당도하여 사역하던 신성균 전도도 그해 간도 종성동에서 개최된 제12차 대화회(총회)에 참석하기 위해 다시 1,400여 리의 길을 귀리밥으로 연명하며 갔다. 동역자를 만나는 기쁨과 은혜가 넘치는 사경회를 사모하는 마음에 피곤을 몰랐다고 한다.

신성균 전도가 1917년 12월부터 1년 간 러시아의 수청과 연추지역에 거주하는 동포들에게 전도 사역을 할 때는 시베리아의 엄동설한에도 불구하고 검은 무명옷 단벌로 월동하면서 사역하였다. 수없이 꿰매고 기워서 누더기가 된 버선도 예배 때만 신고 길을 갈 때는 아끼느라 벗고 다녔다. 사역하는 중에 때로는 깊은 산에서 강도의 위협을 받으며 또 동족인 독립당원에게 간첩으로 몰려 고초를 당하고, 공산당과 일본 경찰에는 첩자로 오인되어 생사의 고비를 넘기가 한두 번이 아니었다. 이런 고난보다 더욱 그가 고통스러웠던 것은 허기와 추위로 싸워야 했던 괴로움이었다. 이렇게 만주와 러시아에서 활동하던 신성균 전도는 1923년 귀로의 길에 올랐다. 같은 해 충청남도 강경에서 개최된 제18차 대화회(총회)에서 신성균 전도는 교사(전도사) 직분을 받았고, 이듬해인 1924년 강원도 울진에서 개최된 제19차 대화회(총회)에서 김영관, 김용제와 함께 목사 안수를 받은 후 평안북도 자성구역과 중국의 임강현으로 파송을 받았다. 넓은 지역의 교회들을 순회하며 돌봤던 신성균 목사는 하루에 100리 길을 걸으며 예배를 인도했고, 교회와 교인들에게 성경을 가르쳤다. 1927년부터는 충청북도 제천구역에서 사역하면서 인근 예천구역과 경상북도 포항구역까지 순회하였다.

1942년 9월 6일 경상북도 점촌에서 활동하던 신성균 목사는 일본 경찰에 의해 긴급 체포되었다. 이는 신사참배 거부로 인한 교단의 지도자급 인사들에 대한 체포의 일환이었다. 그는 체포되어 이내 원산으로 압송이 되었는데, 이때 경상북도 점촌에서 함께 활동하던 김주언 감로와 이덕상 감로도 함께 압송되었고, 이곳 헌병대 유치장에서 혹독한 겨울을 보냈다. 신성균 목사가 체포되었을 당시 45세로, 체포된 다른 분들에 비하면 젊은 나이었으나, 일제의 고문에 따른 탄압과 열악한 옥중생활을 견디기에는 어려웠다. 그는 이듬해인 1943년 5월 1일 함흥 교도소로 이감되어 15일간 재판을 받았는데, 그 결과 함께 검속된 32명 중 그를 비롯한 이종근 · 김영관 · 전치규 · 노재천 · 장석천 · 박기양 · 백남조 · 박성도 등 9명의 교단 지도자는 일본의 검사에 의해 예심에 회부되어 재차 투옥되었고, 다른 23명은 기소유예 처분을 받아 1943년 5월 15일에 석방되었다. 신성균 목사는 조선 총독부 검사 와타나베 레이노스케(渡邊 禮之助)에 의해 1943년 5월 28일 함흥지방법원 검사국에 예심이 청구되었는데, '예심청구서'에는 그의 범죄 사실이 다음과 같이 기록되어 있다.

> "제8 피고인 신성균(平山聖均)은 어렸을 때 서당에서 수년간 한문을 배운 후 농업에 종사하던 중 동아기독교회의 교리 신조를 따라 타이쇼(大正) 5년(1916년) 침례를 받고, 그 교인이 되었고, 동 12년(1923년) 교사가 되었고, 다음 해(1924년) 목사로 선임되어서 현재에 이른 자이다. 쇼와(昭和) 16년(1941년) 5월 15일부터 쇼와(昭和) 17년(1942년) 9월 상순 경까지 소속되어 있던 경상북도 영일군 송남면 광천리 광천교회에서 매 일요일 예배의 때 신자 이OO 외 약 30명에게 전기와 같이 설교를 하였다."

고문과 취조로 인한 수감생활로 신성균 목사의 건강은 날로 쇠약해 졌고, 급기야 더 이상 지속할 수 없는 지경에 이른다. 이에 일제는 1944년 2월 15일 다른 6인(김영관 · 백남조 · 장석천 · 노재천 · 박기양 · 박성도)과 함께 그를 병보석으로 임시출옥시켰다. 출옥 후 신성균 목사는 원산 반도의원의 차형은 원장(감리교 장로)의 호의로 병원에 입원하여 여러 날 간호를 받았다. 점차 건강을 회복하던 와중에 같은 해 5월 10일 함흥재판소는 동아기독교회에 교단 해체령을 공표하였다. 그리고 임시출옥했던 신성균 목사는 1944년 8월 8일 일제에 의해 재수감 되어 공판이 계속되었고, 9월 7일에 이르러 재판이 종결됐는데, 집행유예 5년으로 석방되었다.

숨어 지냈던 신성균 목사는 해방이 되자 교단 재건에 앞장섰고, 1946년부터 일 년간 공주구역, 포항구역, 예천구역, 울릉구역 등 경상북도 구역에 파송되어 순회 목사로 활동하였다. 1957년부터는 충청남도 공주구역 대교교회에서 담임으로 목회하였다. 1959년 2월 충서구역 구항교회에 부임하여 목회했으며, 1959년 8월에는 같은 구역의 월임교회에서 목회하였다. 1960년 12월에는 다시 포항구역으로 내려가 덕진교회에서 사역하다가 1962년6월 충서구역 황산교회에서 목회하다가 1965년 11월 은퇴하였다. 은퇴 후 모교회인 점촌교회 원로목사로서 복음전파에 힘쓰다가 1982년 10월 29일 노환으로 병석에 누운 후 1985년 12월 2일 향녀 89세를 일기로 하나님 품에 안겼다. 슬하에 5남 2녀가 있으며, 자손으로 신현만 목사가 있다.

9. 박성도 목사(朴成道, ?-?)

박성도는 언제 어디서 출생했는지에 대한 침례교회사적 문헌 정보가 없다. 문헌에 그의 이름이 최초로 등장하는 것은 1907년이다. 이 시기 충청남도 공주에서 개최된 제2차 대화회(총회)는 영동구역 각계(丹陽)교회에서 결신한 김재형과 칠산교회의 김경춘을 함경북도 경흥지방에 파송했는데, 이들의 복음 전도를 통해 박성도가 기독교로 개종했고(이때 한봉관, 박성은 개종), 이내 이들과 함께 이 지역에서 전도활동을 했다. 이로 보건대, 그의 고향이 함경북도 경흥으로 추정된다. 이후 그는 줄곧 이곳에서 전도 활동을 했던 것 같다. 1909년 증산교회, 1920년 나산동교회, 1921년 웅상교회를 개척했고, 1922년 함경북도 경흥에서 개최된 제17차 대화회(총회)에서 최성업, 박성홍과 함께 감로 직분을 받은 것을 통해 알 수 있다. 그리고 감로로써 직분을 충실하게 감당한 후 1934년 함경남도 원산에서 개최된 제29차 대화회(총회)에서 문규석, 방사현과 함께 목사 안수를 받았고 함경북도 경흥구역의 순회 목사가 됐다.

이정수 목사의 기록에 의하면, 당시 경흥구역에는 15개 교회가 있었다. 이를 나열하면, 고읍교회(1908), 증산동교회(1909), 김치장교회(1913), 솔봉교회(1916), 웅기교회(1919), 나산동교회(1920), 웅상교회(1921), 풍인교회(1936), 약산교회(1938), 용복동교회(1938), 사회교회(1939), 홍의동교회(1939), 라진교회(1939), 남흥동교회(1940) 등이다. 박성도 목사가 이들 교회를 순회하며 목회하고 있을 때인 1942년 9월 11일, 느닷없이 들이닥친 일본 경찰에 의해 그가 불시에 체포되었다. 그는 6월 10일 이종근 감목(총회장)이 체포된 이래 가장 늦게 체포된 것으로, 그와 함께 체포된 8인 모두 함경도와 평안도에서 활동하고 있었다는 공통점을 갖는다. 그는 신속히 체포되어 다른 이들과 함께 원산으로 압송이 되었고, 이곳 헌병대 유치장에서 겨울을 보냈다. 이듬해인 1943년 5월 1일 함흥 교도소로 이감되어 15일간 재판을 받았는데, 그 결과 함께 검속된 32명 중 그를 비롯한 이종근 · 김영관 · 전치규 · 노재천 · 장석천 · 박기양 · 백남조 · 신성균 등 9명의 교단 지도자는 일본의 검사에 의해 예심에 회부되어 재차 투옥되었고, 다른 23명은 기소 유예 처분을 받아 1943년 5월 15일에 석방되었다. 박성도 목사는 조선총독부 검사 와타나베 레이노스케(渡邊 禮之助)에 의해 1943년 5월 28일 함흥지방법원 검사국에 예심이 청구되었는데, '예심청구서'에는 그의 범죄 사실이 다음과 같이 기록되어 있다.

> "제9 피고인 박성도(竹山成道)는 경성 기호중학교를 중퇴한 후 서당 교사, 농업에 종사하고 있던 중 동아기독교회의 교리 신조를 따라 메이지(明治) 44년(1911년)경 침례를 받고, 그 교인이 되어 타이쇼(大正) 13년(1924년) 감로가 되었고, 쇼와(昭和) 14년(1939년) 4월 목사에 선임되었다. 이후에 함경북도 함흥 종성에서 구역을 담당하고 현재에 이른 자이다. 쇼와(昭和) 16년(1941년) 5월 15일부터 쇼와(昭和) 17년(1942년) 9월 상순경까지의 기간 중 관할하는 구역인 나진교회 등에서 매월 1회 평균 예배 시 신자 김태복 외 약 320명에게 전기와 같은 설교를 하였다."

고문에 시달리며 영양 상태가 열악한 감옥생활로 인해 점차 건강을 잃어 더 이상 수감생활을 이어갈 수 없게 되자 일제는 1944년 2월 15일 다른 6인(노재천 · 백남조 · 장석천 · 박기양 · 신성균 · 김영관)과 함께 박성도 목사를 병보석으로 임시출옥시켰다. 출옥 후 그는 원산 반도의원의 차형은 원장(감리교 장로)의 호의로 병원에 입원하여 여러 날 간호를 받았다. 점차 건강을 회복하던 중 같은 해 5월 10일 함흥재판소는 동아기독교회에 교단 해체령을 공표하였다. 그리고 임시출옥했던 박성도 목사는 1944년 8월 8일 일제에 의해 재수감 되어 공판이 계속되었고, 9월 7일에 이르러 재판이 종결됐는데, 집행 유예 5년으로 석방되었다. 그는 고향인 함경북도 경흥으로 돌아와 요양하며 일제의 교단 해체로 흩어진 신자들을 돌보는 가운데 해방을 맞았다. 그러나 38선으로 인해 남북이 단절된 상태에서 소식이 끊겨 오늘에 이르기까지 그의 생사를 아는 이가 없다.

제2장

기소유예로 석방된 교단 대표 23인

1. 김만근 감로(金萬根, 1902-1988)

김만근은 1902년 10월 3일 충청남도 부여군 양화면 원당리에서 침례교 최초 순교자인 김희서 선교사의 4남 1녀 중 장남으로 출생하였다. 그의 부친 김희서는 충남 부여에서 한학자와 서당 훈장으로 활동하던 32세 때

(1905년) 전라북도 일대를 순회하며 복음을 전했던 칠산교회 장기영 감로의 전도를 받아 전라북도 익산군 용암면 난포리 교회(현 용안교회)에 인도받았다. 그는 곧 성경의 진리를 깨닫고 침례를 받은 후 전도의 사명 받아 충청북도 단양과 제천을 중심으로 전도하였다. 1908년 김희서 전도가 전라북도 익산에서 충청남도 부여군 임천면 두곡리로 이사하면서 칠산교회에 출석하기 시작했다. 1915년에 교사(전도사) 직분을 받아 함경북도와 중국의 간도를 중심으로 만주 일대를 두루 다니며 전도하였다. 1918년 대화회(원산)에서 김희서 교사는 복음사역이 활발하게 확장되어가던 간도 · 시베리아 지역의 전도사역을 위해 박노기 목사, 최응선 감로, 김영태 총찰과 함께 선교사로 파송되었다. 그해 9월 초 원산총부를 출발하여 함경도 경흥으로 갔는데, 이곳은 한국, 중국, 러시아 3국의 접경지대로, 이곳을 지나 두만강을 건너 시베리아 대륙을 20여 일 여행한 끝에 배로 연추에 가기 위해 포세트 해의 모카우에 도착하였다. 1918년 10월 20일 이들이 탄 배가 모카우를 벗어날 때 갑자기 불어 닥친 돌풍으로 배가 파선되고 말았다. 이로 인해 김희서 선교사를 포함한 4명은 포세트 해상에서 장렬하게 순교하였다. 슬하에 4남(만근, 성배, 광배, 장배), 1녀(복순)를 두었다.

김만근이 3세 때, 부친의 기독교 개종에 따라 기독교적 분위기에서 성장했고, 칠산교회를 출석하였다. 그가 16세 되던 해 부친 김희서 선교사가 순교함으로 집안의 가장이 되었다. 김만근은 성장하여 이상필 감로의 맏딸 이정강과 결혼하였다. 부친의 신앙을 본받아 열심히 신앙생활을 했고, 주변 사람들로부터 겸손하다고 칭찬받았다. 언제 대화회(총회)에서 감로 직분을 받았는지 알 수 없으나, 신사참배 반대로 인해 일제에 의해 체포될 당시 교단을 대표하는 감로였던 것으로 보아 늦어도 그 이전에 감로로 안수받았음은 틀림없다.

1942년 9월 7일 칠산교회에서 장석천 목사를 도와 감로로 활동하고 있을 때, 일본 경찰에 의해 긴급 체포되었다. 그는 장석천 목사 그리고 전라북도 용안에서 활동하던 장인 이상필 감로와 함께 원산으로 압송되었다. 당시 김만근 감로는 40세로서, 다른 이들에 비해 비교적 젊은 나이에 속했다. 그러나 신사참배 거부로 인해 독이 오를 대로 오른 일제의 고문과 구타 그리고 열악한 수감생활은 참으로 견디기 힘들었다. 그는 신사참배 거부로 체포된 또 다른 교단 대표들과 함께 원산의 헌병대 유치장에서 겨울을 보낸 후 이듬해인 1943년 5월 1일 함흥 교도소로 이감되어 15일간 재판을 받았다. 그 결과 함께 검속된 32명 중 9명(이종근 · 김영관 · 전치규 · 노재천 · 장석천 · 박기양 · 백남조 · 신성균 · 박성도)은 예심에 회부되었고, 그를 포함한 다른 23명은 기소유예 처분을 받아 1943년 5월 15일에 석방되었다.

김만근 감로는 출옥 후 장인 이상필 감로와 함께 안대벽 교사의 따뜻한 영접을 받았다. 안 교사는 자신의 집에 그를 포함한 23인의 교단 대표를 모셔 놓고 정성스런 간호와 풍부한 영양 섭취를 도왔고, 기력이 회복되는 대로 귀향할 수 있도록 했다. 몸을 어느 정도 추스린 그는 장인과 함께 고향에 돌아왔다. 그러나 이내 일제에 의해 교단은 폐쇄되어 더 이상 예배를 드릴 수 없었다. 그래서 가정에서 은밀하게 예배를 드렸다. 1945년 8월 15일 드디어 해방이 되었고, 교단 재건 회의가 1946년 2월 9일 칠산교회에서 열렸을 때, 장석천, 이상필, 김순오, 최종석과 더불어 충청남도 부여 대표로 참여하였다. 김만근 감로는 대사회적인 활동에도 열심히 참여했는데, 그 대표적인 것이 건국을 위한 선거위원 활동이다. 1948년 11월 8일 이승만 대통령으로부터 감사장을 받았는데, 그 내용을 살피면, "귀하는 건국 창업의 기반인 단기 4281년 5월 10일 총선거 사업을 획기적으로 추진 완수하여 자주독립 국가를 수립함에 절대한 공헌을 하였기에 충심으로 감사의 의를 표함." 이를 통해 볼 때, 그는 지역교회의 지도자였을 뿐만 아니라 지역 사회의 자도자이기도 했다. 김만근 감로는 1952년 동생 김성배와 함께 세도

교회를 설립하고 이 교회의 장로로 활동했으며, 1982년 제72차 연차총회(강원희 총회장)에서 교단 발전에 기여한 공이 인정되어 공로패를 받기도 했다. 이렇게 주의 사역에 힘쓰다가 1988년 5월 9일 향년 86세로 하나님의 부르심을 받았다. 슬하에 3남(종용, 종규, 종국)을 두었고, 막내 종국은 현재 두곡교회 장로로 봉사하고 있다.

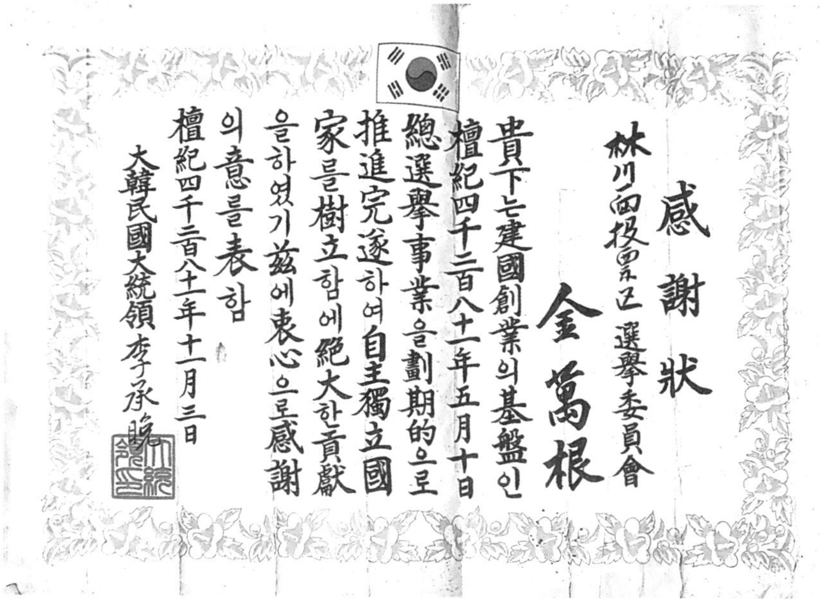
感謝狀
林川面投票区 選擧委員會
金萬根
貴下는建國創業의基盤인
檀紀四千二百八十一年五月十日
總選擧事業을劃期的으로
推進完遂하여自主獨立國
家를樹立함에絶大한貢獻
을하였기玆에衷心으로感謝
의意를表함
檀紀四千二百八十一年十一月三日
大韓民國大統領 李承晩

이승만 대통령에게 받은 감사장

한편, 김희서 선교사는 김만근 감로를 포함해 4남 1녀를 두었는데, 둘째 김성배 집사는 세도초등학교 교장과 세도면 면장을 역임할 정도로 지역의 영향력 있는 지식인이었다. 그 동네에 유일하게 기와집이 하나 있었는데, 그곳에 사셨으며, 이로 인해 그 집 딸들은 "기와집 딸"이라고 동네 사람들이 불렀다고 한다. 슬하에 두 딸이 있는데, 장녀 김종희는 이대직 목사와 결혼했고, 차녀 김종선은 윤석전 목사(연세중앙교회 시무)와 결혼하였다. 셋째

김광배 집사는 세도교회에서 신앙생활을 했고, 딸 임종순과 결혼한 임광우 목사는 김희서 선교사 순교를 기념하여 두곡교회를 세워 목회하였다. 넷째 김장배 목사는 용안교회를 비롯해 여러 교회를 시무했고, 1981년 『한국침례교회의 산 증인들』을 출판하였다. 마지막으로 딸 김복순 권사는 창리교회를 설립했고, 이 교회에서 봉사하였다.

김만근 감로 회갑기념

2. 김재형 목사(金在衡, 1882-?)

김재형은 1882년 충청북도 단양군 가칠면에서 출생하였다. 그의 집안 내력에 대해서는 알려지지 않으며, 어려서부터 천재 동이로 불렸다고 한다. 초기 침례교가 충청남도 강경, 공주, 칠산을 흐르고 있는 금강 주변에서 시작되어 점차 그 전도 영역이 확장됨에 따라 충청북도 내륙으로 진출했는데, 이즈음인 1906년경 그의 나이 25세 때, 단양에서 활동하던 대한기독교회 전도인을 통해 복음을 믿게 되었다. 개종 후 각계(단양)교회에서 열심히 출석하던 김재형은 1907년 충청남도 공주에서 개최된 제2차 대화회(총회)의 파송을 받아 경흥지방 전도인으로 활동했는데, 이때 칠산교회의 김경춘이 동행하였다. 이들은 그곳에서 박성도, 한봉관, 박성은 등을 전도하였고, 이동하여 두만강을 건너 간도에서는 김영진, 김규면 등에게 전도하였다. 김재형 전도는 1910년 충청남도 강경에서 개최된 제5차 대화회(총회)에서 박노기 교사(전도사)의 인솔 아래 최성업과 함께 노령지역 전도에 나섰는데, 이때 김창호, 정천일 등에게 복음을 전하였다. 이후 그의 노령지역 전도 활동을 계속되었고, 1913년에 이르러 원산으로 돌아왔다.

원산에서 활동했던 김재형 전도는 1919년 제14차 대화회(총회)에서 백남조, 김영진과 함께 목사 안수를 받았고, 시베리아의 수청과 연추지역 선교사로 파송되었다. 1924년 강원도 행곡에서 개최된 제19차 대화회(총회)에서 각 구역 책임자를 선정했는데, 이때 김재형 목사는 그가 활동하던 시베리아 지역이 되었다. 1925년 펜윅이 중국과 러시아에 있는 교회를 순회하고 전도하는 여정에 김재형 목사는 최성업 감로와 채천국 총장과 함께 합류하여 활동하였다. 그는 무엇보다도 펜윅의 "성경을 넉넉히 보면 주양반 된다"라는 말을 굳게 믿고(1921) 성경을 많이 읽어 성경 지식에 매우 해박했다고 한다. 또한 그는 불신자와의 혼인을 절대 금했다고 한다. 이에 대한 다음과 같은 일화가 전한다. 김재형 목사에게 서른이 된 미혼 남동생 김용제가 배우자를 구하고 있었다. 1923년 헌평교회(현 용궁교회)에서 개최된 경북지방 당회(지방회)에 두 형제가 참석했는데, 이 자리에는 많은 교역자들이 참석했고 그들 중에는 노상묵 교사(전도사)의 여동생 노안나도 참석하였다. 당회에 참석한 사람들이 이들 두 사람의 결혼을 성사시키려 했다. 양가의 뜻이 일치하자 그 자리에 함께 있던 교역자들의 권유에 의해 즉석에서 이종덕 목사의 주례로 결혼식을 거행하였다. 당시 신랑이었던 김용제는 이후 교단의 목사가 되어 교회에 헌신하였다.

김재형 목사는 주로 러시아의 시베리아에서 활동했는데, 어느 시기인지는 분명치 않으나 이곳을 떠났는데, 일제에 의해 체포될 당시 그는 함경남도 원산에 거주하고 있었다. 1942년 9월 11일 김재형 목사는 일제에 의해 긴급 체포되었다. 당시 그는 무슨 이유인지는 알 수 없으나 그는 병원에 입원해 있었다. 다른 동아기독교 인사들이 체포되었다는 소식을 듣고 그는 퇴원 후 자진하여 체포되었다. 이는 신사참배 거부로 이종근 감목(총회장)이 체포된 지 약 3개월이 지난 시점으로, 이때 함경도와 평안도에서 사역하는 교단 대표들이 대거 체포되었다. 그는 원산에 있었기에 3개월 전 감목(총회장)이 일제에 붙잡혀 가는 것을 보았을 것이고, 언젠간 자신도 목사이기에 체포될 것을 예견하고 있었는지 모른다. 김재형 목사가 옥중생활을 시작할 당시 그는 육순의 나이였다. 시베리아 험지를 누비며 단련된 몸이었으나 일제의 잔인한 고문과 열악한 옥중생활 앞에서는 무용지물(無用之物)일 정도로 매우 혹독했다. 김재형 목사는 체포된 또 다른 교단 대표들과 함께 원산의 헌병대 유치장에서 겨울을 보낸 후 이듬해인 1943년 5월 1일 함흥 교도소로 이감되어 15일간 재판을 받았다. 그 결과 함께 검속된 32명 중 9명(이종근 · 김영관 · 전치규 · 노재천 · 장석천 · 박기양 · 백남조 · 신성균 · 박성도)은 예심에 회부되었고, 그를 포함한 다른 23명은 기소유예 처분을 받아 1943년 5월 15일에 석방되었다.

출옥한 김재형 목사의 몰골은 말이 아니었다. 만신창이(滿身瘡痍)가 된 그를 반갑게 맞아준 이는 안대벽 교사였다. 안 교사는 자신의 집에 그를 포함한 23인의 교단 대표를 모셔 놓고 정성스런 간호와 풍부한 영양 섭취를 통해 기력이 회복되는 대로 귀향할 수 있도록 도왔다. 그는 어느 정도 몸을 추스린 후 아마도 원산에 있는 자신의 사역지로 돌아온 것 같은데 그 이후의 행적에 대해서는 알려지지 않았다. 해방 이후 북한에 남아있었다면 나진교회에서 개최된 북한의 교단 재건 명단에 있을 것 같으나 없고, 월남했다면 칠산교회에서 개최된 남한의 교단 재건 명단에 나와야 하나 여기에도 없다. 결국, 해방 이후 그의 행적에 대해서는 알 수 없다.

3. 김주언 감로(金周彦, 1907-1982)

김주언은 1907년 12월 9일 경상북도 문경군 호서남면 점촌리에서 김창원의 장남으로 출생했다. 그의 부친 김창원은 일찍이 충청북도 척동(단양)에서 활동하던 김창재, 임경식, 김재덕이 점차 경상북도 산점과 점촌으로 사역을 넓히면서 전도를 받아 기독교로 개종하였다(김상규, 박내영도 개종). 이후 1909년 10월 5일 김창원, 박래원(박경배 목사가 후손), 김상규가 충청북도 문경군 호서남면에서 첫 예배를 드림으로 점촌교회가 시작되었다.

김주언은 부친의 개종으로 기독교적 분위기의 가정에서 성장하였고, 어려서부터 마을의 서당에 다녔는데, 유달리 붓글씨에 재능을 보였다. 그의 붓글씨 솜씨는 마을은 물론 인근 고을까지 알려져 지방의 명필로도 유명했다고 한다. 더불어 부유한 가정 덕분에 성장하면서 바이올린을 배웠고, 성악에도 소질을 보였다. 김주언은 부모를 잘 섬기는 효자로도 알려져 있다. 그의 부친은 몸이 불편하여 병에 시달리는 일이 많았다. 그래서 아버지와 함께 다닐 때는 의자를 들고 다녔고, 아버지가 힘들면 앉아 쉴 수 있도록 했으며, 무엇이든지 잡숫고 싶은 음식이 있으면 어떻게 하든 마련하였다. 한번은 부친이 물고기를 잡숫고 싶어 하셨는데, 집에 혼자 계시게 할 수가 없어 등에 업고 냇가로 나가 물고기를 낚았다. 김주언은 부친이 살아계실 동안 그 곁을 떠나지 않았고, 그림자처럼 같이 다니면서 효도했다고 한다. 이로 인해 고향에서 주는 효자상을 수차례 받았다.

김주언의 부친은 정미소를 운영했다. 정미소를 운영하면서 종종 어려운 이웃을 보면 서슴없이 쌀을 나눠주었는데, 당시는 보릿고개를 지나면서 마을에 굶주리는 사람이 많았기 때문이다. 이런 부친의 모습을 보고 자란 김주언도 어려운 이웃을 보면 그냥 넘기지 않고 도와주었고, 특히 정미소에서 나오는 왕겨를 무료로 가져갈 수 있도록 배려하여 인근 마을에서 이 정미소의 도움을 받지 않은 사람이 없을 정도였다.

이처럼 삶에 모범적이었던 김주언은 교회에서도 착실하게 신앙생활을 하여 날마다 신앙이 성장했고, 1936년 제31차 대화회(총회)에서 예비 감로로 안수받았다. 그가 어느 시점에 감로가 되었는지는 문헌적으로 알 수 없으나, 일제에 의해 체포되었을 당시에는 교단을 대표하는 32인 중 한 분이며, 감로였다. 통장(100명의 교인을 통솔할 수 있는 직분)인 부친과 함께 점촌교회에서 활동하던 김주언 감로는 1942년 9월 6일 일본 경찰에 의해 긴급체포되었는데, 그와 함께 경상북도 점촌에서 함께 활동하던 신성균 목사와 이덕상 감로도 함께 체포되었다. 당시 김주언 감로는 35세로, 체포된 다른 분들에 비해서는 매우 젊은 편에 속했다. 그러나 일제의 혹독한 탄압과 무자비한 고문은 그의 젊음을 잊을 정도로 힘겨웠고 특히 매 맞음과 굶주림은 너무도 고달팠다. 그는 신사참배 거부로 체포된 또 다른 교단 대표들과 함께 원산의 헌병대 유치장에서 겨울을 보낸 후 이듬해인 1943년 5월 1일 함흥 교도소로 이감되어 15일간 재판을 받았다. 그 결과 함께 검속된 32명 중 9명(이종근 · 김영관 · 전치규 · 노재천 · 장석천 · 박기양 · 백남조 · 신성균 · 박성도)은 예심에 회부되었고, 그를 포함한 다른 23명은 기소유예 처분을 받아 1943년 5월 15일에 석방되었다.

출옥 후 김주언 감로가 옥중생활로 기력이 쇠하여 있을 때 그를 반갑게 맞아준 이는 안대벽 교사였다. 안 교사는 자신의 집에 김주언 감로를 포함한 23인의 교단 대표를 모셔 놓고 정성스런 간호와 풍부한 영양 섭취를 통해 기력이 회복되는 대로 귀향할 수 있도록 도왔다. 어느 정도 기력을 차린 김주언 감로는 함께 석방된 이덕상 교사(전도사)와 같이 고향으로 돌아왔다. 돌아와 보니 교회는 집회 금지가 되었고, 교회 문은 굳게 닫혔다. 고문의 후유증으로 허약해진 몸을 추스르며 흩어진 신자들을 모여 은밀히 예배드렸고, 숨죽이며 조용히 해방을 기다려야 했다. 드디어 해방이 되었고, 교회는 다시 문을 열어 노재천 목사가 시무하게 되었다. 1946년 2월 9일 충청남도 칠산교회에서 소집된 교단재건 회의에 노재천, 신성균, 이종만, 이덕상과 더불어 점촌교회 대표로 참석하였고, 같은 해 9월 9일에는 이덕상과 함께 장로로 안수받았으며, 1946년부터 1964년까지 총회 재무부장으로 18년간 봉사하였다. 점촌교회 건축과 교회 부흥에 기여하다가 1982년 11월 20일 향년 75세를 일기로 하나님의 부르심을 받았다. 슬하에 4남 1녀를 두었다.

4. 김용해 목사(金容海, 1908-1971)

김용해는 1908년 9월 20일 전라북도 익산군 웅포면 송촌(송천)에 살던 김윤수의 2남 1녀 중 맏이로 출생하였다.[162] 그의 본명은 용해(容偕)였으나 예수 그리스도를 믿은 후 '남자는 포부가 바다처럼 커야 한다'라는 의미로 '모두 해'(偕)를 '바다 해'(海)로 바꿨다고 한다. 그는 1924년 웅포 보통학교를 4년 졸업하고 6년제인 용안국민학교로 진학하여 18세인 1926년에 졸업했으며, 전주에 있는 신흥중학교에 진학하였다. 이 시기 김용제 목사

162 김윤수는 본래 11남매를 두었으나 안타깝게도 여러 자녀를 일찍 잃고 2남 1녀만 남았다고 한다. 한편, 김갑수 목사의 자료 219쪽에 김용해 목사가 1906년 9월 20일 전북 익산군 웅포면 송천리에서 김장섭의 외아들로 태어났다고 했다.

와 김마리아에게서 복음을 듣고 기독교로 개종했는데,[163] 이에 부친의 불호령으로 인해 학업을 중단하고 낙향하였다. 가족의 반대에도 불구하고 그는 믿음을 지키며 20리에 달하는 용안교회를 열심히 출석하였고, 더불어 인근 지역을 다니며 하나님의 복음을 전했다.

김용해의 부친은 일찍 자손을 보고자 김용해가 15세 되던 해에 익산군 팔봉(소안)에 사는 권순옥과 결혼을 시켰는데, 당시 신부는 신랑보다 4살 연상이었다. 김용해는 슬하에 3남 1녀를 두었으며, 잦은 전도활동으로 인해 자녀 양육의 대부분은 아내의 몫이었다. 김용해와 관련된 몇몇 이야기가 전하는데, 다음은 그 중의 하나이다.

> 어느 날 고향에서 전보가 왔다. 사촌 동생이 죽었다는 내용이었고, 집으로 돌아온 그는 동생의 죽음에 대해 하나님께 기도를 드리게 되었다. 가족들과 친척들은 물론 마을 주민들이 모두 모여 있는 곳에서 그는 기도를 드리면서 "하나님께 감사합니다."라고 했다. 그러자 사람들은 "이놈아, 동생이 죽었는데 무엇이 감사하냐?"라며 구타를 당했고, 이로 인해 실컷 두들겨 맞았다고 한다. 또한 그가 하도 열심히 전도하는 것으로 인해 가사는 전혀 돌보지 않는 것 때문에 그의 아버지가 "하나님 이놈, 네가 무엇이건대 내 아들을 빼앗아 가느냐?"라며 고래고래 소리를 지르는 일도 있었다고 한다.

김용해는 초기부터 열정적인 신앙과 전도활동을 했기에, 일찍이 대화회(총회)로부터 반장의 직분을 받았고, 1934년 제29차 대화회(총회)에서는 박형순, 왜준혁과 함께 교사(전도사) 직분을 받았다. 1940년 제35차 대화회(총회)에서는 최성업과 함께 목사 안수를 받고 강경구역의 순회 목사로 활동

---

163 김갑수 목사의 자료 219쪽에 김용해가 장마리아이 전도를 받고 예수 그리스도를 믿게 되었다고 했다.

하였다. 이렇게 왕성하게 활동하고 있을 무렵인 1942년 9월 4일 일본 경찰에 의해 긴급 체포되었다. 이는 6월 10일 이종근 감목 체포 그리고 다음날 전치규, 김영관 목사 체포 이후 약 3개월이 지나 전국의 있는 동아기독교의 교단 대표 체포의 첫 번째 사례였다. 전라북도 익산에서 체포된 그는 원산으로 압송되었고, 이전에 체포된 3명과 함께 옥중생활을 시작하였다. 당시 김용해 목사의 나이는 34세로, 신사참배 거부로 인해 체포된 이들 중에 제일 젊은 측에 속했다. 그러나 신사참배를 거부했다는 이유로 모진 고문과 악행은 점차 그에게서 젊음을 빼앗아 갔고, 하루하루 견디는 것이 고역일 정도로 힘들었다. 그는 신사참배 거부로 체포된 또 다른 교단 대표들과 함께 헌병대 유치장에서 겨울을 보낸 후 이듬해인 1943년 5월 1일 함흥 교도소로 이감되어 15일간 재판을 받았다. 그 결과 함께 검속된 32명 중 예심에 회부된 9명(이종근 · 김영관 · 전치규 · 노재천 · 장석천 · 박기양 · 백남조 · 신성균 · 박성도)을 제외한 다른 23명에 김용해 목사가 포함되어 기소유예 처분을 받아 1943년 5월 15일에 석방되었다.[164]

김용해 목사는 8개월이 넘는 수감생활 동안 온갖 고문과 영양실조로 인해 몸이 쇠약해졌다. 이때 그를 반갑게 맞아준 이는 안대벽 교사였다. 안 교사는 자신의 집에 김용해 목사를 포함한 23인의 교단 대표를 모셔 놓고 정성스런 간호와 풍부한 영양 섭취를 통해 기력이 회복되는 대로 귀향할 수 있도록 도왔다. 고향 송천으로 돌아온 김용해 목사는 요양하면서 자택에서 다른 신자들과 함께 예배를 드렸다. 1944년 5월 10일 일제에 의해 교단폐쇄령이 내려져 모든 예배와 집회가 금지됨에 따라 교인들은 흩어졌고, 가정에 숨어서 가족 중심으로 예배를 드리다가 해방을 맞았다. 일제의 혹독

164 김용해 목사를 포함한 23명이 기소유예 처분을 받아 석방된 것은 안대벽이 일제의 강요에 의해 재산 일체를 당국의 요구대로 기부한 결과라고는 주장이 있으나 이는 추후 면밀한 검토가 필요하다.

한 탄압으로 인해 교단수습이 어려운 가운데 김용해 목사는 1945년 11월 19일 노재천 목사와 함께 칠산교회의 장석천 목사를 찾아가 교단 재건을 위한 모임 소집을 결의하였다. 그리고 이듬해인 1946년 2월 9일 충청남도 부여의 칠산교회에서 교단 재건 회의가 열렸고, 이때 김용해 목사는 임시 의장이 되어 교단 재건에 앞장섰다.

김용해 목사는 성품이 온화하고 강직했다. 특히 화평을 도모하는데 앞장섰는데, 이로 인해 11번의 총회 총무(1945-1950년, 1952-1955년, 1957년)와 1번의 부총회장(1956년), 4번의 총회장(분열총회 1959년, 1963년, 1965년, 합동총회 1968년)을 역임하였다. 이렇게 봉사한 분은 교단 내 전무후무하며, 재단 이사장과 신학교 학장도 역임하였다. 특히 역사편집위원장으로서 1964년에 발행한 『대한기독교침례회사』는 비록 포항 측을 대변하는 사관에 의해 쓰였다는 한계가 있으나, 일제의 박해와 교단 폐쇄로 교단의 자료가 모두 소실되는 열악한 환경에서 최초로 한국침례교 역사를 통사적으로 기록

1956년 인천답동교회 시무 중 김용해 목사부부와 4남매

함으로 후대 한국침례교 역사 연구의 주춧돌을 놓았다. 이는 한국교회사적으로나 한국침례교회사적으로 매우 큰 역사적 의의가 있는 역사책이었다.

더불어 김용해 목사는 목회에도 힘썼는데, 1951년부터 침례교의 불모지인 호남지역에 군산교회(1952), 전주교회(1952), 대조교회(1952), 광주교회(1953), 이리교회(1953) 등을 세우는데 일조하였고, 초대 전북구역(지방회)의 구역장(지방회장)으로 활약하였다. 1955년 용안교회의 지교회로 신은교회를 세울 때도 천막을 구해주었고, 그곳에서 교회가 시작되는데 도왔다. 1955년 경기도에는 송림교회를 개척하였다. 이렇게 활동하다가 1971년 12월 10일 63세로 하나님의 부르심을 받았다. 슬하에 3남(혁중, 집중, 열중) 1녀(반석)를 두었는데, 특히 외동딸 반석은 1958년 안대벽 목사의 주례로 윤두한 목사와 결혼하였고, 전주화평장로교회 사모로 활동했다.

5. 김해용 감로(金海用, 1901-1947)

김해용은 1901년 3월 3일 강원도 울진군 울진읍 화성리 270번지 김용인의 4남으로 출생하였다. 이듬해인 1902년 울릉도 북면 천부리 591번지로 이사하여 살던 중 홍문동에서 이종우(1924년 감로가 됨)의 전도를 받아 신앙생활을 시작하였다. 매사에 열정적이었던 김해용은 자신이 거주하던 지역뿐만 아니라 울릉도 일대를 누비며 복음을 전했다. 1923년 서달교회에서 태하동 출신의 강순이와 결혼했고, 같은 해 간도 종성동 성경학원(1921년 종성동교회 내 설립)에 이종우와 함께 수학하였다. 김해용의 성실한 신앙생활과 전도활동을 인정한 대화회(총회)는 그를 총장(50명의 교인을 통솔하는 직분)으로 임명했는데, 그는 서달교회를 보살피며 울릉구역

에서 적극적으로 활동하였다. 1933년 봄에 평리로 이주한 후에도 그의 활동은 계속됐고, 1940년 원산에서 개최된 대화회(총회)에서 감로로 안수받았다. 이는 울릉도의 4번째 감로가 된 것으로(1913년 최인회, 1924년 이종우, 1936년 김한식), 이를 계기로 김해용 감로는 더욱 울릉도 전도 활동에 힘썼다. 1942년 대화회(총회)로부터 원산번역 신약성경 30권을 받아 전도활동 중에 일본 헌병대에 발각되어 이들을 압수당하고 심한 구타와 모욕을 받기도 했다.

김해용 감로가 울릉도에서 활동하고 있었던 1942년 9월 10일 일제에 의해 긴급 체포당했다. 이는 이전에 신사참배 거부로 인해 붙잡혔던 교단의 인사들에 대한 검거의 일환이었다. 그는 울진에서 활동하던 문규석 목사, 전병무 감로, 문재무 감로, 남규백 감로와 구산에서 활동하던 안영태 감로와 함께 체포되어 원산으로 압송되었다. 체포될 당시 김해용 감로는 41세로, 다른 이들에 비해 비교적 젊은 나이였다. 그러나 일제의 혹독한 고문과 구타 그리고 턱없이 모자라는 옥중 배식은 장정이라도 견딜 수 없는 극도의 고통이었다. 그는 신사참배 거부로 체포된 또 다른 교단 대표들과 함께 원산의 헌병대 유치장에서 겨울을 보낸 후 이듬해인 1943년 5월 1일 함흥 교도소로 이감되어 15일간 재판을 받았다. 그 결과 함께 검속된 32명 중 9명(이종근 · 김영관 · 전치규 · 노재천 · 장석천 · 박기양 · 백남조 · 신성균 · 박성도)은 예심에 회부되었고, 그를 포함한 다른 23명은 기소유예 처분을 받아 1943년 5월 15일에 석방되었다.

비록 출옥은 했으나 김해용 감로의 몰골은 말이 아니었다. 이때 그를 반갑게 맞아준 이는 안대벽 교사였다. 안 교사는 자신의 집에 그를 포함한 23인의 교단 대표를 모셔 놓고 정성스런 간호와 풍부한 영양 섭취를 통해 기력 회복을 도왔고, 건강을 찾는 대로 귀향할 수 있도록 도왔다. 겨우 몸을 추스릴 수 있게 된 김해용 감로는 두 사람의 부축을 받아 울릉도로 향하는

배에 올랐고, 고향에 돌아왔으나 옥고 휴유증으로 몸져누웠다. 거의 거동치 못한 상태에서 가족들의 정성어린 간호에 의존하며 병석에 시달리다가 1947년 8월 13일 평리에서 하나님의 부르심을 받았다. 향년 46세였고, 슬하에 4남 4녀를 두었다.

해방 후 1948년 점촌에서 개최된 제38차 총회에서 옥중에서 얻은 고문 후유증으로 고생하다가 별세한 분들을 위로하는 차원에서 박두하 감로(영양), 남규백 감로(울진), 이상필 감로(강경)와 더불어 김해용 감로에게 총회적으로 조위금과 위로금을 전달하였다. 이후 2008년 12월 2일 울릉지방회 정기총회 시 김해용 감로의 업적과 행적 그리고 그 자손들의 증언을 근거로 김해용 감로의 순교를 인정하고 만장일치로 총회에 추서하기로 결의를 하였고, 이듬해인 2009년 3월 31일 기독교한국침례회 총회는 김해용 감로의 순교를 기념하여 평리교회 앞에 순교 기념비를 세웠다.[165]

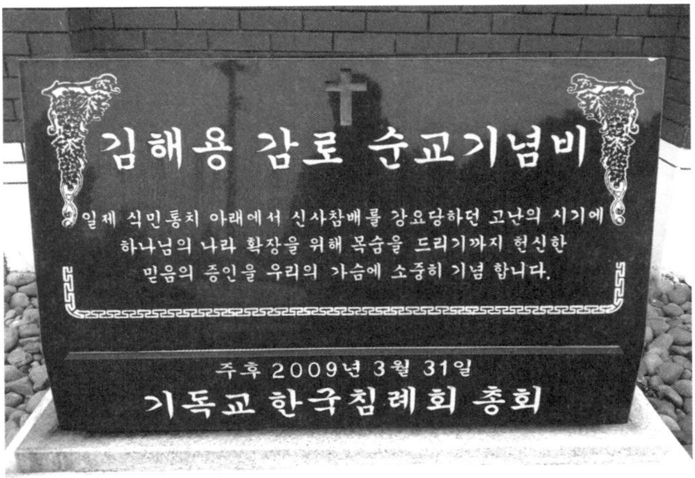

165 김해용 감로 순교 기념비의 글은 안중진 목사(당시 천부교회 담임, 현재 세도교회 담임, 침례교 역사신학회 법인이사)가 작성했고, 이는 일반 언론에도 보도될 정도로 큰 관심의 대상이었다. 김두환 기자, "신사참배 죽음으로 맞서다." 「경북 매일」(2009. 4. 1) 참조하시오.

6. 남규백 감로(南圭伯, ?-?)

남규백이 언제, 어디서 출생했는지를 알 수 있는 한국침례교회사 관련 문헌이 없다. 다만 그가 어떻게 기독교인이 되었는지는 다음과 같다. 1906년 제1차 대화회(총회)에서 손필환은 교사(전도사)로 임명받아 강원도 울진과 통천지역 전도를 위해 파송을 받았고, 그의 활동에 힘입어 이 지역에 복음이 전파되었다. 그의 활동으로 인해 1907년 남규백을 비롯해 남규연, 전치주, 전치규, 전성수, 전병무 등이 복음을 받아들였다. 그리고 남규백의 사랑채에서 예배를 드림으로 행곡교회가 시작되었다. 같은 해 충청남도 공주에서 개최된 제2차 대화회(총회)에서 남규백을 비롯한 남규연, 전치주, 전치규, 전성수 등 8명이 손필환 교사의 인도로 참석했으며, 복음전도자로 결신을 하였다. 이후 전도인이 된 남규백은 울진을 중심으로 활동하였고, 1923년 충청남도 강경에서 개최된 제18차 대화회(총회)에서 감로 안수를 받았다. 남규백 감로의 활동 영역은 주로 울진을 중심으로 이루어졌고, 1942년 9월 10일 일제 경찰에 의해 체포될 당시에도 그곳에 있었다. 그는 김해용 감로(경북 울도), 문규석 목사(강원 울진), 전병무 감로(강원 울진), 문재무 감로(강원 울진), 안영태 감로(강원 구산)과 함께 원산으로 압송되었다. 남규백 감로는 신사참배 거부로 체포된 또 다른 교단 대표들과 함께 원산의 헌병대 유치장에서 겨울을 보낸 후 이듬해인 1943년 5월 1일 함흥 교도소로 이감되어 15일간 재판을 받았다. 그 결과 함께 검속된 32명 중 9명(이종근 · 김영관 · 전치규 · 노재천 · 장석천 · 박기양 · 백남조 · 신성균 · 박성도)은 예심에 회부되었고, 그를 포함한 다른 23명은 기소유예 처분을 받아 1943년 5월 15일에 석방되었다.

일제의 무자비한 구타와 혹독한 감옥생활로 건강을 잃은 남규백 감로를 반갑게 맞아준 이는 안대벽 교사였다. 안 교사는 자신의 집에 그를 포함한 23인의 교단 대표를 모셔 놓고 정성스런 간호와 풍부한 영양 섭취를 통해 기력 회복을 도왔고, 건강을 찾는 대로 귀향할 수 있도록 했다. 어느 정도 몸을 추스린 남규백 감로는 자신의 사역지로 돌아왔다. 그러나 고문의 후유증으로 인해 건강은 점차 악화되어 별세하기에 이른다. 그가 언제 별세했는지는 알 수 없으나, 1948년 경상북도 점촌에서 개최된 제38차 총회에서 일제에 의해 고문으로 별세한 김해용 감로, 이상필 감로, 박두하 감로와 더불어 남규백 감로에게 총회적으로 조위금과 위로금을 보낸 것으로 보아 늦어도 1948년 이전에 별세했을 것으로 추정된다.

7. 문규석 목사(文圭錫, 1889-1949)

문규석은 1889년 7월 16일 경상북도 울진군 울진읍 화성리 273번지(용장동)에서 문명호의 3대 독자로 출생하였다. 그는 극진한 부모의 보살핌 속에 성장하였고, 서당에서 약 10년 간 한학을 공부했고, 한학 훈장으로도 활동하였다. 그는 같이 활동하던 친구 박성도, 방사현과 함께 펜윅 선교사의 전도를 받아 신앙생활을 시작하였고, 용장교회를 설립하였다. 1910년 우리나라의 국권이 일제에 빼앗기는 경술국치(庚戌國恥)의 굴욕에 의분을 느끼고 애국운동 단체에 가입하여 항일운동을 하기도 했다. 일제의 탄압으로 독립운동을 하던 지사들이 만주와 러시아로 피해 떠날 때 문규석도 이들과 함께 만주로 피신하였다. 이곳에서 그는 독립군들의 사기를 진작하고 용기

를 북돋우기 위해 독립운동가를 작사하였다.[166] 한국의 독립군들은 그가 작사한 독립운동가를 부르며 독립의 그 날을 위해 싸웠고, 많은 조선인이 이를 통해 독립운동에 가담하였다.

1911년 만주에서 펜윅 선교사로부터 침례를 받았고, 1919년 간도의 종성동에서 개최된 제14차 대화회(총회)에서 손상열, 김용제, 이종근과 함께 교사(전도사) 직분을 받았다. 이후 15년 동안 교사로서 훌륭하게 활동했던 문규석 교사는 1934년 원산에서 개최된 제29차 대화회(총회)에서 친구였던 방사현, 박성도와 함께 목사 안수를 받았다. 목사 안수 이후 1935년부터 함북의 산수갑산(山水甲山) 지역을 이덕상 전도와 순회사역을 하며 많은 신자를 얻었다. 1940년을 지나면서 고향 울진으로 돌아와 활동하고 있을 때인 1942년 9월 10일 일제 경찰에 긴급 체포되었다. 이는 신사참배 거부로 인한 교단 지도자 검거의 일환이었다. 같은 날 울진에서 활동하던 남규백 감로, 문재무 감로, 전병무 감로도 함께 체포되었다. 역시 같은 날 체포된 김해용 감로(경북 울도), 안영태 감로(강원 구산)와 함께 원산으로 압송되었다. 체포될 당시 문규석 목사는 53세로, 일제의 포악한 고문과 비인격적으로 대우하는 수감생활을 견디기 힘들었다. 그는 신사참배 거부로 체포된 또 다른 교단 대표들과 함께 원산의 헌병대 유치장에서 겨울을 보낸 후 이듬해인 1943년 5월 1일 함흥 교도소로 이감되어 15일간 재판을 받았다. 그 결과 함께 검속된 32명 중 9명(이종근 · 김영관 · 전치규 · 노재천 · 장석천 · 박기양 · 백남조 · 신성균 · 박성도)은 예심에 회부되었고, 그를 포함한 다른 23명은 기소유예 처분을 받아 1943년 5월 15일에 석방되었다.

수감생활로 건강을 잃은 문규석 목사를 반갑게 맞아준 이는 안대벽 교사였다. 안 교사는 자신의 집에 그를 포함한 23인의 교단 대표를 모셔 놓

166 자세한 내용은 김갑수 목사 자료 257-259쪽을 참고하시오.

고 정성스런 간호와 풍부한 영양 섭취를 통해 기력 회복을 도왔고, 건강을 찾는 대로 귀향할 수 있도록 했다. 어느 정도 건강을 회복한 문규석 목사는 고향으로 돌아왔는데, 교회는 훼파되었고, 교인들은 뿔뿔이 흩어졌다. 숨죽이며 예배를 드리다가 해방을 맞았다. 그는 마을 입구에 있었던 초기 교회 건물을 자비로 다시 건축하는 등 교회 재건에 앞장섰다.

문규석 목사, 김영관 목사, 이종근 목사, 박기양 목사

문규석 목사는 1945년 해방 후 1946년 9월 이승만 박사가 주도한 대한독립 촉진군민회 울진군 지부 위원장으로서 울진지역 사회 재건에 앞장섰을 뿐만 아니라 역사적인 교단재건회의로 알려진 1946년 충청남도 강경에서 개최된 제36차 대화회(총회)에서 울도와 울진지역을 책임지는 역할을 맡기도 했다. 이듬해인 1947년 제37차 충청남도 공주에서 개최된 대화회(총회)에서 교단의 체제가 총회 체제로 변경되자 문규석 목사는 이에 반대하고 이전 동아기독교의 모든 체제와 전통을 그대로 고수하려는 윤종

두, 박성래, 김성기, 김재덕, 박맹춘, 노성하, 윤종성, 장진규, 이종배, 임윤창 목사 등 10여 명과 함께 원래의 명칭인 '대한기독교회'에 남았다. 문규석 목사는 평생을 교회와 지역 사회를 섬기다가 1949년 3월 26일 향년 60세의 일기로 하나님의 부르심을 받았다. 슬하에 4대 독자인 문제익 전도사가 있다.

8. 문재무 감로(文在武, ?-?)

문재무가 언제, 어디서 출생했는지를 알 수 있는 한국침례교회사 관련 문헌이 없다. 더불어 언제 기독교인이 되었는지에 대해 알려져 있지도 않다. 그가 문헌에 등장한 것은 1936년 원산에서 개최된 제31차 대화회(총회)에서 김한식과 함께 감로 안수를 받았다는 것이다. 이로 보건대, 그 이전부터 성실하게 신앙생활을 한 것으로 보인다. 그 이유는 1906년 대한기독교회 교단이 출범할 당시 46개 조의 교규 중 17조에 감로의 선정방법에 대해 나와 있는데, "감로는 진지한, 신앙에 깊고, 성경에 대한 지식을 갖고 조행이 선량하여 타인을 지도하기에 족한 덕망, 기량이 있는 자 중에서 감목이 선정하고 안수례를 행한다."이기 때문이다.

문재무 감로가 강원도 울진에서 활동하고 있던 1942년 9월 10일 일본 경찰에 의해 긴급 체포되었다. 그의 행적에 대해서는 잘 알려져 있지 않으나 일제가 그를 교단 대표로 여기고 체포한 것으로 보아 교단 내에서 그의 비중이 어떠했는지를 짐작할 수 있다. 그와 함께 김해용 감로(경북 울도), 문규석 목사(강원 울진), 남규백 감로(강원 울진), 전병무 감로(강원 울진), 안영태 감로(강원 구산)이 같은 날 체포되어 원산으로 압송되었다. 그는 신사참배 거부로 체포된 또 다른 교단 대표들과 함께 원산의 헌병대 유치장에서 겨울을 보낸 후 이듬해인 1943년 5월 1일 함흥 교도소로 이감되어 15일간 재판을 받았다. 그 결과 함께 검속된 32명 중 9명(이종근 · 김영관 · 전치규 · 노재천 · 장석천 · 박기양 · 백남조 · 신성균 · 박성도)은 예심에 회부되었고, 그를 포함한 다른 23명은 기소유예 처분을 받아 1943년 5월 15일에 석방되었다.

일제의 기독교 탄압으로 시작된 수감생활로 문재무 감로는 건강을 잃었고, 이때 그를 반갑게 맞아준 이는 안대벽 교사였다. 안 교사는 자신의 집에 그를 포함한 23인의 교단 대표를 모셔 놓고 정성스런 간호와 풍부한 영양 섭취를 통해 기력 회복을 도왔고, 건강을 찾는 대로 귀향할 수 있도록 했다. 어느 정도 몸을 추스린 문제무 감로가 귀향했을 것으로 추정되나 이후 그의 행적에 대해서는 알려진 바 없다.

9. 박두하 감로(朴斗夏, ?-?)

박두하가 언제, 어디서 출생했는지를 알 수 있는 한국침례교회사 관련 문헌이 없다. 그러나 그가 1942년 일제에 의해 체포된 지역이, 그리고 그에 의해 1919년 신평교회가 경상북도 영양군 석보면 택전리 303번지에 설립된 것으로 보아 이 지역이 그의 고향으로 추정되며, 늦어도 1919년 이전에 기독교로 개종하였다. 아마도 1906년부터 강원도 울진과 통천지역 전도에 힘썼던 손필환 목사 혹은 1912년 대화회(총회)로부터 전도 직분을 받아 울진을 중심으로 활동했던 백남조 목사의 복음 전도에 의해 박두하가 기독교로 개종했을 것으로 추정된다.

박두하가 영양지역에 교회를 설립한 후 열심히 신앙생활을 했는데, 이는 1934년 원산에서 개최된 제29차 대화회(총회)에서 한기훈과 함께 감로로 안수받은 것을 통해 확인된다. 그는 계속적으로 신평교회를 중심으로 활동하다가 1942년 9월 8일 일본 경찰에 긴급 체포되었다. 이는 일제가 그를 동아기독교의 지도자급 인사로 여긴 것이며, 동아기독교가 신사참배를 거부한 것으로 인해 백남조 목사(경북 광천), 정효준 감로(경북 영일), 박병식 감로(경북 조사리)와 함께 원산으로 압송되었다.

박두하 감로는 신사참배 거부로 체포된 또 다른 교단 대표들과 함께 원산의 헌병대 유치장에서 겨울을 보낸 후 이듬해인 1943년 5월 1일 함흥교도소로 이감되어 15일간 재판을 받았다. 그 결과 함께 검속된 32명 중 9명(이종근 · 김영관 · 전치규 · 노재천 · 장석천 · 박기양 · 백남조 · 신성균 · 박성도)은 예심에 회부되었고, 그를 포함한 다른 23명은 기소유예 처분을 받아 1943년 5월 15일에 석방되었다. 일제에 의해 2년여 옥중생활을 했던 그는 온갖 고문과 열악한 감옥 환경으로 건강을 잃었다. 이때 그를 반갑게 맞아준 이는 안대벽 교사였다. 안 교사는 자신의 집에 그를 포함한 23인의 교단 대표를 모셔 놓고 정성스런 간호와 풍부한 영양 섭취를 통해 기력이 회복되는 대로 귀항할 수 있도록 도왔다. 박두하 감로는 고향으로 돌아왔으나 옥중의 고문 후유증으로 별세하였다. 언제 별세했는지는 알 수 없으나, 1948년 경상북도 점촌에서 개최된 제38차 총회에서 일제에 의해 고문으로 별세한 김해용 감로, 이상필 감로, 남규백 감로와 더불어 박두하 감로에게 총회적으로 조위금과 위로금을 보낸 것으로 보아 늦어도 1948년 이전에 별세했을 것으로 추정된다.

10. 박병식 감로(朴炳植, ?-?)

박병식이 언제, 어디서 출생했는지를 알 수 있는 한국침례교회사 관련 문헌이 없다. 그러나 그가 기독교인이 된 것은 다음과 같다. 1908년 원산에서 활동하던 이명숙을 1909년 전라북도 용안에서 개최된 제4차 대화회(총회)에서 경상북도 포항지역으로 파송을 받아 송라의 해변촌인 조사리에서 전도 활동을 하는 중에 이명서, 허담 등과 함께 그가 신앙을 갖게 되었다는 기록으로 보아 박병식은 1909년에 기독교로 개종하였다. 그에 의해 조사리 교회가 설립되었고, 충청남도 부여의 칠산교회에서 온 홍봉춘 감로와 함께 송라면 광천에서 전도하여 개종자를 모아 광천교회(현 송라교회)는 설립하였으며, 1910년 화진교회와 계원교회 설립에도 관여하였다. 이렇게 눈부신 활약으로 박병식은 총장(50명의 교인을 통솔하는 직분)으로 발탁됐고, 1920년 경상북도 광천에서 개최된 제15차 대화회(총회)에서 감로가 되었다. 그는 줄곧 포항지역에서 활동하다가 1942년 9월 8일 일본 경찰에 긴급 체포되었다. 이는 동아기독교가 신사참배 거부한 것에 대한 것으로, 그를 교단의 대표로 보았던 일제는 같은 날 그와 함께 백남조 목사(경북 광천), 정효준 감로(경북 영일), 박두하 감로(경북 영양)도 원산으로 압송하였다.

박병식 감로는 신사참배 거부로 체포된 또 다른 교단 대표들과 함께 원산의 헌병대 유치장에서 겨울을 보낸 후 이듬해인 1943년 5월 1일 함흥교도소로 이감되어 15일간 재판을 받았다. 그 결과 함께 검속된 32명 중 9명(이종근 · 김영관 · 전치규 · 노재천 · 장석천 · 박기양 · 백남조 · 신성균 · 박성도)은 예심에 회부되었고, 그를 포함한 다른 23명은 기소유예 처분을 받아 1943년 5월 15일에 석방되었다. 일제에 의해 온갖 고문과 열악한 감옥 환경으로 건강을 잃은 그를 반갑게 맞아준 이는 안대벽 교사였다. 안 교사는 자신의 집에 그를 포함한 23인의 교단 대표를 모셔 놓고 정성스런 간호와 풍부한 영양 섭취를 통해 기력이 회복되는 대로 귀향할 수 있도록 도왔다. 몸이 어느 정도 회복된 박병식 감로가 귀향했을 것으로 추정되나 이후 그의 행적에 대해서는 알려진 바 없다.

11. 박성은 감로(朴成殷, ?-?)

박성은이 언제, 어디서 출생했는지를 알 수 있는 한국침례교회사 관련 문헌이 없다. 그가 최초로 문헌에 등장하는 것은 1907년 영동구역 각계(단양)교회에서 결신한 김재형과 칠산교회의 김경춘이 함경북도 경흥지방으로 파송되어 전도하기 시작했는데, 이때 박성도, 한봉관과 더불어 그가 전도를 받았고, 결신한 후 함께 전도하였다는 기록이다. 김재형과 김경춘이 함경북도 경흥지방을 거쳐 간도까지 가서 전도했는데, 이때 박성은도 동행했고, 이곳에서 김영진, 김규면 등에게 전도하였다. 그의 열정적인 전도활동을 인정받아 1917년 간도의 종성동에서 개최된 제12차 대화회(총회)에서 최응선, 신용호와 함께 감로 안수를 받았다.[167] 박성은 감로는 주로 경흥구역에서 활동하였던 것 같다. 1913년 김치장교회, 1916년 솔봉교회, 1919년 웅기교회, 1921년 박성도와 최원형과 함께 웅상교회를 개척한 것을 통해 알 수 있다.

이렇게 경흥구역에서 활동하고 있을 시점인 1942년 9월 11일 일본 경찰에 의해 긴급 체포됐다. 당시 함경북도 경흥에는 박성도 목사와 박성홍 감로가 활동하고 있었는데, 같은 날 함께 체포되었고, 평안북도 자성에서 활동하던 방사현 목사, 한기춘 감로, 위춘혁 교사(전도사) 그리고 함경북도 나진에서 활동하던 한병학 감로, 함경남도 원산에서 활동하던 김재형 목사와 강주수 선생도 함께 체포되어 원산으로 압송되었다. 그는 신사참배 거부로 체포된 또 다른 교단 대표들과 함께 원산의 헌병대 유치장에서 겨울을 보낸 후 이듬해인 1943년 5월 1일 함흥 교도소로 이감되어 15일

---

167 이정수 목사 자료에 박성은의 감로 안수가 2번 나온다. 첫 번째는 77쪽으로, 1917년 제12차 대화회에서 최응선, 신용호와 함께 감로 안수를 받았다고 했고, 두 번째는 87쪽으로, 1922년 제17차 대화회에서 최성업, 박성홍과 함께 감로 안수받았다고 했다. 그러나 허긴 박사 자료 182쪽에는 1917년에 박성은이 감로 안수받은 것으로 나온다.

간 재판을 받았다. 그 결과 함께 검속된 32명 중 9명(이종근 · 김영관 · 전치규 · 노재천 · 장석천 · 박기양 · 백남조 · 신성균 · 박성도)은 예심에 회부되었고, 그를 포함한 다른 23명은 기소유예 처분을 받아 1943년 5월 15일에 석방되었다.

수감생활로 건강이 나빠진 박성은 감로를 반갑게 맞아준 이는 안대벽 교사였다. 안 교사는 자신의 집에 그를 포함한 23인의 교단 대표를 모셔 놓고 정성스런 간호와 풍부한 영양 섭취를 통해 기력이 회복되는 대로 귀향할 수 있도록 도왔다. 어느 정도 회복된 그가 귀향했을 것으로 추정되나 이후 그의 행적에 대해서는 알려진 바 없다.

12. 박성홍 감로(朴成弘, ?-?)

박성홍이 언제, 어디서 출생했는지를 알 수 있는 한국침례교회사 관련 문헌이 없다. 그가 최초로 문헌에 등장하는 것은 1922년 함경북도 경흥에서 개최된 제17차 대화회(총회)에서 최성업, 박성도와 더불어 감로 안수를 받았다는 기록이다. 그 이전의 행적에 대해서는 문헌이 없어 알 수 없으나, 북방선교에 크게 공헌하여 감로로 안수받았다는 것으로 보아 이미 그 전부터 전도인으로 활약했음을 알 수 있다. 1907년 영동구역 각계(단양)교회에서 결신한 김재형과 칠산교회의 김경춘이 함경북도 경흥지방으로 파송되어 전도하기 시작한 이래 이 지역에서 많은 결신자가 생겼고, 이들이 또 다른 전도인이 되어 복음을 전파했는데, 박성홍이 이른 시기에 기독교로 개종했다면 아마도 이 시기였을 것으로 추정된다. 그렇지 않다면 1909년 대화회(총회)에서 간도구역이 설정되면서 이 지역 전도가 활발했는데, 전도인들이 간도로 가기 위해 함경북도 경흥을 지나가는 예가 많았다. 어느 시기인지는 알 수 없으나 이 지역을 지나갔던 간도 전도인을 통해 박성홍이 신앙을 갖졌을 가능성도 높다.

1942년 일제에 체포되기 전까지 박성홍 감로의 행적이 문헌상 나타나지 않는 것으로 보아 그는 함경북도 경흥을 중심으로 활동했던 것 같다. 이런 와중에 1942년 9월 11일 일본 경찰에 의해 긴급 체포되었다. 죄목은 신사참배 반대로 인한 것으로, 그뿐만 아니라 함경북도 경흥에서 함께 활동했던 박성도 목사, 박성은 감로, 나진의 한병학 감로도 체포됐다. 같은 날에 함경남도 원산의 김재형 목사, 강주수 선생, 평안북도 자성에서 활동하던 방사현 목사, 한기훈 감로, 위춘혁 교사(전도사)도 체포되어 원산으로 압송되었다. 그는 신사참배 거부로 체포된 또 다른 교단 대표들과 함께 원산의 헌병대 유치장에서 겨울을 보낸 후 이듬해인 1943년 5월 1일 함흥 교도소로 이감되어 15일간 재판을 받았다. 그 결과 함께 검속된 32명 중 9명(이종근 · 김영관 · 전치규 · 노재천 · 장석천 · 박기양 · 백남조 · 신성균 · 박성도)은 예심에 회부되었고, 그를 포함한 다른 23명은 기소유예 처분을 받아 1943년 5월 15일에 석방되었다.

영어(囹圄)생활로 인한 고문과 구타로 건강을 잃은 박성홍 감로를 반갑게 맞아준 이는 안대벽 교사였다. 안 교사는 자신의 집에 그를 포함한 23인의 교단 대표를 모셔 놓고 정성스런 간호와 풍부한 영양 섭취를 통해 기력이 회복되는 대로 귀향할 수 있도록 도왔다. 어느 정도 회복된 그가 귀향했을 것으로 추정되나 이후 그의 행적에 대해서는 알려진 바 없다.

13. 방사현 목사(方士賢, ?-?)

방사현이 언제, 어디서 출생했는지를 알 수 있는 한국침례교회사 관련 문헌이 없다. 그가 최초로 문헌에 등장하는 것은 1913년 충청남도 공주에서 개최된 제8차 대화회(총회)에서 안규철 총찰과 김영진, 김영관, 윤종두, 윤종진, 이만기, 홍순필 등을 만주 임강지방 전도를 위해 파송했는데, 이들이 평안북도 자성, 후창 지방을 전도하여 방사현 외에 많은 신자를 얻었다는 기록이다. 전도자에 의해 기독교로 개종했던 이들이 대부분 그 즉시로 복음전도에 헌신했던 것처럼 방사현도 복음을 받아들인 후 자성 지방을 중심으로 전도사역을 하였다. 이런 그의 활동은 두드러졌고 여러 열매가 있었던 것 같다. 특히 중국어에 능했기에 주로 북방선교에서 활약하였다. 그랬기에 1924년 강원도 울진에서 개최된 제19차 대화회(총회)에서 방사현이 교사(전도사)로 임명받았다. 그리고 이현태, 이충신(여성)과 함께 몽골의 선교사로 파송되었다. 당시 동아기독교의 교세는 국내와 만주, 시베리아를 통틀어 총 17개 구역에 300여 교회에 달할 정도로 부흥하고 있었고, 교역자 수는 정교역자가 70명, 전도는 160면에 달할 정도로 큰 교세를 가졌다. 이렇게 교단이 국내외로 뻗어가고 있을 때 방사현 교사는 몽골에서 복음을 전하며 열정적으로 활동하였다. 이렇게 몽골 선교를 하고 있을 때인 1933년 원산에서 개최된 제28차 대화회(총회)에서 방사현 교사를 만주 임강현으로 파송하였다. 중국인 이경춘 총찰을 위시하여 중국인 유자운, 진수장, 양풍년 등을 그와 동반시켜 임강현 부근지역을 전도하도록 했다. 그는 북방선교에 능했기에 만주에서도 눈부신 활약을 하였다. 1년 후인 1934년 원산에서 개최된 제29차 대화회(총회)는 방사현 교사의 자질을 인정하여 문규석, 박성도와 함께 목사 안수를 하였다. 그리고 평안북도 자성으로 파송되어 그곳의 교회들을 순회하며 관리하게 했다.

방사현 목사가 자성 지방에서 활동하고 있을 때인 1942년 9월 11일 일본 경찰에 의해 긴급 체포되었다. 이는 동아기독교가 신사참배를 거부한 것이 죄가 된 것으로, 같은 지역에서 활동하던 한기훈 감로, 위춘혁 교사(전도사)도 함께 체포되었다. 같은 날 함경북도 경흥에서도 박성도 목사, 박성은 감로, 박성홍 감로, 나진의 한병학 감로, 함경남도 원산의 김재형 목사, 강주수 선생도 체포되어 원산으로 압송되었다. 그는 신사참배 거부로 체포된 또 다른 교단 대표들과 함께 원산의 헌병대 유치장에서 겨울을 보낸 후 이듬해인 1943년 5월 1일 함흥 교도소로 이감되어 15일간 재판을 받았다. 그 결과 함께 검속된 32명 중 9명(이종근 · 김영관 · 전치규 · 노재천 · 장석천 · 박기양 · 백남조 · 신성균 · 박성도)은 예심에 회부되었고, 그를 포함한 다른 23명은 기소유예 처분을 받아 1943년 5월 15일에 석방되었다.

방사현 목사는 일제의 고문과 구타 그리고 열악한 수감생활로 건강을 잃었다. 이때 그를 반갑게 맞아준 이는 안대벽 교사였다. 안 교사는 자신의 집에 그를 포함한 23인의 교단 대표를 모셔 놓고 정성스런 간호와 풍부한 영양 섭취를 통해 기력이 회복되는 대로 귀향할 수 있도록 도왔다. 어느 정도 회복된 그가 귀향했을 것으로 추정되나 이후 그의 행적에 대해서는 알려진 바 없다.

14. 안영태 감로(安榮泰, ?-?)

안영태가 언제, 어디서 출생했는지를 알 수 있는 한국침례교회사 관련 문헌이 없다. 더불어 언제 기독교인이 되었는지 알려져 있지 않다. 그러나 1908년에 창립된 구산교회(경상북도 울진 소재)에서는 그가 "안전도"라고 불리는 전설적인 인물로 보고 있다. 그는 신장이 180cm가 넘을 정도로 기골이 장대했고, 성격이 매우 엄해 그가 나타나면 그 지역의 아이들이 소란스럽다가도 순식간에 잠잠해졌다고 한다. 해방 전에 이승만 전 대통령과 함께 독립운동을 벌였으며, 초가에서 가정예배를 드릴 때도 열심히 전도했다고 한다. 초기 한국침례교회의 복음전파 루트가 충청남도 금강 유역을 출발해 행곡교회를 지나 구산교회로 이어졌음을 고려한다면, 안영태는 손필환 교사(전도사)를 통해 복음을 들었을 가능성이 크다. 다만 그의 행적이 알려져 있지 않다가 1942년 9월 10일 강원도 구산에서 일본 경찰에 의해 긴급 체포되었다. 비록 그가 알려지지 않았다 해도 당시 일제의 시각에서는 동아기독교의 지도자급 인물로 판단되었기에 체포했던 것이다. 그와 함께 같은 날 경북 울도의 김해용 감로, 강원 울진의 문규석 목사, 문재무 감로, 전병무 감로, 남규백 감로가 체포됐고, 원산으로 압송되었다.

안영태 감로는 신사참배 거부로 체포된 또 다른 교단 대표들과 함께 원산의 헌병대 유치장에서 겨울을 보낸 후 이듬해인 1943년 5월 1일 함흥교도소로 이감되어 15일간 재판을 받았다. 그 결과 함께 검속된 32명 중 9명(이종근 · 김영관 · 전치규 · 노재천 · 장석천 · 박기양 · 백남조 · 신성균 · 박성도)은 예심에 회부되었고, 그를 포함한 다른 23명은 기소유예 처분을 받아 1943년 5월 15일에 석방되었다. 수감생활로 쇠약하고 흉해진 그를 반갑게 맞아준 이는 안대벽 교사였다. 안 교사는 자신의 집에 그를 포함한 23인의 교단 대표를 모셔 놓고 정성스런 간호와 풍부한 영양 섭취를 통해 기력이 회복되는 대로 귀향할 수 있도록 도왔다. 어느 정도 회복된 그가 귀향했을 것으로 추정되나 이후 그의 행적에 대해서는 알려진 바 없다.

15. 위춘혁 교사(魏春爀, ?-?)

위춘혁이 언제, 어디서 출생했는지를 알 수 있는 한국침례교회사 관련 문헌이 없다. 1942년 일제에 의해 체포되기 전까지 그의 행적에 대한 정보가 없다. 다만 여기서 조심스럽게 접근하려는 것은 '왜춘혁'이란 인물이다. 혹시 선행 연구하셨던 분들이 '위춘혁'을 오기(誤記)하여 '왜춘혁'으로 표기한 것은 아닌가 하는 의구심이 든다. 왜냐하면 위춘혁 교사(전도사)가 교단 대표로 일제에 의해 체포될 만큼 중요한 인물임에도 불구하고 문헌에는 나와 있지 않고, 왜춘혁과 위춘혁 모두 교사(전도사)라는 공통점이 있으며, 위춘혁을 '왜춘혁'으로 잘못 표현한 것은 아닌가 하는 개연성(蓋然性) 때문이다. 이에 대해서는 후학들의 숙제로 남겨주고 필자는 이 같은 개연성에 토대로 왜춘혁을 위춘혁으로 간주해 진술할 것이다.

위춘혁은 1924년 강원도 울진에서 개최된 제19차 대화회(총회)에서 그가 채천국, 이전화, 김태일, 안성찬, 박효성과 함께 전도 직분을 받았다. 이로 보건대, 그는 1924년 이전에 이미 기독교 신앙을 갖게 됐으며, 다른 개종자들처럼 이내 복음 전도자가 되어 활동했고, 이것을 토대로 전도 직분을 받았다. 그러다가 10년 후인 1934년 원산에서 개최된 제29차 대화회(총회)에서 박형순, 김용해와 함께 교사(전도사)로 임명받았고, 각 지방으로 파송 받아 목사를 보좌하며 순회 전도를 하였다. 그가 일제에 의해 체포될 당시 그가 파송된 평안북도 자성에 방사현 목사가 활동한 것으로 보아, 그는 방 목사를 보좌하며 자성 지방 일대를 순회 전도한 것을 알 수 있다.

이렇게 위춘혁 교사가 활동하고 있을 시점인 1942년 9월 11일 일본 경찰에 의해 긴급 체포되었다. 그가 교사(전도사)로 체포된 것은 경상북도 점촌의 이덕상 교사와 더불어 두 명으로서, 교단 내 많은 교사(전도사)가 있었으나 그가 체포된 것으로 보아 그의 위상을 알 수 있다. 그와 더불어 평안북도 자성에서는 방사현 목사, 한기훈 감로가 있고, 함경북도 경흥에서는 박성도 목사, 박성은 감로, 박성홍 감로가 있으며, 함경북도 나진의 한병학 감로, 함경남도 원산의 김재형 목사와 강주수 선생이 체포되어 원산으로 압송되었다. 그는 신사참배 거부로 체포된 또 다른 교단 대표들과 함께 원산의 헌병대 유치장에서 겨울을 보낸 후 이듬해인 1943년 5월 1일 함흥 교도소로 이감되어 15일간 재판을 받았다. 그 결과 함께 검속된 32명 중 9명(이종근 · 김영관 · 전치규 · 노재천 · 장석천 · 박기양 · 백남조 · 신성균 · 박성도)은 예심에 회부되었고, 그를 포함한 다른 23명은 기소유예 처분을 받아 1943년 5월 15일에 석방되었다.

위춘혁 교사는 2년여의 수감생활을 통해 일제로부터 온갖 고문과 구타로 시달렸고, 이로 인해 건강이 악화되었다. 이때 그를 반갑게 맞아준 이는 안대벽 교사였다. 안 교사는 자신의 집에 그를 포함한 23인의 교단 대표를 모셔 놓고 정성스런 간호와 풍부한 영양 섭취를 통해 기력이 회복되는 대로 귀향할 수 있도록 도왔다. 어느 정도 회복된 그가 귀향했을 것으로 추정되나 이후 그의 행적에 대해서는 알려진 바 없다.

16. 이덕상 교사(李德相, 1889-1961)

이덕상은 1889년 4월 29일 경상북도 상주군 공검면 중소리 474-8번지에서 대대로 부농의 집안인 이연우의 4대 독자로 출생했다. 그는 집에서는 물론 동네 사람들의 사랑을 받으며 성장하였다. 일찍이 서당에서 한학을 배웠고, 청년 때는 서당에서 후학을 양성하기도 했다. 젊어서 사람들과 어울리는 것을 좋아해 술친구도 많았으나, 반복되는 삶에 회의를 느끼게 되었고, 예수 믿고 교회에 다니면 술을 끊을 수 있다는 말에 뜻을 정하고 그때부터 교회를 찾아다녔다. 마침 그 마을에 찾아온 예수교 전도인에게 복음을 들었고, 몇몇이 가정에서 예배드리는 곳에 참여하였다. 이후 고향에서 60리 떨어진 점촌교회를 출석하게 되었다. 주일이면 새벽에 집을 나서 교회에 갈 정도

로 열심히 다녔으며, 1932년 김창원(김주언 감로 부친)[168] 성도의 주선에 따라 점촌으로 이사한 후에 더욱 열심히 신앙생활을 하였다. 이덕상은 김창원 성도에게 가족들을 맡기고 인근 마을과 다른 지방을 다니며 자비량 순회 전도를 했다. 그리고 전도를 위해 성경을 공부할 목적으로 원산에서 펜윅이 운영한 성경공부반에 들어가 성경공부와 전도훈련을 받았다. 친손녀 이혜숙 집사(이희조 목사 딸)에 의하면, 자신의 집에 펜윅 선교사의 사진과 그 당시 대화회(총회) 때 찍은 사진들이 여러 장 있었던 것을 기억하고 있다.[169]

1933년 원산에서 개최된 제28차 대화회(총회)에서 이덕상은 평안북도 초산구역 개척을 위해 자원한 6인(이종만, 이창백, 임윤창, 권병선, 이학이, 이덕상)으로 임명되었다. 이에 대해 허긴 박사는 다음과 같이 언급했다.

> "1929년부터 평북의 운산과 초산 지역에서 양명길 전도와 박기양 목사가 헌신적인 전도사역으로 수 개의 개척 교회가 생겨나고 있었음으로 초산구역을 새로 증설하였고, 이종만, 이창백, 임윤창, 권병선, 이학이, 이덕상 등의 자원 전도자들을 파송하여 개척 전도에 진력하게 했다. 이들은 맹산까지 무려 8백여 리나 되는 거리를 도보로 왕래하면서 태산준령과 북녘의 혹한과 싸우며 전도사역에 진력하여 많은 교회를 개척하고 새신자를 얻게 되었다."[170]

이덕상 전도는 이후 1935년에 이르러 함경북도 산수갑산 지방을 문규석 목사와 함께 순회 전도를 하여 많은 신자를 얻었다. 이렇게 한반도 북부

---

168 이정수 목사 자료에 박성은의 감로 안수가 2번 나온다. 첫 번째는 77쪽으로, 1917년 제12차 대화회에서 최응선, 신용호와 함께 감로 안수를 받았다고 했고, 두 번째는 87쪽으로, 1922년 제17차 대화회에서 최성업, 박성홍과 함께 감로 안수받았다고 했다. 그러나 허긴 박사 자료 182쪽에는 1917년에 박성은이 감로 안수받은 것으로 나온다.

169 필자에게 이메일로 보내온 이혜숙 집사의 글에서 인용하였다.

170 허긴 박사 자료 266-267쪽 직접 인용.

지역에서 활동하던 그는 어느 시기부터 인지는 알 수 없으나 한반도 남쪽에서 활동하기 시작했고, 직분도 전도에서 교사(전도사)가 되었다. 그가 경상북도 점촌에서 교사로 활동하고 있을 시점인 1942년 9월 6일 일제에 의해 체포되었다. 이는 신사참배 거부로 인해 체포된 교단 대표들이 대부분 목사와 감로였던 반면 그는 교사였다(또 다른 교사로 체포된 인물은 평안북도 자성의 위춘혁). 이로 보건대, 이덕상이 비록 교사였으나 당시에 상당한 리더십과 영향력 있는 인물이었음을 알 수 있다.

일본 경찰에 체포된 이덕상 교사는 같은 지역에서 활동하던 신성균 목사와 김주언 감로와 함께 원산으로 압송되었다. 그는 "나같이 부족한 사람을 훌륭한 다른 목사님과 같이 주님의 이름으로 고난을 당하는 것이 황송할 뿐이다."라며 주님을 위해 고난당하는 것을 오히려 기뻐하였다. 그의 옥중생활은 일제의 혹독한 탄압과 무자비한 고문 특히 매 맞음과 굶주림을 너무도 힘겨웠다. 이덕상 교사는 신사참배 거부로 체포된 또 다른 교단 대표들과 함께 원산의 헌병대 유치장에서 겨울을 보낸 후 이듬해인 1943년 5월 1일 함흥 교도소로 이감되어 15일간 재판을 받았다. 그 결과 함께 검속된 32명 중 9명(이종근 · 김영관 · 전치규 · 노재천 · 장석천 · 박기양 · 백남조 · 신성균 · 박성도)은 예심에 회부되었고, 그를 포함한 다른 23명은 기소유예 처분을 받아 1943년 5월 15일에 석방되었다.

만신창이가 되어 출옥한 이덕상 교사를 반갑게 맞아준 이는 안대벽 교사였다. 안 교사는 자신의 집에 이덕상 교사를 포함한 23인의 교단 대표를 모셔 놓고 정성스런 간호와 풍부한 영양 섭취를 통해 기력이 회복되는 대로 귀향할 수 있도록 도왔다. 이덕상 교사는 함께 석방된 김주언 감로와 함께 자신이 사역하던 점촌으로 돌아왔다. 돌아와 보니 교회는 집회 금지가 되었고, 교회 문은 굳게 닫혔다. 고문의 후유증으로 허약해진 몸을 추스르며 김주언 감로를 도와 흩어진 신자들을 모여 은밀히 예배드렸고, 숨죽이며 조용히 해방을 기다렸다. 해방이 되고 1946년 2월 9일 충청남도 칠산교회에서 소집된 교단 재건 회의에 노재천, 신성균, 이종만, 김주언과 함께 점촌교회 대표로 참석하였고, 같은 해 9월 9일에는 김주언과 더불어 장로로 안수받았다. 이덕상 장로는 충청도를 왕래하며 명주와 한산 모시 장사를 했는데, 그 수입으로 집안의 생활비는 물론 인근 어려운 교회와 교역자를 돕는데 사용하였다. 1953년부터 경북지방 수평교회에서 목회 사역을 시작하였고, 마성교회를 시무하다가 1960년 2월 목사 안수를 받았으며, 그 후 울릉도에서 2년간 목회한 후 은퇴한 후 1961년 6월 28일 향년 72세로 하나님의 부르심을 받았다.

슬하에 1남 6녀가 있는데, 5대 독자인 이희조 목사(경북 상주의 중소교회 시무)는 신성균 목사의 장녀 신석렬과 결혼하여 3남 4녀를 두었고, 이들은 모두 각자의 교회에서 장로 혹은 집사로 봉사하고 있다. 6명의 사위 중에 3명이 목사가 되었는데, 안승수 목사는 부산 대연교회를 시무했고, 박은호 목사(박기양 목사 둘째 아들)는 경북 예천의 개포중앙교회를 시무했으며, 김종효 목사는 서울의 신정장로교회를 시무했다. 외손자 안재민 목사는 현재 경기도 고양시 소재 영림중앙교회를 담임하고 있다.

17. 이덕여 감로(李德汝, 1897-1967)

이덕여는 1897년 9월 7일 충청남도 예산군 광시면 광시리에서 이 지역의 한학자인 이정희의 장남으로 출생했다. 원래 본명은 덕근(德根)이었으나, '덕을 널리 펼친다'라는 의미로 교단 내에서는 '덕여'로 불렸다. 그는 5세 때 한학을 공부하기 시작했는데, 그의 부모는 그가 한학을 공부하여 관리가 되기를 원했다. 이덕여가 7년여 한학을 공부하던 중인 1910년 6월 마을을 방문한 이우로의 전도를 통해 기독교 신앙을 갖게 되었다.[171] 그리고 같은 해 11월부터 예배를 인도하기 시작한 이덕여는 1911년 2월에 자신의

171 허긴 박사 자료 266-267쪽 직접 인용.

집 전체를 교회로 드렸고, 1913년 5월에 이영구 목사로부터 침례를 받았다. 1913년 7월에는 대화회(총회)로부터 반장 직분(10명의 교인을 통솔할 수 있는 직분)을, 1930년 10월에는 통장 직분(100명의 교인을 통솔할 수 있는 직분)을 임명받았다. 그는 1931년 2월부터는 구역의 당회와 사경회를 인도하기 시작했으며, 1935년 1월에는 구역회를 발전시켜 전도대로 조직하여 충청남도 당진지역에서부터 전도대회를 시작하였다. 이를 통해 주변의 결신자를 모아 교회를 설립하게 되는데, 당진(1935년), 천안과 풍세(1936년) 등지에 교회가 세워졌다.

당시 전도하는 일은 쉬운 게 아니었다. 뿌리 깊은 유교사상으로 인해 쉽게 다른 것을 받아들이려고 하지 않는 풍토 속에서 말로 할 수 없는 갖가지 어려움이 있었다. 마을에 들어가서 전도하려고 하면 마을 사람들이 농기구를 갖고 사납게 달려들면 재빨리 피해야 했다. 이로 인해 이덕여 통장이 이끄는 전도대원들은 마을에서 쫓겨나는 일이 많았고, 심지어 두들겨 맞을 때도 많았으나 그럼에도 불구하고 고난을 무릅쓰고 천국의 복음을 전하는데 최선을 다했다. 이 같은 난관을 극복하고 세워진 교회들이기에 더없이 소중하고 보람되며 감사가 넘쳤는데, 전도대원들의 기쁨은 그 무엇과도 바꿀 수 없었다. 전도대원들은 자신들이 경험한 것들을 흩어진 교회에 다니며 간증함으로 다른 지역의 교회들도 감동을 받아 전도에 힘을 얻어 열심히 복음을 전하는데 기여하였다. 이 같은 눈부신 활약에 힘입어 이덕여 통장은 1938년 9월 제33차 대화회(총회)에서 감로 직분을 받았고, 충청남도 예산구역에서 사역을 하였다.

이덕여 감로가 예산구역을 누비며 활동하고 있을 때인 1942년 9월 6일 일본 경찰에 의해 긴급 체포되었다. 이는 이전에 체포된 동아기독교 지도자들이 순순히 자백하지 않은 것에 따른 추가적인 조치였다. 그는 충청남도 예산에서 체포되어 원산까지 압송됐는데, 같은 날 경상북도 예천에서 활동하던 박기양 목사, 경상북도 점촌에서 활동하던 신성균 목사와 김주언 감로, 이덕상 감로도 함께 압송되었다. 이때부터 이덕여 감로의 고통스런 옥중생활이 시작되었다. 당시 45세였던 그는 다른 분에 비해 체격이 크고 좋아서 잘 견딜 수 있으리라 여겼으나, 일제의 잔인한 고문과 열악한 옥중생활 앞에서는 이길 장사가 없었다. 이덕여 감로는 신사참배 거부로 체포된 또 다른 교단 대표들과 함께 원산의 헌병대 유치장에서 겨울을 보낸 후 이듬해인 1943년 5월 1일 함흥 교도소로 이감되어 15일간 재판을 받았다. 그 결과 함께 검속된 32명 중 9명(이종근 · 김영관 · 전치규 · 노재천 · 장석천 · 박기양 · 백남조 · 신성균 · 박성도)은 예심에 회부되었고, 그를 포함한 다른 23명은 기소유예 처분을 받아 1943년 5월 15일에 석방되었다.

일제에 의해 석방은 됐으나 열악한 옥중생활로 인한 고문과 극도의 영양실조로 기진맥진한 이덕여 감로를 반갑게 맞아준 이는 안대벽 교사였다. 안 교사는 자신의 집에 이덕여 감로를 포함한 23인의 교단 대표를 모셔 놓고 정성스런 간호와 풍부한 영양섭취를 통해 기력이 회복되는 대로 귀향할 수 있도록 도왔다. 어느 정도 몸을 추스린 이덕여 감로는 고향으로 돌아와 계속해서 몸을 추스르며 흩어진 신자들을 모아 예배드리고 있을 때, 느닷없이 일제에 의해 교단이 폐쇄되었다. 더 이상 예배를 드리지 못하는 비상시국이 되었다. 일경에 의해 집회는 금지되고 교회 재산을 강제로 빼앗겼다. 이에 이덕여 감로는 "비록 물질적으로는 놈들에게 빼앗김을 당한다 해도 우리의 신앙정신은 빼앗을 수 없다"라며 순교의 각오로 신앙을 지키자고 외쳤다. 그리고 마을 사랑방에서, 집안의 안방에서 신자들을 모아 주일을 지키며 지내다가 광복을 맞았다. 1946년 여름 이덕여 감로의 사랑채에서 여름성경학교가 열렸고(강사는 태성교회의 임대철 신학생) 현 교육관 부지에 대지 25평에 목조 14평의 예배당을 건축하기 시작했다. 건축 과정에서 꾀부리는 청년들에게 "죽으면 다 흙으로 돌아갈 육신인데 그것을 그리 아껴서 무엇하나"라며 독려했고(노전리의 민집사), 1km 떨어진 산에서 큰 소나무 3그루를 베어 날라 온 이덕홍 집사의 헌신 등을 통해 교회 건물이 세워졌다. 이후 1949년 10월에 다시 35평의 콘크리트 예배당이 세워졌다.

6.25 전쟁은 이덕여 목사 가정과 온 성도들에 말할 수 없는 시련을 남겼다. 이덕여와 그의 아들인 이태진, 그리고 그의 동생인 이덕홍은 공산정권의 체포대상이 되어 도피하였고, 성경과 찬송가는 압수되어 불태워졌다. 전쟁 종식 이후 미남침례회 한국선교부의 후원으로 긴급 구호품들이 교회로 들어오자 많은 사람이 교회로 몰려들었고, 허물어졌던 교회 건물도 재건하는 일에 큰 도움이 되었다. 특별히 미남침례회 한국선교부는 중학생들에게 장학금을 주어 공부하게 했는데, 이 당시 학생이었던 이창희 목사(이덕홍 목사의 아들, 조치원교회 담임 역임, 현 조치원지구촌교회 원로, 제49대 총회장 역임)가 큰 혜택을 입었다.

이덕여 감로는 1950년 전주의 덕상교회에서 목회하기 시작해 충청남도 광시교회, 장곡교회, 영동지방의 구산교회, 경상북도의 용담교회 그리고 상주교회를 시무하였다. 충청남도 장항교회에서 시무하던 중 울릉도 저동교회로 파송받아 헌신하기도 했다. 1956년 경상북도 상주의 용담교회에서 목사 안수를 받았고, 하나님 앞에서 헌신하다가 1967년 3월 2일 밤 69세를 일기로 하나님의 부르심을 받았다. 슬하의 자녀 중에 한국침례신학대학교 前 총장을 역임한 이정희 목사가 있다.

18. 이상필 감로(李象弼, 1870-1947)[172]

이상필은 1870년 충청남도 공주에서 출생하여 일찍이 예수 그리스도를 믿어 기독교로 개종했으나 언제, 누구에 의해 어떻게 믿게 됐는지는 알 수 없다. 그는 강경에서 한약방을 운영하다가 1935년 용안면 286번지 주택을 구입하여 이사했다. 이곳에서도 한약방을 운영하면서 용안교회에 출석하였으며, 감로로 봉사하였다. 1939년 3월 김영관 감목(총회장)이 원산에서 임원회를 개최했을 때, 신사참배 문제로 인한 교단 내 분란이 논의되었는데, 비상시국에 대한 문제해결이 지지부진한 가운데 감목(총회장)이 사임하

172 조병산 목사가 엮은 『용안침례교회 112년사』(2012)를 중심으로 재구성하였고, 그 밖의 자료를 참고로 보충하였다.

였다. 이로 인해 교단의 리더십 공백 속에서 이상필 감목은 수습위원으로 위촉되어 신사참배로 인한 교단의 분란을 잠재우는데 일조하였다.

여느 때와 같이 용안지역에서 침을 놓으며 한약방을 운영하며 감로로써 활동하고 있던 이상필 감목은 1942년 9월 7일 충청남도 임천에서 활동하던 장석천 목사, 김만근 감로와 함께 일본 경찰에 긴급 체포되어 원산으로 압송되었다. 먼저 검속된 동아기독교 지도자들이 일제의 심문에 굴복하지 않은 결과였다. 체포될 당시 그는 72세로, 신사참배 거부로 인해 체포된 32인의 교단 대표 중에 제일 연장자였다. 70이 넘은 노구(老軀)로 일제의 탄압과 고문을 감당하기에는 너무도 어려웠다. 매일 아침부터 시작된 일제의 심문과 고문 그리고 무자비한 구타는 5, 6일씩 계속되었다. 이상필 감로는 수염을 깎지 않았다는 이유로 일본 헌병들로부터 봉변을 당하기까지 했다. 당시 72세의 노구(老軀)로는 차마 감당하기 어려웠고, 탄압으로 인한 고통에 신음하였다. 사돈지간이었던 전치규 목사는 안타깝게도 1944년 2월 13일 옥중에서 순교하였다.

이상필 감목은 신사참배 거부로 체포된 또 다른 교단 대표들과 함께 원산의 헌병대 유치장에서 겨울을 보낸 후 이듬해인 1943년 5월 1일 함흥교도소로 이감되어 15일간 재판을 받았다. 그 결과 함께 검속된 32명 중 9명(이종근 · 김영관 · 전치규 · 노재천 · 장석천 · 박기양 · 백남조 · 신성균 · 박성도)은 예심에 회부되었고, 그를 포함한 다른 23명은 기소유예 처분을 받아 1943년 5월 15일에 석방되었다. 출옥은 했으나 그의 몰골은 말이 아니었다. 이때 그를 반갑게 맞아준 이는 안대벽 교사였다. 안 교사는 자신의 집에 그를 포함한 23인의 교단 대표를 모셔 놓고 정성스런 간호와 풍부한 영양섭취를 통해 기력이 회복되는 대로 귀향할 수 있도록 도왔다. 어느 정도 회복된 이상필 감로는 용안으로 돌아와 몸을 추스렸고, 1946년 초반까지 살다가 병세가 악화되어 그해 후반 작은아들(이건창)이 살고있는 충청남도 부여군 임천면 칠산으로 이사했고, 1947년 1월 향년 77세로 별세하였다. 해방 후 1948년 점촌에서 개최된 제38차 총회에서는 옥중에서 얻은 고문 후유증으로 고생하다가 별세한 것을 위로하는 차원에서 김해용 감로(울도), 박두하 감로(영양), 남규백 감로(울진)와 더불어 이상필 감로에게 총회적으로 조위금과 위로금을 전달하였다. 그는 생전에 2남 5녀를 두었는데, 그중에 맏딸 이정강은 김희서 선교사의 큰아들 김만근 감로와 결혼하였고, 둘째 딸 이순희는 전치규 목사 아들과 결혼했으며, 2남 이건창은 장석천 목사의 딸 장정순과 결혼하여 가정을 이뤘고, 1949년 강경에서 성경학교가 설립됐을 때 제1기 과정을 수료한 후 국내에서 목회하다가 도미하였다.

19. 전병무 감로(田炳武, 1888-1949)

전병무는 1888년 4월 21일 강원도 울진군 근남면 행곡리에서 전내석의 외아들로 출생했다. 어려서부터 서당에 다니며 한학을 공부했는데, 머리가 명석하여 하나를 배우면 셋을 깨우치는 수제였다. 그리하여 학동들 사이에서는 "옥편"이라는 별명으로 불렸다. 1906년 충청남도 강경에서 개최된 제1차 대화회(총회)에서 손필환은 교사(전도사)로 임명받아 강원도 울진과 통천지역 전도를 위해 파송을 받았는데, 그의 활동에 힘입어 이 지역에 복음의 씨앗이 뿌려졌다. 전병무는 1907년 손필환 교사의 전도로 복음을 믿게 되었고, 그해 충청남도 공주에서 개최된 제2차 대화회(총회)에 울진 출신으로 입교한 남규백, 남규연, 전치주, 전치규, 전성수 등 모두 8명과 함께 손필

환 교사의 인도로 참석하였다.[173] 1916년 전병무는 전치규 목사의 형(전치현)[174]의 주선으로 원산에서 펜윅 선교사가 가르치던 성경공부반에 참석하여 수학한 후(이곳에서도 "성경옥편"이란 별명을 얻음) 전도인의 직분을 받아 귀향하였다. 고향에서 전도활동에 종사하던 중 1920년 경상북도 점촌에서 개최된 제21차 대화회(총회)에서 감로로 안수받았다.[175] 그는 1940년까지 남규백 감로(1923년 혹은 1926년에 감로 안수받음)와 윤번제로 행곡교회를 시무하였다. 그가 감로가 되던 시기 기독교 신앙의 핵심을 담고 있는 "성탄가"와 "구주 성탄가"를 작사했는데, 이것이 많은 교회에서 널리 불렸다.

전병무 감로는 목회현장에서 헐벗고 굶주린 가난한 사람들을 구제하는 데 힘썼다. 또한 예수 그리스도의 복음이 민중들에게 새로운 삶의 소망을 일깨워 준다는 것을 굳게 믿었고, 특히 천국에 대한 주님의 말씀은 더없이 큰 소망이요 삶을 목적임을 전파했다. 고향 교회를 건축할 때 건축비 전액을 헌금하였는데, "천국에다 예치시키는 것이다"라며 조용히 웃었다고 한다.

일제의 기독교 탄압이 날로 심해지자 동아기독교의 많은 교회와 교인들이 간도로 이주했는데, 이때 전병무 감로의 가족도 장남 전부흥의 주도로 이주를 결정하고 함께 떠나자고 했다. 그러나 전병무 감로는 교회를 저버릴 수 없다며 가족들과 헤어져 홀로 교회를 지켰다. 이렇게 행곡교회에서 교인들을 돌보며 사역하고 있을 때인 1942년 9월 10일 일본 경찰에 의해 긴급 체포되었다. 이는 동아기독교가 신사참배 거부한 것에 앙심을 품고 그도 체포한 것으로, 같은 날 울진에서 활동하던 문규석 목사, 남규백 감

---

173 김태식·오지원, 『한국 침례교회 100년의 향기』(서울: 누가출판사, 2020), 152쪽 각주 91번 참조; 한편, 김갑수 목사 자료 144쪽, 이정수 목사 자료 163쪽, 허긴 박사 자료 346쪽에 모두 전병무가 1909년에 기독교로 개종했다고 나온다. 그러나 행곡교회 자료에 의하면 전병무가 손필환 교사의 전도를 받았다고 한다.

174 이정수 목사 자료 163쪽에 '전치현'이 아닌 '전치헌'으로 나온다.

175 전병무의 감로 안수에 대해 행곡교회 연혁에서는 1920년으로, 김갑수 목사 자료 144쪽에는 1926년으로, 허긴 박사 자료 346쪽에는 1926년으로 나온다.

로, 문재무 감로도 함께 체포되었다. 역시 같은 날 체포된 김해용 감로(경북 울도), 안영태 감로(강원 구산)와 함께 원산으로 압송되었다. 당시 그의 나이는 54세로, 일제의 혹독한 고문을 이겨내기에는 역부족이었다. 그는 신사참배 거부로 체포된 또 다른 교단 대표들과 함께 원산의 헌병대 유치장에서 겨울을 보낸 후 이듬해인 1943년 5월 1일 함흥 교도소로 이감되어 15일간 재판을 받았다. 그 결과 함께 검속된 32명 중 9명(이종근 · 김영관 · 전치규 · 노재천 · 장석천 · 박기양 · 백남조 · 신성균 · 박성도)은 예심에 회부되었고, 그를 포함한 다른 23명은 기소유예 처분을 받아 1943년 5월 15일에 석방되었다.

2년여 수감생활로 건강을 잃은 전병무 감로를 반갑게 맞아준 이는 안대벽 교사였다. 안 교사는 자신의 집에 그를 포함한 23인의 교단 대표를 모셔놓고 정성스런 간호와 풍부한 영양 섭취를 통해 기력 회복을 도왔고, 건강을 찾는 대로 귀향할 수 있도록 했다. 어느 정도 몸을 추스린 그는 고향으로 돌아왔고, 입산하여 약초 재배로 연명하며 성경을 읽고 연구하는 중에 해방을 맞았다. 해방 이후, 전병무 감로는 1947년 충청남도 공주에서 개최된 제37차 총회에서 그의 목사 안수 건이 반대로 부결되었다. 그러나 그는 조금도 불만 없이 오직 주의 사역에 힘썼고, 이를 인정받아 1949년 제39차 총회에서 목사 안수를 받았고, 울진과 울릉도 두 구역에 파송을 받았다.

전병무 목사는 목회뿐만 아니라 근남면장과 군민회장으로 지역사회를 섬기기도 했는데, 안타깝게도 해방 후 극심한 좌우대립의 희생양이 되었다. 행곡면을 공산화하기 위해 불영 계곡에 은신 중이던 7명의 빨치산이 행곡리의 주요 인물 7인을 암살할 계획을 세우고, 그중에 전병무 목사를 첫 제거대상으로 삼았다. 1949년 10월 7일 빨치산들이 행곡리에 들이닥쳐 마을 입구에서 거름을 만들던 남 모씨를 협박하여 전병무 목사의 집으로 인도할 것을 요구했다. 저녁 식사를 기다리고 있었던 전병무 목사는 빨치산들에 의해 강제로 안방에서 끌려 나와 산 밑에 살던 마을회장 남석천(원산 사건으로 순교했던 남규백 감로의 아들, 행곡교회 교인)의 집으로 끌려가 결국 그 집 마당에서 두 사람 모두 총살당했다. 이때 그의 나이 62세였다.[176]

176 김갑수 목사의 자료 147쪽에 전병무 목사가 저녁 예배를 인도하던 중에 빨치산들로부터 끌려나가 총살되었다고 했고, 허긴 박사 자료 346쪽에는 전병무 목사가 저녁 식사를 미치고 성경을 읽던 중 끌려나가 총살당했다고 했다.

20. 정효준 감로(鄭孝俊, ?-?)

정효준이 언제, 어디서 출생했는지를 알 수 있는 한국침례교회사 관련 문헌 자료가 없다. 그가 1942년 일제에 의해 체포되었을 때, 그의 출신지가 경상북도 영일이었다는 정보가 전부이다. 만일 이곳이 그의 고향이라면, 그는 아마도 1906년부터 강원도 울진과 통천지역 전도에 힘썼던 손필환 목사 혹은 1912년 대화회(총회)로부터 전도 직분을 받아 울진을 중심으로 활동했던 백남조 목사의 복음 전도로 기독교 신자가 되었을 것이다. 그의 활동은 고사하고 그가 어떻게 감로가 되었는지조차 알려지지 않고 있다. 그러나 1906년 대한기독교회 교단이 출범할 당시 46개 조의 교규 중 17조에 감로의 선정방법에 대해 나와 있는데, "감로는 진지한, 신앙에 깊고, 성경에 대한 지식을 갖고 조행이 선량하여 타인을 지도하기에 족한 덕망, 기량이 있는 자 중에서 감목이 선정하고 안수례를 행한다."라고 되어있는 것으로 보아 정효준이 이 같은 기준을 충족하여 감로가 되었다.

정효준 감로가 경상북도 영일에서 활동하고 있을 때인 1942년 9월 8일 일본 경찰에 의해 긴급 체포되었다. 현재 우리에게는 그가 얼마나 중요한 인물이었는지에 대해 알 수 없으나 당시 일제는 그를 교단의 대표적 지도자로 인식하여 그를 체포하였다. 당시 그와 함께 체포된 인물은 백남조 목사(경북 광천), 박병식 감로(경북 조사리), 박두하 감로(경북 영양)가 있다. 정효준 감로는 신사참배 거부로 체포된 또 다른 교단 대표들과 함께 원산의 헌병대 유치장에서 겨울을 보낸 후 이듬해인 1943년 5월 1일 함흥 교도소로 이감되어 15일간 재판을 받았다. 그 결과 함께 검속된 32명 중 9명(이종근 · 김영관 · 전치규 · 노재천 · 장석천 · 박기양 · 백남조 · 신성균 · 박성도)은 예심에 회부되었고, 그를 포함한 다른 23명은 기소유예 처분을 받아 1943년 5월 15일에 석방되었다. 일제의 잔인한 고문과 열악한 감옥생활로 건강을 잃은 그를 반갑게 맞아준 이는 안대벽 교사였다. 안 교사는 자신의 집에 그를 포함한 23인의 교단 대표를 모셔 놓고 정성스런 간호와 풍부한 영양 섭취를 통해 기력이 회복되는 대로 귀향할 수 있도록 도왔다. 몸이 어느 정도 회복된 정효준 감로가 귀향했을 것으로 추정되나 이후 그의 행적에 대해서는 알려진 바 없다.

21. 한기훈 감로(韓紀勳, ?-?)

한기훈이 언제, 어디서 출생했는지를 알 수 있는 한국침례교회사 관련 문헌이 없다. 그가 최초로 문헌에 등장하는 것은 1925년 만주 관두구에서 개최된 제20차 대화회(총회)에서 시베리아의 해삼위(블라디보스톡)에서 사역하던 한병학과 함경북도 자성구역에서 사역하던 한기훈이 감로 안수를 받았다는 기록이다.[177] 이를 통해 그가 함경북도 자성구역에서 활동하고 있었다는 것을 알 수 있다. 그리고 그가 감로로 안수받을 것으로 보아 기독교 신자여야 함은 물론이요, 교단 내에서 상당한 헌신적 삶을 살고 있었다는 것을 방증(傍證)한다. 이는 1906년 대한기독교회 교단이 출범할 당시 46개 조의 교규 중 17조의 감로의 선정방법을 통해 알 수 있는데, "감로는 진지한, 신앙에 깊고, 성경에 대한 지식을 갖고 조행이 선량하여 타인을 지도하기에 족한 덕망, 기량이 있는 자 중에서 감목이 선정하고 안수례를 행한다."라고 되어있는 것으로 보아 한기훈이 이 같은 기준을 충족하여 감로가 되었다.

이후 한기훈 감로는 문헌상 특별한 언급이 없는 것으로 보아 줄곧 함경북도 자성에서 활동했던 것 같다. 이곳에는 방사현 목사가 사역하고 있었는데, 그를 도와 자성구역을 돌봤던 것이다. 이렇게 활동하고 있었던 1942년 9월 11일 일본 경찰에 의해 긴급 체포되었다. 이는 동아기독교가 신사참배를 거부한 것에서 비롯됐으며, 전국적으로 교단 지도자들이 체포되는 가운데 그도 방사현 목사, 위춘혁 교사와 더불어 체포되었다. 더불어 함경북도 경흥에서는 박성도 목사, 박성은 감로, 박성홍 감로가 있으며, 함

---

177 이정수 목사 자료에 한기훈의 감로 안수가 2번 나온다. 첫 번째는 90쪽으로 1925년 제20차 대화회에서 한병학과 함께 감로 안수를 받았다고 했고, 두 번째는 108쪽으로 1934년 제29차 대화회에서 박두하와 함께 감로 안수받았다고 했다. 그러나 허긴 박사 자료 259에는 1925년에 한기훈이 감로 안수 받은 것으로 나온다.

경북도 나진의 한병학 감로, 함경남도 원산의 김재형 목사와 강주수 선생이 체포되어 원산으로 압송되었다. 그는 신사참배 거부로 체포된 또 다른 교단 대표들과 함께 원산의 헌병대 유치장에서 겨울을 보낸 후 이듬해인 1943년 5월 1일 함흥 교도소로 이감되어 15일간 재판을 받았다. 그 결과 함께 검속된 32명 중 9명(이종근 · 김영관 · 전치규 · 노재천 · 장석천 · 박기양 · 백남조 · 신성균 · 박성도)은 예심에 회부되었고, 그를 포함한 다른 23명은 기소유예 처분을 받아 1943년 5월 15일에 석방되었다.

한기훈 감로는 신사참배 거부로 인한 옥중생활을 톡톡히 치렀다. 일제의 온갖 고문과 구타 그리고 열악한 감옥생활로 건강을 잃고 출옥했는데, 이때 그를 반갑게 맞아준 이는 안대벽 교사였다. 안 교사는 자신의 집에 그를 포함한 23인의 교단 대표를 모셔 놓고 정성스런 간호와 풍부한 영양 섭취를 통해 기력이 회복되는 대로 귀향할 수 있도록 도왔다. 어느 정도 회복된 그가 귀향했을 것으로 추정되나 이후 그의 행적에 대해서는 알려진 바 없다.

22. 한병학 감로(韓秉學, ?-?)

한병학이 언제, 어디서 출생했는지를 알 수 있는 한국침례교회사 관련 문헌이 없다. 그가 최초로 문헌에 등장하는 것은 1925년 만주 관두구에서 개최된 제20차 대화회(총회)에서 함경북도 자성에서 활동하던 한기훈과 함께 감로 안수를 받았고, 이미 시베리아의 해삼위(블라디보스톡)에서 사역하고 있었다는 기록이다. 침례교는 1906년 충청남도 강경에서 개최된 제1차 대화회(총회)에서 용안교회 출신 한태영 외 4인[178]을 간도에 파송함으로 간도선교가 시작된 이래 1907년 김재형과 김경춘이 경흥지방에 파송되어 간도까지 전도했고, 1908년 펜윅의 간도 순회에서 전도받은 최성업이 간도는 물론 러시아에까지 복음을 전했다. 1909년 간도구역이 설정되면서 이 지역 선교가 활기를 띠는데, 아마도 한병학은 최성업의 전도를 받아 기독교로 개종했을 가능성이 높다.

한방학 감로는 해삼위 지역에서 활동하다가 어느 시기인지는 알 수 없으나 함경북도 나진으로 사역 지가 옮겨진 것 같다. 이는 1942년 일제에 의해 체포되었을 때 그의 활동이 이곳이었기 때문이다. 1942년 9월 11일 나진에서 활동하고 있을 때 일본 경찰에 의해 긴급 체포되었다. 이는 동아기독교가 신사참배를 거부한 것에 조치로, 같은 날 함경북도 경흥에서 박성도 목사, 박성은 감로, 박성홍 감로가, 평안북도 자성에서 방사현 목사, 한기훈 감로, 위춘혁 교사가, 함경남도 원산에서 김재형 목사, 강주수 선생이 체포되었다. 그는 신사참배 거부로 체포된 또 다른 교단 대표들과 함께 원산의 헌병대 유치장에서 겨울을 보낸 후 이듬해인 1943년 5월 1일 함흥 교도소

178 이자운(가족들은 이자헌으로 알고 있음), 이자삼, 유내천, 장봉이, 김보국(한국침례교회사 문헌에는 알려져 있지 않으나 용안교회 배인구 집사의 모친 김병숙의 증언에 의하면 김보국도 함께 선교사로 파송되었다고 함).

로 이감되어 15일간 재판을 받았다. 그 결과 함께 검속된 32명 중 9명(이종근 · 김영관 · 전치규 · 노재천 · 장석천 · 박기양 · 백남조 · 신성균 · 박성도)은 예심에 회부되었고, 그를 포함한 다른 23명은 기소유예 처분을 받아 1943년 5월 15일에 석방되었다.

한병학 감로는 2년여의 수감생활을 통해 일제로부터 온갖 고문과 구타로 시달렸고, 열악한 감옥 환경으로 인해 건강이 많이 악화되었다. 이때 그를 반갑게 맞아준 이는 안대벽 교사였다. 안 교사는 자신의 집에 그를 포함한 23인의 교단 대표를 모셔 놓고 정성스런 간호와 풍부한 영양 섭취를 통해 기력이 회복되는 대로 귀향할 수 있도록 도왔다. 어느 정도 회복된 그가 귀향했을 것으로 추정되나 이후 그의 행적에 대해서는 알려진 바 없다.

23. 강주수 선생(姜湊秀, 1896-1950)[179]

신사참배 거부로 체포된 32인 중에 유일하게 침례교인이 아닌 분이 바로 강주수이다. 그는 1896년 12월 25일 경상남도 사천군 삼천포면 선구리 95에서 강영림의 4남 2녀 중에 출생하였다. 그는 관비로 제1고등보통학교(현 경기고등학교)를 2학년까지 다니다가 보통학교 훈도(교사) 자격시험에 합격하여 1922년경부터 경상남도 삼천포와 밀양 등지에서 보통학교 훈도로 근무했다. 그리고 1925년경 함경남도 원산에 있는 루시 여자보통학교로 옮겼다. 이 학교는 루시 여자고등학교와 함께 원산 시내 산제동에 나란

179 강주수 선생의 아들인 강대건이 저술한 『아버지의 기도』(서울: 북하우스, 2012)를 중심으로 재구성하였다. 이 자리를 빌어 강대건 선생에 감사를 드린다.

히 서 있었는데, 두 학교 다 감리교 계통의 미션스쿨이었다.

강주수가 정확히 언제, 어떤 계기로 기독교인이 되었는지 알려지지 않았다. 심지어 그의 아들 강대건 조차도 이에 대해 들은 바 없다고 했다. 그러나 강주수의 외조모가 독실한 기독교 신자였고, 그의 모친 역시 그런 영향 아래 성장했으며, 그가 1919년 11월 기독교인과 재혼한 것으로 보아 늦어도 1919년 이전에 기독교 신앙을 가졌을 것으로 추정된다. 한편, 강대건의 육촌 형 강대근에 의하면, 강주수가 기독교 신자가 된 결정적 계기가 일본의 무교회주의자였던 우찌무라 간조(內村監三)의 책에 큰 감명을 받은 것에서 비롯됐다고 한다. 그것은 1895년 영어로 'How I became a Christian'이란 표제로 출간되었고, 그 후 일본어와 각국어로 번역되어 정신적, 종교적 지도를 희구하는 다양한 지식인 청년들에게 커다란 반향을 일으켰다. 한글 번역이 1986년 처음 나왔는데, 『우찌무라 간조 회심기』로 출판되었다. 그는 무교회주의자는 아니었으나 우찌무라 간조를 통해 기독교 신앙을 갖게 되었고, 양심과 신앙의 자유에 따라 행동하고 근로, 절검, 정직을 실천하는 생활을 그에게서 배웠다.

강주수는 책 읽기를 좋아했는데, 대체로 위대한 사상가들, 종교 지도자들, 교육자들의 전기들, 인간과 세계에 관한 깊은 사색과 체험를 담은 책들을 주로 탐독하였다. 교육자로서 페스탈로찌를 비롯한 기독교 교육의 선구자들의 전기와 저작들도 즐겨읽으며 많은 감동을 받기도 했다. 그의 이 같은 독서력은 훗날 신사참배 거부로 동아기독교 교단 32인이 검속되는 사건이 발발했을 때, 그 진가를 발휘했다. 그는 사건의 피고로 법정에 서서 자신의 입장을 변론했는데, 이때 자신을 감화시켰던 이들 종교 지도자들에 관한 해박한 지식을 동원해서 정연하고 곡진하게 풀어내어 이를 듣는 모든 사람이 숨을 죽이고 들었다고 한다.

고향에서 훈도생활을 했던 강주수는 전통적인 유교 사상이 팽배하던 일

가친척들로부터 모진 비난과 박해를 받았다. 이에 그는 이에서 벗어나고자 원산으로 이주하였다. 당시 원산은 부산, 인천과 더불어 일찍부터 개항했기에 고루한 유교 전통보다 개화와 자유의 바람이 불고 있었고, 무엇보다도 기독교 계통의 많은 미션스쿨이 있어 강주수가 자유로운 양심에 따라 학생들을 가르치며 기독교를 전파할 수 있는 곳이었다. 그가 원산으로 이주하여 맨 처음 근무한 곳은 루시 여자보통학교였으나 얼마 후 그 바로 옆에 있는 광석동의 광명보통학교로 자리를 옮겼다. 그리고 명성보통학교로 옮겨 교장이 되었다. 이 학교는 캐나다 감리교 선교회 소속 미션스쿨이었고, 강주수는 학교에 부속된 예배당에서 일요 예배와 수요 예배를 인도했으며, 그 밖에 인근 교회들의 초청을 받아 설교하였다. 또한 의료 시설이나 약방이 없는 벽촌 주민들의 편의를 위해 일본의 어떤 제약회사에 소속된 의약품 보부상으로부터 갖가지 약품을 받아 두었다가 팔기도 했다. 1939년 명성보통학교가 사립학교로서는 폐교되고 공립학교로 전환됨에 따라 강주수는 장로교 계통의 미션스쿨인 진성여자보통학교로 옮겼다. 여기서도 교장으로 봉직했다.

강주수는 훤칠하고 건강한 체격의 소유자로 테니스를 즐겨했다. 이로 인해 주변의 여성들에게 인기가 많았는데, 하루는 안반장이라 불리는 동아기독교 노처녀에게서 여러 통의 편지를 받기도 했다. 안반장이 보낸 편지는 계절에 따라 보낸 문안 편지였으나, 그 행간에는 무엇인지 모르게 흐르는 아련한 정 같은 것을 읽을 수 있었고, 이중 봉투에 단정하게 적은 주소와 이름이 글씨체는 애써 아버지의 필체를 본 따서 그린 것 간은 인상을 주었다고 강주수의 아들 강대건은 회고하였다.

강주수가 진성여자보통학교 재임 시 일제로부터 체포되었다. 그는 전치규 목사와 사돈지간(전치규 목사 맏딸과 강주수의 큰 형인 강병수의 아들과 결혼)이었는데, 이 같은 인연으로 인해 위기에 처한 동아기독교를 돕게 되었다.

1940년 중엽 일제는 동아기독교에 교규와 신조를 일본어로 작성하여 제출하라는 명령을 받았다. 일제가 오직 동아기독교에 대해서만 교규서를 제출하도록 요구한 것은 이를 구실로 삼아 신앙을 심사하여 교단을 제재하기 위한 방안을 획책하려는 수작이었다. 이에 교단 총부는 15장 36조의 교규를 작성했는데, 이를 강주수 선생이 일본어로 번역하여 1940년 9월 9일 제출하였다. 이것이 화근이 되어 강주수 선생이 1942년 9월 11일 다른 8명의 동아기독교 지도자(박성도 목사, 김재형 목사, 박성은 감로, 박성홍 감로, 방사현 목사, 위춘혁 교사, 한기훈 감로, 한병학 감로)와 함께 일제에 체포되었다. 어떤 측면에서 그의 체포는 억울한 측면이 있다. 단지 동아기독교 교규서를 일본어로 번역해 주었다는 것이 죄라면 죄였기 때문이다.

원산으로 압송된 강주수는 헌병대의 조사가 장기화 됨에 따라 사식과 읽을 책의 차입이 허용됐는데, 이에 그의 아들 강대건이 매일 학교에서 돌아와 이른 저녁식사를 한 후 국과 찬을 널따란 놋 양푼에 담아 보자기에 싸서 들고 헌병대로 가서 부친 강주수에게 건넸다. 그가 헌병대로 갔던 어느 날 허우대가 좋은 한 사나이가 옷깃에 오장(일본군 하사관 계급 중의 하나)의 계급장을 단 군복에 망토를 두르고 허리춤에는 일본도를 차고 요연한 자세로 앉아 있는 노덕술을 보았다. 그는 조선인 사상범 색출로 악명높은 인물로, 신사참배 거부로 검속된 교단 대표 32인 사건에도 관여하고 있었다.

강주수는 체포된 다른 동아기독교 대표들과 함께 원산의 헌병대 유치장에서 겨울을 보낸 후 이듬해인 1943년 5월 1일 함흥 교도소로 이감되어 15일간 재판을 받았다. 그 결과 함께 검속된 32명 중 9명(이종근 · 김영관 · 전치규 · 노재천 · 장석천 · 박기양 · 백남조 · 신성균 · 박성도)은 예심에 회부되었고, 그를 포함한 다른 23명은 기소유예 처분을 받아 1943년 5월 15일에 석방되었다. 출옥 후 다시 학교로 돌아올 수 없었던 강주수는 호구지책으로 송흥리의 동사무소에서 일하였다. 이후 일본인이 사는 동네인 미도리마찌의 동회 사무소로 전근해 일하다가 해방을 맞았다. 해방 직후 원산시 인민위원회의 초대 문화부장(학교교육을 관장하는 부서의 장)으로 임명되었으나 공산당의 횡포에 맞섬으로 파면되었다. 이후 활동을 하지 않다가 1947년 10월 원산지방 정치지도원의 부위원장으로 활동하다가 검거되어 원산형무소와 함흥형무소에서 옥고를 치렀고, 1950년 10월 유엔군이 북상하여 도착하기 직전 함흥에서 60리 떨어진 니켈 광산에서 공산당에 의해 학살 당함으로 향년 54세에 별세하였다. 슬하에 5남 3녀를 두었다.

일제로부터 우리나라가 해방된 지 무려 77년이 지났음에도 불구하고 일제강점기 한국교회 역사는 오늘까지 뜨거운 이슈로 혹은 상처로 남아있다. 특히 신사참배문제가 그렇다. 비록 교세적인 측면에서 당시 한국 기독교계 중에 침례교가 지극히 작은 소수의 교단에 불과하여 그 영향력이 미미했으나, 일제의 신사참배 거부를 통해 대쪽같은 신앙의 절개를 지킴으로 교단의 정신이 살아있음을 만방에 표출했다. 필자가 정확히는 기억할 수 없으나, 과거 어느 공익광고에 이런 문구가 있었다.

모두가 Yes라고 답할 때 No라고 말할 수 있는 사람, 모두가 No라고 답할 때 Yes라고 말하는 사람!

일제강점기 대부분의 기독교계가 일제의 강압에 굴복하여 신사참배에 "Yes" 할 때, 오직 침례교만큼은 교단적으로 "No" 함으로 많은 탄압과 박해를 받았다. 이는 외로운 길이었으나 결코 포기할 수 없는 생명을 길이었다. 그분들은 약속된 성경의 말씀을 굳게 믿고 자신의 신앙을 지키기 위해 일제에 항거했다.

의를 위하여 박해를 받는 자는 복이 있나니 천국이 그들의 것임이라. 나로 말미암아 너희를 욕하고 박해하고 거짓으로 너희를 거슬러 모든 악한 말을 할 때에는 너희에게 복이 있나니 기뻐하고 즐거워하라. 너희 전에 있던 선지자들도 이같이 박해하였느니라. 너희는 세상의 소금이니 소금이 만일 그 맛을 잃으면 무엇으로 짜게 하리요. 후에는 아무 쓸데 없어 다만 밖에 버려져 사람들에게 밟힐 뿐이니라. 너희는 세상의 빛이라. 산 위에 있는 동네가 숨겨지지 못할 것이요, 사람이 등불을 켜서 말 아래에 두지 아니하고 등경 위에 두나니 이러므로 집 안 모든 사람들에게 시치느니라. 이같이 저희 빛을 사람 앞에 비치게 하여 그들로 너희 착한 행실을 보고 하늘에 계신 너희 아버지께 영광을 돌리게 하라(마태복음 5장 10-16절).

하나님 나라의 의를 위해 기꺼이 박해를 택했던 침례교인들, 신앙을 지키기 위해 욕을 먹으며 탄압을 감수했던 침례교인들, 모두 성경의 약속대로 천국이 그분들의 것임을 확신한다. 그분들은 세상의 소금이요 빛이었다. 일제강점기에 신앙의 부패를 막고자 했고, 어두운 세상을 밝히고자 했다. 그들은 작은 불꽃이었으나, 시대를 밝힌 불이 되었다! 마지막으로 그분들의 신앙을 기리며, 뇌성마비 시인 송명희의 "작은 불꽃이여"라는 시로 글을 마무리하고자 한다.

작은 불꽃이여, 작은 불꽃이여,
그대에 빛을 밝히어라.
작은 불꽃이여, 작은 불꽃이여,
그대에 빛을 밝히어라.
저 어두운 세상을 그대에 빛으로,
저 어두운 세상에 크게 비추어라.
비록 그대는 작은 불꽃이나,
어두운 세상에 비추이면
큰 빛 되어서 발하리라.

참고문헌

강대건.『아버지의 기도』. 서울: 북하우스, 2008.
고병철.『일제하 종교 법규와 정책, 그리고 대응』. 서울: 박문사, 2019.
기독교대한성결교회출판부.『일제의 식민통치와 한국성결교회』. 2019.
김갑수.『한국침례교 인물사』. 서울: 요단출판사, 2007.
김남식.『신사참배와 한국교회』. 서울: 새순출판사, 1992.
김승태.『식민권력과 종교』. 서울: 한국기독교역사연구소, 2012.
______. 편역.『일제강점기 종교정책사 자료집』. 서울: 한국기독교역사연구소, 1996.
______. 엮음.『한국기독교와 신사참배문제』. 서울: 한국기독교역사연구소, 2003.
______.『한말·일제강점기 선교사 연구』. 서울: 한국기독교역사연구소, 2006.
김영재.『한국교회사』(개정3판). 수원: 합신대학원출판부, 2008.
김용해.『大韓基督敎浸禮會史』. 서울: 성청사, 1964.
김인수.『한국기독교회의 역사下(개정판)』. 서울: 쿰란출판사, 2012.
김태식·오지원.『한국 침례교회 100년의 향기』. 서울: 누가출판사, 2020.
민경배.『교회와 민족』. 서울: 연세대학교출판부, 2007.
______.『순교자 주기철 목사』. 서울: 대한기독교서회, 2005.
______.『한국교회 사회사』(개정판). 서울: 연세대학교출판부, 2008.
박용규.『한국기독교회사2』. 서울: 생명의말씀사, 2004.
서정민.『한국교회의 역사』. 서울: 살림출판사, 2003.
성주현·고병철.『일제강점기 종교정책』. 서울: 동북아역사재단, 2021.
안유림.『일본제국의 법과 조선기독교』. 서울: 경인문화사, 2018.
윤선자.『태평양전쟁 발발 이후 일제의 인적 지배와 그리스도교계의 대응』. 서울: 집문당, 2005.
오기노 후지오.『일제강점기 치안유지법 운용의 역사』. 윤소영 옮김. 서울: 역사공간, 2022.
오지원.『한국침례교의 아버지 말콤 펜윅』. 서울: 사단법인 한국교회총연합, 2023.
옥성득.『첫 사건으로 본 초대 한국 교회사』. 서울: 도서출판 짓다, 2016.
이상규.『다시 쓴 한국교회사』. 서울: 개혁주의출판사, 2016.
______.『해방 전후 한국장로교회의 역사와 신학』. 서울: 한국기독교역사연구소, 2016.
이정수.『韓國浸禮敎會史』. 서울: 침례회출판사, 1994.

최봉기·펜윅신학연구소 편.『말콤 C. 펜윅: 한국기독교 토착화의 거보』. 서울: 요단출판사, 1996.
한국기독교역사학회.『한국기독교의 역사Ⅱ』(개정판). 서울: 기독교문사, 2012.
허긴.『한국침례교회사』. 대전: 침례신학대학교출판부, 2000.
홍선영·윤소영·박미경·복보경 편역.『사상통제(1): 사상통제 관련 법규와 통제 주체』. 서울: 동북아역사재단, 2021.
Malcolm C. Fenwick, *The Church of Christ in corea: A Pioneer Missionary's Own Story* (New York: H. Doran Company., 1911

*기타 참고자료는 책 본문의 각주를 참고하기 바람.

부록

부록1. 한국침례교 항일운동 관련 주요 연표

연도	주요 사건과 내용
1889년	12월 11일, 펜윅 선교사가 내한함으로 한국의 침례교가 시작
1893년	5월 전후, 펜윅 선교사가 한국 선교를 접고 귀국
1895년	2월 말경, 폴링선교사 부부가 엘라씽선교회 파송받아 내한, 한국선교 시작
1896년	펜윅이 한국순회선교회를 조직한 후 재차 내한
1901년	4월, 엘라씽기념선교회 스테드맨 선교사 철수, 펜윅 선교사가 선교지 인수
1905년	11월 17일, 침례교가 서울지역 연합의 위국기도회에 참여
1906년	8월, 펜윅 선교사가 「코리아 리뷰」에 '대한노래' 발표. 10월 6일, 충남 강경에서 첫 대화회(총회) 개최, 대한기독교회 교단 창설
1916년	11월 18일, 제11차 대화회에서 포교계 제출 거부(이종덕 감목)
1918년	포교계 제출 거부로 이종덕 감목 투옥, 제1차 교단 폐쇄
1920년	4월 7일, 일제의 포교규칙 개정으로 교단 폐쇄령 해제, 이종덕 감목이 전국교회에 포교계 제출 종용
1926년	제21차 대화회에서 펜윅 선교사가 일제의 공교육(학교교육) 금지령 선포
1935년	10월 5일, 일제의 신사참배 강요에 김영관 감목은 「달편지」를 통해 전국교회에 신사참배와 황궁요배의 부당성을 알리고 이에 불복할 것을 광고
1937년	11월 6일, 함북 경흥군 경흥면의 동아기독대 통장 박석홍이 국방헌금을 갹출하여 바치는 사건 발생, 이로 인해 교단 내 분란 촉발
1938년	-일제가 동아기독교에 신사참배할 것을 재차 강요하자 김영관 감목은 재차 「달편지」를 통해 신사참배와 황궁요배에 불복할 것을 광고. -함북 웅기교회에서 신사참배를 반대하는 「달편지」가 일경에 의해 발각되어 김영관 감목, 백남조 총부서기, 이종덕 목사, 전치규 목사, 노재천 목사가 원산경찰서로 소환됨, 경찰서 유치장에 갇혀 온갖 고문과 구타를 3개월간 당한 뒤 검찰에 송치되어 5개월간 원산교도소에 감금됨, 감영관 감목과 백남조 총부서기는 3년 집행유예로, 이종덕 목사, 전치규 목사, 노재천 목사는 기소유예로 석방
1939년	교단 내 감목의 신사참배 거부 명령에 따른 반발로 임원회 소집, 김영관 감목 사임, 이종근 감목 선임, 일제의 강압에 굴하지 않고 계속적으로 신사참배 거부할 것을 결의

1940년	일제가 동아기독교에 교규서 제출 통보 7월 15일, 이종근 감목이 포교관리자 설치 신청 9월 7일, 동아기독교 교규서 제출 9월 26일, 백남조 목사가 포교계 제출
1941년	만주의 동아기독교가 한반도에 있는 동아기독교에서 분립하여 만주국 조선기독교도 연맹에 가입
1942년	우태호사건 발발 6월 10일, 원산총부에서 이종근 감목이 체포됨 6월 11일, 전치규 목사, 김영관 목사가 체포됨 9월 4일, 김용해 목사가 체포됨 9월 5일, 노재천 목사가 체포됨 9월 6일, 박기양 목사, 신성균 목사, 김주언 감로, 이덕상 교사, 이덕여 감로가 체포됨 9월 7일, 장석천 목사, 김만근 감로, 이상필 감로가 체포당함9월 8일, 백남조 목사, 박두하 감로, 박병식 감로, 정효준 감로가 체포당함 9월 10일, 문규석 목사, 남규백 감로, 문재무 감로, 전병무 감로, 안영태 감로, 김해용 감로가 체포됨.
1943년	9월 11일, 박성도 목사, 박성은 감로, 박성홍 감로, 방사현 목사, 위춘혁 교사, 한기훈 감로, 김재형 목사, 한병학 감로, 강주수 선생이 체포됨 5월 1일, 체포된 32인이 원산 헌병대 유치장에서 함흥 교도소로 이감 5월 15일, 15일 간의 재판을 통해 9인(이종근, 전치규, 김영관, 노재천, 박기양, 신성균, 장석천, 백남조, 박성도)은 검사의 공소 제기로 예심에 회부되고, 다른 23인은 기소유예로 석방 5월 28일, 조선총독부 검사 와타나베 레이노스케가 예심에 회부된 9인을 함흥지방법원 검사국에 예심 청구
1944년	2월 13일, 전치규 목사 옥중 순교 2월 15일, 7인(김영관, 노재천, 박기양, 신성균, 장석천, 백남조, 박성도)이 병보석으로 가출옥 5월 10일, 함흥재판소에 의해 교단폐쇄령 공표 8월 8일, 병보석으로 가출옥한 7인 재수감, 재판 재개 9월 7일, 재판 결과 7인은 집행유예 5년으로 석방, 이종근 감목은 6개월 징역형 선고
1945년	3월 말, 이종근 감목 석방 해방 직후, 김해용 감로, 남규백 감로, 박두하 감로, 이상필 감로, 장석천 목사가 고문 후유증으로 순교.

부록2. 한국침례교 항일운동 관련 자료

“聲聞于天”「대한매일신보」 1905. 11. 19
1905년 을사늑약 이후 같은 해 11월 9일 서울에 이토 히로부미가 도착하자 그 이튿 날 상동교회 엡윗 청년회 회원들을 중심으로 서울 지역의 장로교, 침례교, 감리교 연합 위국기도회를 했다는 기사이다.

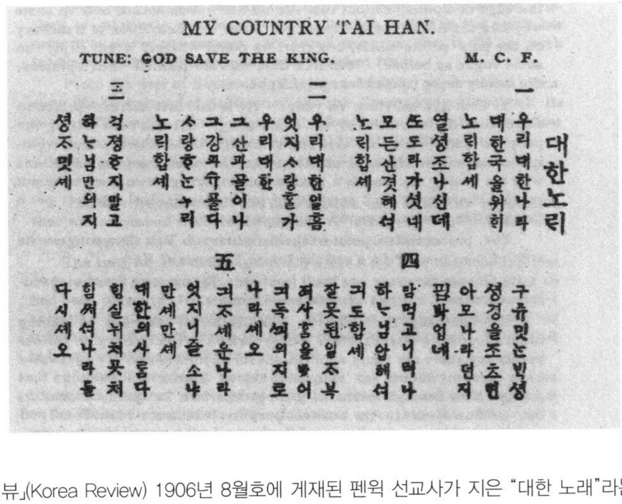

MY COUNTRY TAI HAN.

TUNE: GOD SAVE THE KING. M. C. F.

대한노릭

一

우리대한나라
대한국을위히
노릭합세
열셩조나신데
또도라가셧네
모든산겻헤셔
노릭합세

二

우리대한일홈
엇지ᄉ랑홀가
우리대한
그산과골이나
그강과슈풀다
ᄉ랑ᄒ는누리
노릭합세

三

걱정ᄒ지말고
하느님만의지
셩조멧세

四

구쥬밋는빅셩
셩경을조초면
아모나라던지
픨빠업네
맘먹고니러나
하느님압헤셔
긔도합세

五

잘못된일조복
쥐사홈을ᄲ어
긔독씌의지로
나라세오
긔조세운나라
엇지니즐소냐
만세만세
대한의사롬다
힘실뉘쳐꼿처
힘써셔나라들
다시세오

「코리아 리뷰」(Korea Review) 1906년 8월호에 게재된 펜윅 선교사가 지은 “대한 노래”라는 제목의 가사로써, ‘God save the King’이라는 잉글랜드 국가의 멜로디에 작사한 것이다.

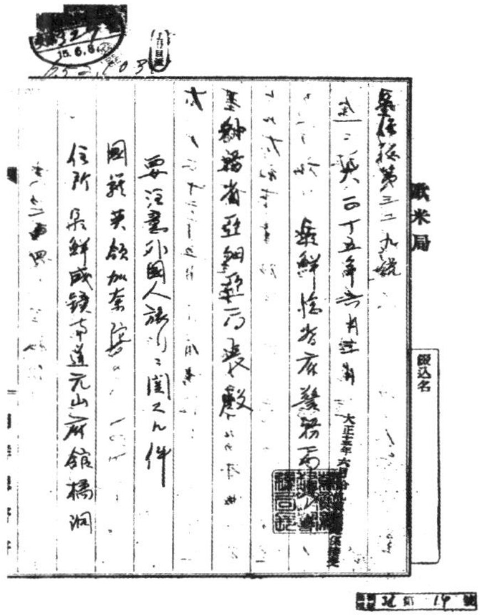

요주의 외국인 여행에 관한 건 1면

1926년 6월 3일 요주의 외국인 여행에 관한 건을 작성한 것으로, 펜윅 선교사에 대한 것이 기록되어 있다.

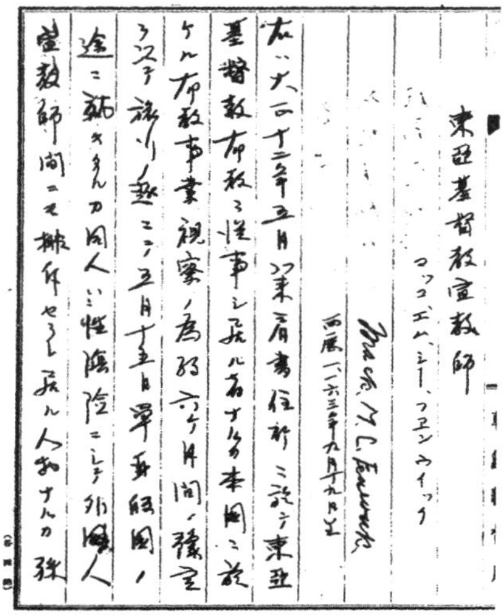

요주의 외국인 여행에 관한 건 2면

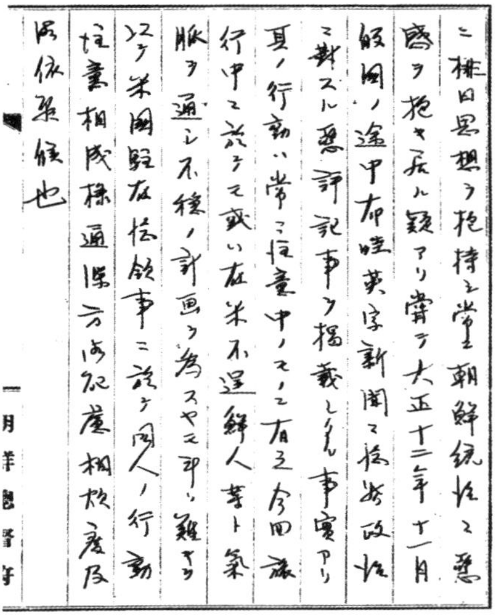

ニ排日思想ヲ抱持シ常ニ朝鮮統治ニ悪
感ヲ抱キ居ル疑アリ嘗テ大正十二年十一月
假間ノ途中布哇英字新聞ニ総督政治
ニ對スル悪評記事ヲ掲載セシメ事實アリ
其ノ行動ハ常ニ注意中ノモノニ有之今回旅
行中ニ於テモ或ハ在米不逞鮮人等ト氣
脈ヲ通シ不穏ノ計画ヲ為スヤモ難計ニ付
此ヲ米國駐在各領事ニ於テ同人ノ行動
注意相成様通牒方御配慮相煩度及
照依頼候也

요주의 외국인 여행에 관한 건 3면

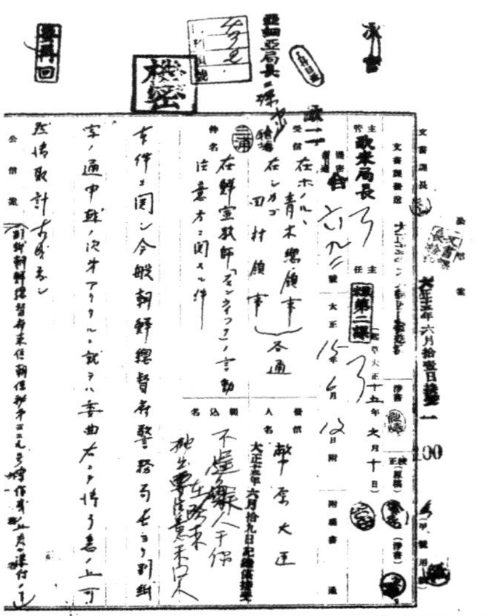

歐米局長

在ホノルル青木總領事

在シカゴ田村領事

在鮮宣教師「ズンライフ」ノ言動注意方ニ関スル件

大正十五年六月十日

요주의 외국인 여행에 관한 건 4면

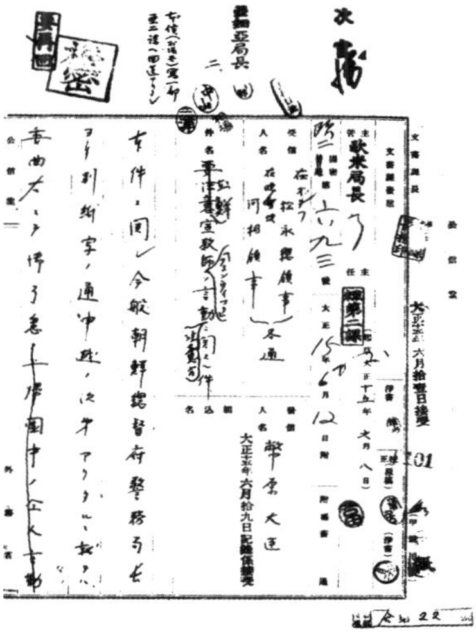

조선 선교사의 언동에 관한 건 1면

1926년 6월 12일 조선 선교사의 언동에 관한 건을 작성한 것으로, 펜윅 선교사에 대한 것이 기록되어 있다.

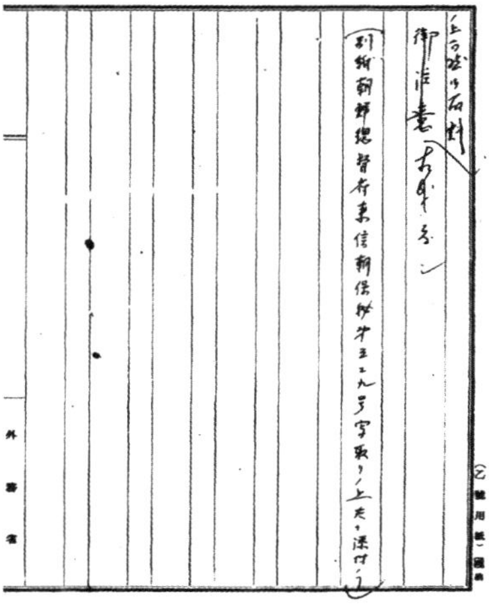

조선 선교사의 언동에 관한 건 2면

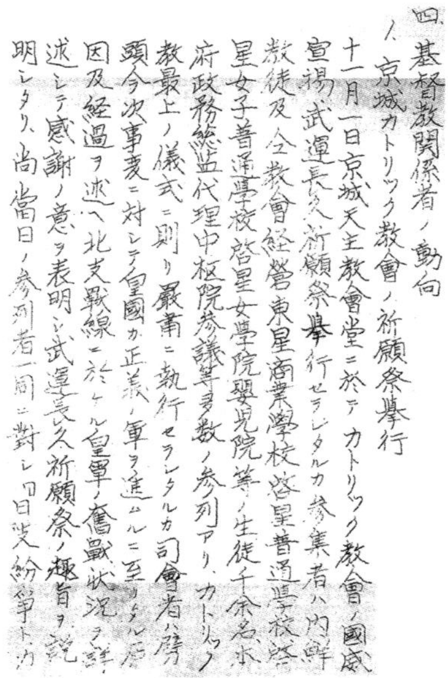
四、基督教関係者ノ動向
1、京城カトリツク教會ノ祈願祭挙行
十一月一日京城天主教會堂ニ於テカトリツク教會ノ國威宣揚武運長久祈願祭挙行セラレタルカ参集者ハ内鮮教徒及仝教會経営東星商業學校啓星普通學校啓星女子普通學校啓星女學院嬰児院等ノ生徒千余名外府政務総監代理中枢院参議等多数ノ参列アリ、カトリツク教最上ノ儀式ニ則リ厳粛ニ執行セラレタルカ司會者ハ劈頭今次事変ニ対シテ皇國カ正義ノ軍ヲ進ムルニ至リタル原因及経過ヲ述ヘ北支戦線ニ於ケル皇軍ノ奮戦状況ヲ詳述シテ感謝ノ意ヲ表明シ武運長久祈願祭ノ趣旨ヲ説明シタリ、尚當日ノ参列者一同ニ對シ日支紛争トカ

기독교 관계자 동정 1면

1937년 11월 15일에 작성된 것으로, 여기에 동아기독교 박성홍이 나온다.

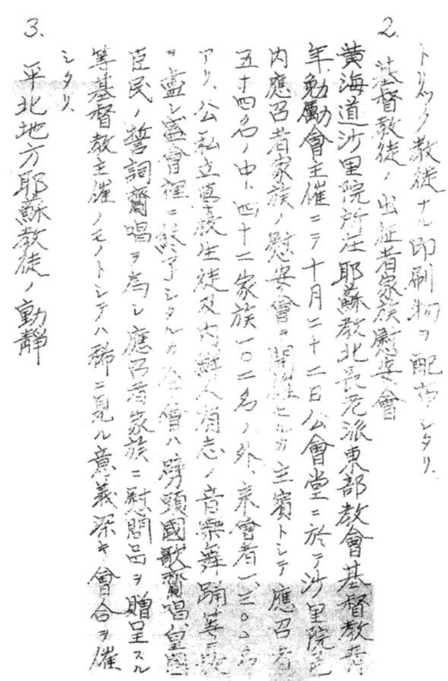
トリツク教徒ナル印刷物ヲ配布シタリ。
2、基督教徒ノ出征者家族慰安會
黄海道沙里院所在耶蘇教北長老派東部教會基督教青年勉励會主催ニテ十月二十二日公會堂ニ於テ沙里院邑内應召者家族ノ慰安會ヲ開催セルカ主賓トシテ應召者五十四名ノ中、四十二家族一〇二名ノ外、来會者一三〇名アリ、公私立學校生徒及内鮮人有志ノ音楽舞踊等ノ餘興ヲ盡シ盛會裡ニ終了シタルカ仝會ハ劈頭國歌斉唱皇國臣民ノ誓詞齊唱ヲ為シ應召者家族ニ慰問品ヲ贈呈スル等基督教主催ノモノトシテハ稀ニ見ル意義深キ會合ヲ催シタリ、
3、平北地方耶蘇教徒ノ動静

기독교 관계자 동정 2면

기독교 관계자 동정 3면

(イ)
碧潼警察署ニ於テハ九月二十三日仝地公會堂ニ於
テ開催セル宣誓式（耶蘇教徒四十名参加）席上時局講
演ヲ為シタル後耶蘇教徒ノ時局ニ対スル非國民的言
動アルヤノ風聞ニ対シ警告的講演ヲ附加シ反省ヲ促
シ爾来動静注意中ノ處非信徒間ニ在リテハ耶蘇教徒
ノ如キ國家ノ非常時局ヲ認識セス總督施政方針ニ基
ク神社参拝ヲ肯セサルカ如キモノハ此ノ際邪教ト看
做シ断然撲滅スヘキナリ等洩ス者サヘアリ為ニ仝教
徒中ニモ聊カ反省セルモノアルカ如ク見受ケラレ
ルヲ以テ仝署ニテハ更ニ凡有方面ヨリ接觸指導ニ努
メタル結果最近ハ愛國的行事ニ教幹部等モ率先奔走
スルモノアリ十月十八日ノ出征兵士ノ歓送ニハ教徒

기독교 관계자 동정 4면

等多数参加シ又十七日ニハ一般教徒ヨリ教會幹部會ニ
対シ三百二圓ノ國防献金ヲ醵出スル等相當時局ヲ認
識セルヲ認メラル。

(ロ)
定州警察署ニ於テハ耶蘇教徒ノ神社参拝ニ対スル
啓蒙ヲ主眼トシ併テ各宗教團体ノ時局対處指導ノ意
味ニ於テ十月二十一日長老派耶蘇教會天主教天道教
ノ各幹部十四名ヲ警察署ニ招致シ座談會ヲ開催セル
カ耶蘇教幹部ハ「教ノ上部ヨリ指示ナキ限リ各個人
ノ任意参拝ハ自由ナルモ團体的行動ハ絶対不可能ナ
リ」云々ト称シ居タリ。

(ハ)
江界耶蘇教經営明新學校ハ從来神社不参拝主義ヲ
堅持シ去ル九月六日愛國日ニ参拝ニ列席シ[illegible]

기독교 관계자 동정 5면

拝頗ル不誠意ナリシヲ以テ所轄署ニ於テ厳諭ノ上、改
メテ神社参拝ヲ行ハシメタル以来其ノ態度飜然改マ
リ爾来熱誠ヲ以テ神社参拝ヲ為シ来レルカ今回一部
生徒ノ主唱ノ下ニ全校生二五三名カ自発的ニ自己ノ
小遣ヲ節約シ五銭宛ヲ醵出合計金十二円六十五銭ヲ
取纏メ皇軍慰問金トシテ提出シ部民ニ感動ヲ与ヘタリ。

火

(ハ) 咸北地方耶蘇教徒ノ動静

羅南邑朝鮮人側ニ於テハ事変勃発以来愛國運動ニ
赤誠ヲ披瀝シ内地人ニ劣ラサル活動ヲ為シツツアリ
獨リ耶蘇教徒ノミハ之ヲ嫌忌スル傾向アリテ軍隊出
動ニ當リテモ耶蘇教徒ハ勿論耶蘇教會經營ノ三德婦
女夜學生徒モ一人トシテ歓送セル者ナカリシヲ以テ

기독교 관계자 동정 6면

所轄署ニ於テハ牧師姜錫鉄長老洪在麟ニ対シ諭旨シ
タル處両名ハ時局認識不足ニ依ル現在迄ノ手落並不
心得ヲ謝シ今後ノ誠意ヲ誓ヒタルカ最近同人等発起
ニテ國防献金ヲ募集中ナリ

(ロ) 咸鏡北道慶興郡慶興面赤池洞

東亜基督教總長　朴　成　弘　當四八年

十月十日赤池洞字松峯部落ニ於テ時局座談會ヲ實施
シタルカ開會ニ際リ一同皇居遥拝ヲナシタル處本名
ノミ之ニ應セス注意ヲ與ヘタルニ曰ク基督教徒ハ基督
以外ニハ絶対遥拝スヘカラサルコトカ聖書ニ記サレ
テアル、假令皇室デアッテモ遥拝スルコトハ出来ナイ
勿論目前ニ於テハ最敬禮ヲ為ス已ト答ヘタルヲ以テ

기독교 관계자 동정 7면

皇室遙拝ト宗教ノ拝禮トノ差異ヲ説示シタル處納得
シ禮拝ヲ為シタルカ引續キ注意中ナリ

5. 全北耶蘇教徒ノ言動

長水郡耶蘇教傳導師　金在涉

「吾々耶蘇教徒ハ常ニ教會ニ於テ天主様ニ國家泰平ヲ
祈禱シ居レルカ此ノ行事ニ際シテ一般人ハ教會ニ參席
セサルヲ以テ吾等耶蘇教徒カ神社ニ參拝セス又ハ戰勝
祈願祭等ニ參席セサルモ彼我同様ナリ又本大麻殿下
參拝問題ハ独リ長水ノミノ問題ニ非スシテ日本全般的
ニ亘ル問題ナルニ付此ノ根本問題ノ解決ヲ俟ツテ決ス
ヘキモノナリ」云

6. 基督教祈禱文、説教集ノ検討

기독교 관계자 동정 8면

黄海道ニ於テハ支那事變發生以來基督教徒ノ動向察知
資料トシテ時局關係祈禱文、通常禮拝時ノ祈禱文、
或ハ時局關係説教内容等ニ内密査察ヲ加ヘ來レルカ
十月蒐録ノ分ヲ検討スルニ特ニ不穏ト認メラルルモ
ノハ發見セサルモ祈禱文七十六種中積極的ニ皇軍ノ
戰勝ヲ祈願セルモノハ皆無ニシテ過レル博愛主義ニ
基キ「戰局ノ速ナル終局」ノミヲ祈願セルモノ二十種
アリ、以テ基督教徒ノ時局ニ対スル消極的態度ヲ見
ルヲ得ヘシ。

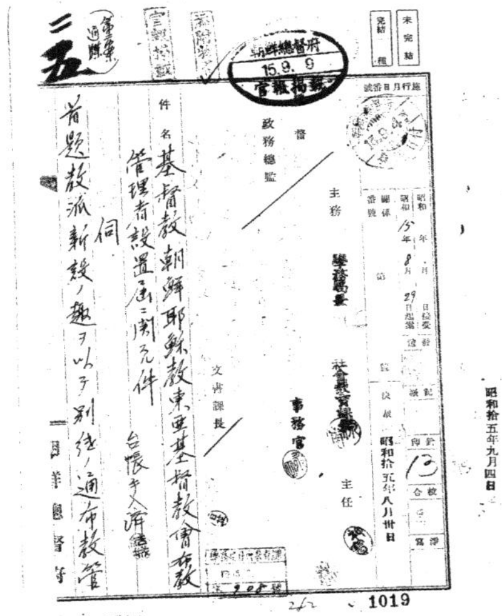

件名 基督教朝鮮耶穌教東亜基督教會布教管理者設置届ニ関スル件

首題教派新設ノ趣ヲ以テ別紙ノ通布教管

기독교 조선야소교 동아기독교회 포교관리자 설치계에 관한 건 1면

1940년 일제가 동아기독공 교규와 신조를 일본어로 작성해 제출토록 했을 때 원산총부에서 작성하여 제출했다. 제15장 36조로 구성되어 있다.

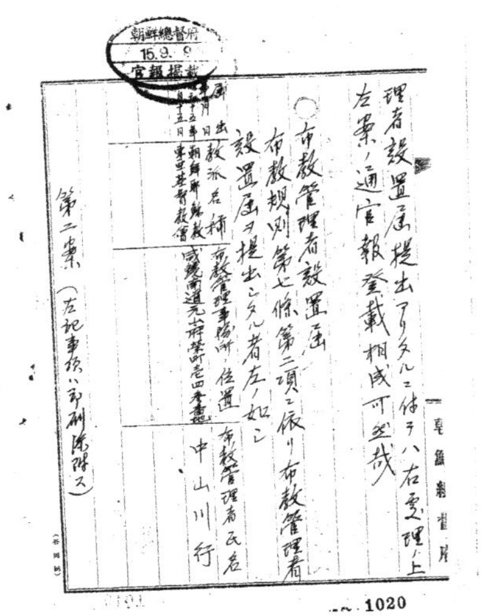

理者設置届提出アリタルニ付テハ右受理ノ上左案ノ通官報登載相成可然哉

布教管理者設置届

布教規則第七條第二項ニ依リ布教管理者設置届ヲ提出シタル者左ノ如シ

第二案

기독교 조선야소교 동아기독교회 포교관리자 설치계에 관한 건 2면

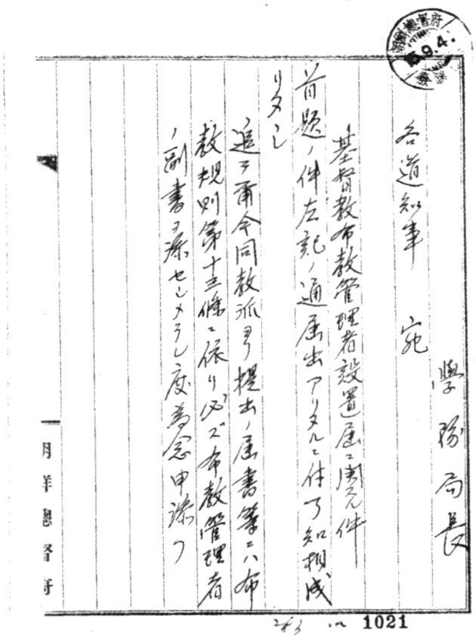

各道知事 宛 學務局長

基督教布教管理者設置届ニ関スル件

首題ノ件左記ノ通届出アリタルニ付了知相成リタシ

追テ甫今同教派ヨリ提出ノ届書等ニハ布教規則第十三條ニ依リ必ズ布教管理者ノ副書ヲ添セシメラレ度為念申添フ

1021

기독교 조선야소교 동아기독교회 포교관리자 설치계에 관한 건 3면

기독교 조선야소교 동아기독교회 포교관리자 설치계에 관한 건 4면

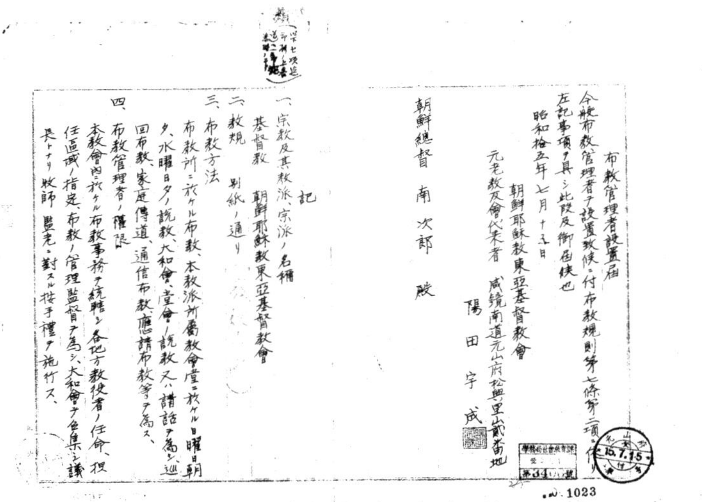
布教管理者設置届
今般布教管理者ヲ設置致候ニ付布教規則第七條第二項ニ依リ
左記事項ヲ具シ此段及御届候也
昭和拾五年七月十五日
朝鮮耶蘇教東亞基督教會
元老教友會代表者 咸鏡南道元山府松興里山貳番地
陽田宇成
朝鮮總督 南次郎 殿
記
一、宗教及其教派、宗派ノ名稱
基督教 朝鮮耶蘇教東亞基督教會
二、教規 別紙ノ通リ
三、布教方法
布教所ニ於ケル布教、本教派所屬教會堂ニ於ケル日曜日朝夕、水曜日夕ノ説教、大和會、堂會ノ説教又ハ講話ヲ為シ、巡回布教、家庭傳道、通信布教、應請布教等ヲ為ス、
四、布教管理者ノ權限
本教會内ニ於ケル布教事務ヲ統轄シ各地方教役者ノ任命、担任區域ノ指定、布教ノ管理監督ヲ為シ、大和會ヲ召集シ議長トナリ牧師、監老ニ對スル按手禮ヲ施行ス、
1023

기독교 조선야소교 동아기독교회 포교관리자 설치계에 관한 건 5면

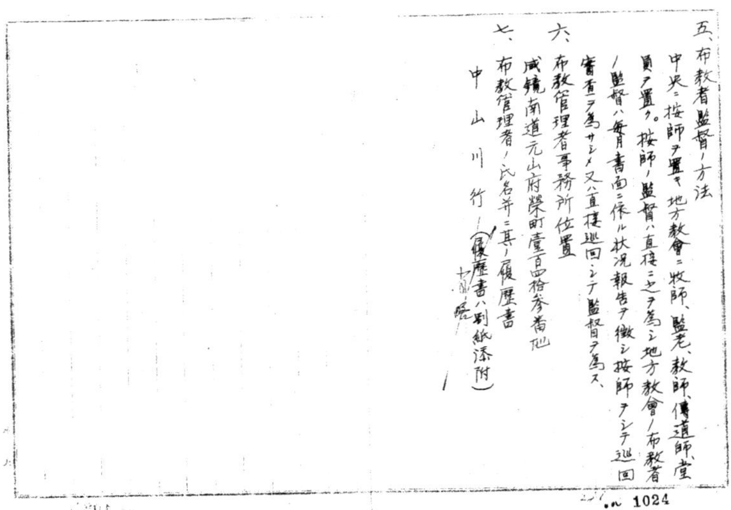
五、布教者監督ノ方法
中央ニ按師ヲ置キ地方教會ニ牧師、監老、教師、傳道師、堂員ヲ置ク。按師ノ監督ハ直接ニ之ヲ為シ地方教會ノ布教者ノ監督ハ毎月書面ニ依ル状況報告ヲ徴シ按師ヲシテ巡回審査ヲ為サシメ又ハ直接巡回シテ監督ヲ為ス、
六、布教管理者事務所位置
咸鏡南道元山府榮町壹百四拾参番地
七、布教管理者ノ氏名并ニ其ノ履歴書
中山川竹ノ（履歴書ハ別紙添附）
1024

기독교 조선야소교 동아기독교회 포교관리자 설치계에 관한 건 6면

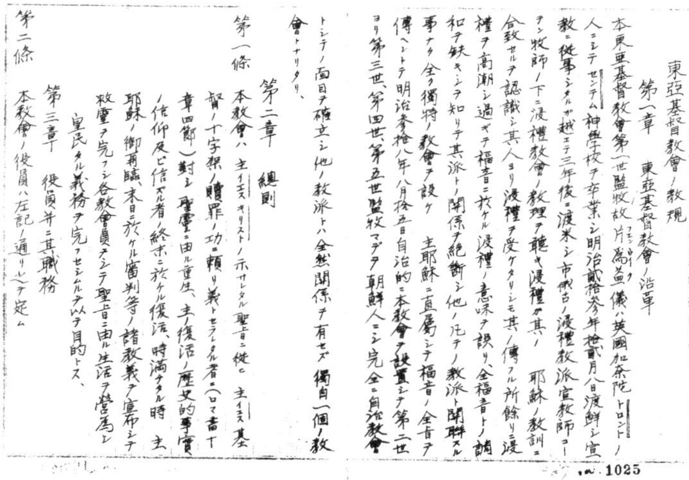

東亞基督教會ノ教規

第一章 東亞基督教會ノ沿革

本東亞基督教會第一世監牧故フェンウィック片爲益儀ハ英國加奈陀トロント人ニシテ センテム神學校ヲ卒業シ明治貳拾參年拾貳月八日渡鮮シ宣教ニ從事シタルガ越エテ三年後ニ渡米シ市俄古ノ浸禮教派宣教師コーチン牧師ノ下ニ浸禮教會ノ教理ヲ聽キ浸禮ガ其ノ 耶穌ノ教訓ニ合致セルヲ認識シ其ノ人ヨリ浸禮ヲ受ケタリシモ其ノ傳フル所餘リニ浸禮ヲ高潮シ過ギテ福音ニ於ケル浸禮ノ意味ヲ誤リ、全福音トノ調和ヲ缺キシヲ知リテ其派トノ關係ヲ絶斷シ他ノ凡テノ教派ト關聯スル事ナク全ク獨特ノ教會ヲ設ケ 主耶穌ニ直屬シテ福音ノ全旨ヲ傳ヘントシテ明治參拾八年八月拾五日自治的ニ本教會ヲ設置シテ第二世ヨリ第三世、第四世、第五世監牧マデヲ朝鮮人ニシ完全ニ自治教會トシテノ面目ヲ確立シ他ノ教派トハ全然關係ヲ有セズ獨自一個ノ教會トナリタリ、

第二章 總則

第一條 本教會ハ 主イエスキリストノ示サレタル聖旨ニ從ヒ 主イエス基督ノ十字架ノ贖罪ノ功ニ賴リ義トセラレタル者ニ（ロマ書十章四節）對シ 聖靈ニ由ル重生、主ノ復活ノ歷史的事實ノ信仰及ビ信ズル者ノ終末ニ於ケル復活、時滿チタル時 主耶穌ノ御再臨、末日ニ於ケル審判等ノ諸教義ヲ宣布シテ救靈ヲ完フシ各教會員ヲシテ聖旨ニ由ル生活ヲ營爲シ皇民タル義務ヲ完フセシムルヲ以テ目的トス、

第三章 役員並ニ其職務

第二條 本教會ノ役員ハ左記ノ通リトシテ定ム

1025

기독교 조선야소교 동아기독교회 포교관리자 설치계에 관한 건 7면

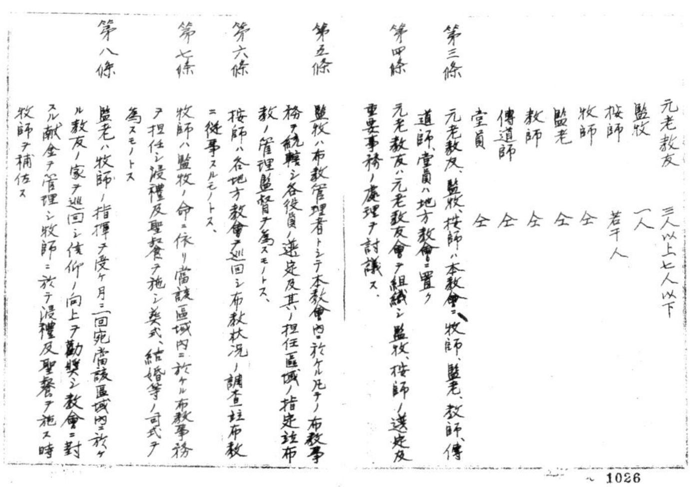

元老教友 三人以上七人以下
監牧 一人
按師 若干人
牧師 仝
監老 仝
教師 仝
傳道師 仝
堂員 仝

第三條 元老教友、監牧、按師ハ本教會ニ、牧師、監老、教師、傳道師、堂員ハ地方教會ニ置ク

第四條 元老教友ハ元老教友會ヲ組織シ監牧、按師ノ選定及重要事務ノ處理ヲ討議ス、

第五條 監牧ハ布教管理者トシテ本教會内ニ於ケル凡テノ布教事務ヲ統轄シ各役員ノ選定及其ノ担任區域ノ指定竝布教ノ管理監督ヲ爲スモノトス、

第六條 按師ハ各地方教會ヲ巡回シ布教状況ノ調査竝布教ニ從事スルモノトス、

第七條 牧師ハ監牧ノ命ニ依リ當該區域内ニ於ケル布教事務ヲ担任シ浸禮及聖餐ヲ施シ葬式、結婚等ノ司式ヲ爲スモノトス

第八條 監老ハ牧師ノ指揮ヲ受ケ月ニ一回宛當該區域内ニ於ケル教友ノ家ヲ巡回シ信仰ノ向上ヲ勸奬シ教會ニ對スル獻金ヲ管理シ牧師ニ於テ浸禮及聖餐ヲ施ス時牧師ヲ補佐ス

1026

기독교 조선야소교 동아기독교회 포교관리자 설치계에 관한 건 8면

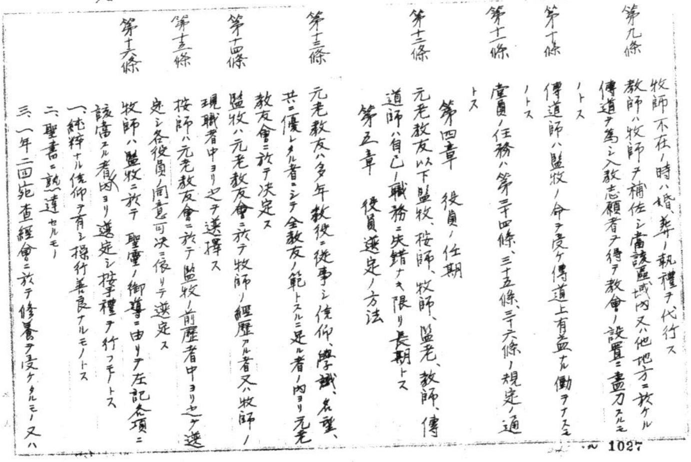

壹字加入

第九條 牧師不在ノ時ハ婚、葬ノ執禮ヲ代行ス

第十條 教師ハ牧師ヲ補佐シ當該區域内又ハ他地方ニ於ケル傳道ヲ爲シ入教志願者ヲ得テ教會ノ設置ニ盡力スルモノトス

第十一條 傳道師ハ監牧ノ命ヲ受ケ傳道上有益ナル働ヲナスモノトス

第十二條 堂員ノ任務ハ第三十四條、三十五條、三十六條ノ規定ノ通トス

第四章 役員ノ任期

元老教友以下監牧、按師、牧師、監老、教師、傳道師ハ自己ノ職務ニ失錯ナキ限リ長期トス

第五章 役員選定ノ方法

第十三條 元老教友ハ多年教役ニ從事シ信仰、學識、名望共ニ優レタル者ニシテ全教友ノ範トスルニ足ル者ノ内ヨリ元老教友會ニ於テ決定ス

第十四條 監牧ハ元老教友會ニ於テ牧師ノ經歷アル者又ハ牧師ノ現職者中ヨリ之ヲ選擇ス

第十五條 按師ハ元老教友會ニ於テ監牧ノ前歷者中ヨリ之ヲ選定シ各役員ノ同意可決ニ依リテ選定ス

第十六條 牧師ハ監牧ニ於テ 聖靈ノ御導ニ由リテ左記各項ニ該當スル者ノ内ヨリ選定シ按手禮ヲ行フモノトス

一、純粹ナル信仰ヲ有シ操行善良ナルモノトス

二、聖書ニ熟達セルモノ

三、一年二回施查經會ニ於テ修養ヲ受ケタルモノ又ハ

1027

기독교 조선야소교 동아기독교회 포교관리자 설치계에 관한 건 9면

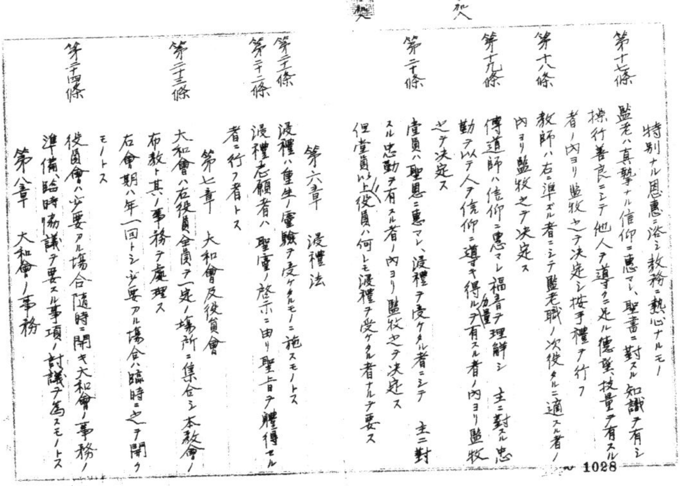

壹字削除

貳字加入

特別ナル恩惠ニ浴シ教務ニ熱心ナルモノ

第十七條 監老ハ真摯ナル信仰ニ恵マレ、聖書ニ對スル知識ヲ有シ操行善良ニシテ他人ヲ導クニ足ル德望、技量ヲ有スル者ノ内ヨリ監牧之ヲ決定シ按手禮ヲ行フ

第十八條 教師ハ右ニ準ズル者ニシテ監老職ノ次役タルニ適スル者ノ内ヨリ監牧之ヲ決定ス

第十九條 傳道師ハ信仰ニ恵マレ福音ヲ理解シ力量 主ニ對スル忠勤ヲ以テ人ヲ信仰ニ導キ得ルヲ有スル者ノ内ヨリ監牧之ヲ決定ス

第二十條 堂員ハ聖恩ニ恵マレ、浸禮ヲ受ケタル者ニシテ 主ニ對スル忠勤ヲ有スル者ノ内ヨリ監牧之ヲ決定ス

但堂員以上役員ハ何レモ浸禮ヲ受ケタル者ナルヲ要ス

第六章 浸禮法

第二十一條 浸禮ハ重生ノ靈驗ヲ受ケタルモノニ施スモノトス

第二十二條 浸禮志願者ハ 聖靈ノ啓示ニ由リ聖旨ヲ體得セル者ニ行フ者トス

第七章 大和會及役員會

第二十三條 大和會ハ右役員全員ヲ一定ノ場所ニ集合シ本教會ノ布教ト其ノ事務ヲ處理ス

右會期ハ年一回トシ必要アル場合ハ臨時ニ之ヲ開クモノトス

第二十四條 役員會ハ必要アル場合隨時ニ開キ大和會ノ事務ノ準備、臨時協議ヲ要スル事項ノ討議ヲ爲スモノトス

第八章 大和會ノ事務

1028

기독교 조선야소교 동아기독교회 포교관리자 설치계에 관한 건 10면

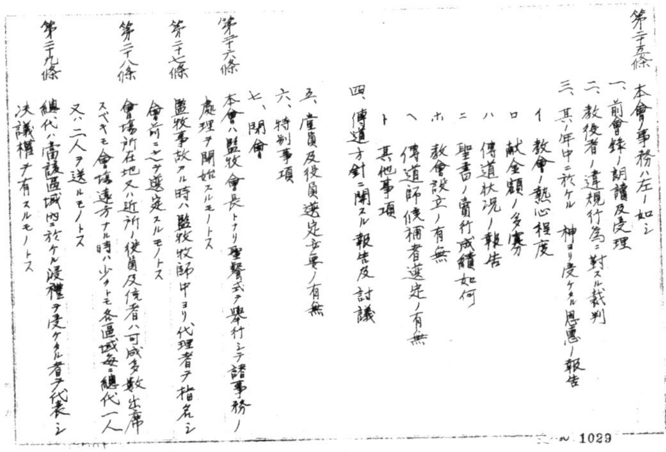

第二十五條 本會ノ事務ハ左ノ如シ
一、前會錄ノ朗讀及處理
二、教役者ノ違規行爲ニ對スル裁判
三、其ノ年中ニ於ケル 神ヨリ受ケタル恩惠ノ報告
イ 教會ノ熱心程度
ロ 献金額ノ多寡
ハ 傳道狀況ノ報告
ニ 聖書ノ賣行成績如何
ホ 教會設立ノ有無
ヘ 傳道師候補者選定ノ有無
ト 其他事項
四、傳道方針ニ關スル報告及 討議
五、任員及役員選定必要ノ有無
六、特別事項
七、閉會
第二十六條 本會ハ監牧會長トナリ聖餐式ヲ擧行シテ諸事務ノ處理ヲ開始スルモノトス
第二十七條 監牧事故アル時ハ監牧牧師中ヨリ代理者ヲ指名シ會前ニ之ヲ選定スルモノトス
第二十八條 會場所在地又ハ近所ノ役員及信者ハ可成多數出席スベキモ會場遠方ナル時ハ少クトモ各區域毎ニ總代一人又ハ二人ヲ送ルモノトス
第二十九條 總代ハ當該區域內ニ於ケル浸禮ヲ受ケタル者ヲ代表シ決議權ヲ有スルモノトス

1029

기독교 조선야소교 동아기독교회 포교관리자 설치계에 관한 건 11면

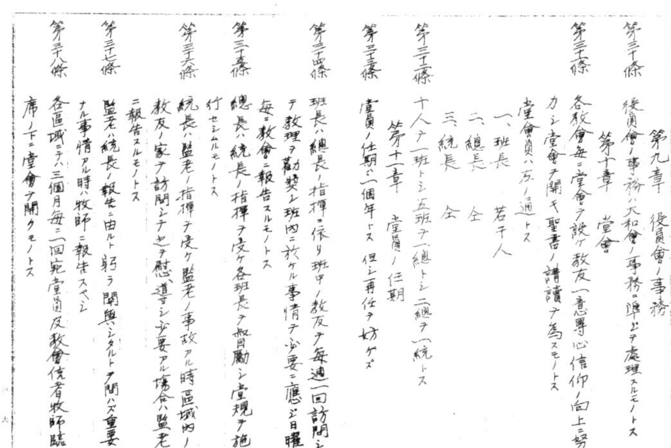

第九章 役員會ノ事務
第三十條 役員會ノ事務ハ大和會ノ事務ニ準ジテ處理スルモノトス
第十章 堂會
第三十一條 各教會毎ニ堂會ヲ設ケ教友一意專心信仰ノ向上ニ努カシ堂會ヲ開キ聖書ノ講讀ヲ爲スモノトス
堂會員ハ左ノ通トス
一、班長 若干人
二、總長 仝
三、統長 仝
第三十二條 十人ヲ一班トシ五班ヲ一總トシ二總ヲ一統トス
第十一章 堂員ノ任期
第三十三條 堂員ノ任期ハ一個年トス 但シ再任ヲ妨ゲズ
第三十四條 班長ハ總長ノ指揮ニ依リ班中ノ教友ヲ毎週一回訪問シテ教理ヲ勸奬シ班內ニ於ケル事情ヲ必要ニ應ジ日曜每ニ教會ニ報告スルモノトス
第三十五條 總長ハ統長ノ指揮ヲ受ケ各班長ヲ督勵シ堂規ヲ施行セシムルモノトス
第三十六條 統長ハ監老ノ指揮ヲ受ケ監老ノ事故アル時區域內ノ教友ノ家ヲ訪問シテ之ヲ慰、導キシ必要アル場合ハ監老ニ報告スルモノトス
第三十七條 監老ハ統長ノ報告ニ由ルト弱ラ關與シタルトヲ問ハズ重要ナル事情アル時ハ牧師ニ報告スベシ
第三十八條 各區域ニテハ三個月毎ニ一回宛堂員及教會信者牧師臨席ノ下ニ堂會ヲ開クモノトス

1030

기독교 조선야소교 동아기독교회 포교관리자 설치계에 관한 건 12면

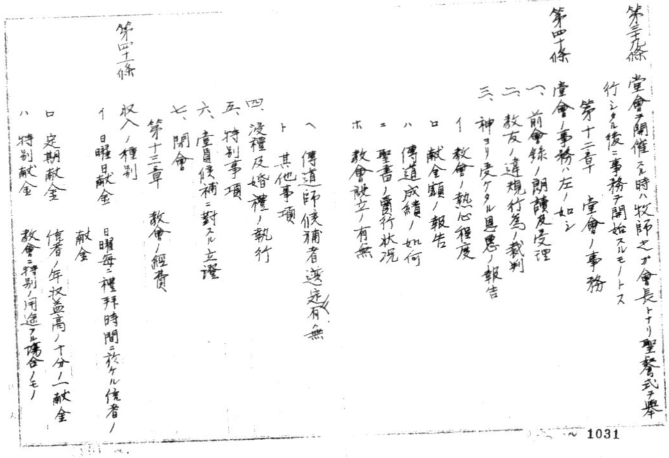

第三十九條 堂會ヲ開催スル時ハ牧師之ガ會長トナリ聖警式ヲ擧行シタル後ニ事務ヲ開始スルモノトス

第十二章 堂會ノ事務

第四十條 堂會ノ事務ハ左ノ如シ

一、前會錄ノ朗讀及受理
二、教友ノ違規行爲ノ裁判
三、神ヨリ受ケタル恩恵ノ報告
イ 教會ノ熱心程度
ロ 献金額ノ報告
ハ 傳道成績ノ如何
ニ 聖書ノ賣行状況
ホ 教會設立ノ有無
ヘ 傳道師候補者ノ有無
ト 其他事項
四、浸禮及婚禮ノ執行
五、特別事項
六、堂員候補ニ對スル立證
七、閉會

第十三章 教會ノ經費

第四十一條 収入ノ種別
イ 日曜日献金 日曜毎ニ禮拜時間ニ於ケル信者ノ献金
ロ 定期献金 信者ノ年收益高ノ十分ノ一献金
ハ 特別献金 教會ニ特別ノ用途アル場合ノモノ

1031

기독교 조선야소교 동아기독교회 포교관리자 설치계에 관한 건 13면

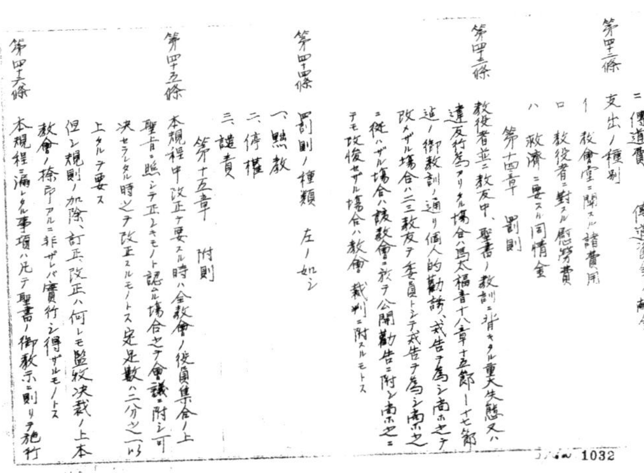

ニ 傳道費 傳道資金ノ献金

第四十二條 支出ノ種別
イ 教會堂ニ關スル諸費用
ロ 教役者ニ對スル慰勞費
ハ 救濟ニ要スル同情金

第十四章 罰則

第四十三條 教役者並ニ教友中、聖書ノ教訓ニ背キタル重大失態又ハ違反行爲アリタル場合ハ馬太福音十八章十五節ー十七節迄ノ御教訓ノ通リ個人的勸誘、戒告ヲ爲シ尚ホ之ヲ改メザル場合ハ二三教友ヲ委員トシテ戒告ヲ爲シ尚ホ之ニ從ハザル場合ハ該教會ニ於テ公開勸告ニ附シ尚ホ之ニテモ改悛セザル場合ハ教會裁判ニ附スルモノトス

第四十四條 罰則ノ種類 左ノ如シ
一、黜教
二、停權
三、譴責

第十五章 附則

第四十五條 本規程中改正ヲ要スル時ハ全教會ノ役員集合ノ上聖旨ニ照シテ正シキモノト認ムル場合之ヲ會議ニ附シ可決セラレタル時之ヲ改正スルモノトス定足數ハ三分之一以上タルヲ要ス
但シ規則ノ加除、訂正、改正ハ何レモ監督決裁ノ上本教會ノ捺印アルニ非ザレバ實行シ得ザルモノトス

第四十六條 本規程ニ漏レタル事項ハ凡テ聖書ノ御教示ニ則リ施行

1032

기독교 조선야소교 동아기독교회 포교관리자 설치계에 관한 건 14면

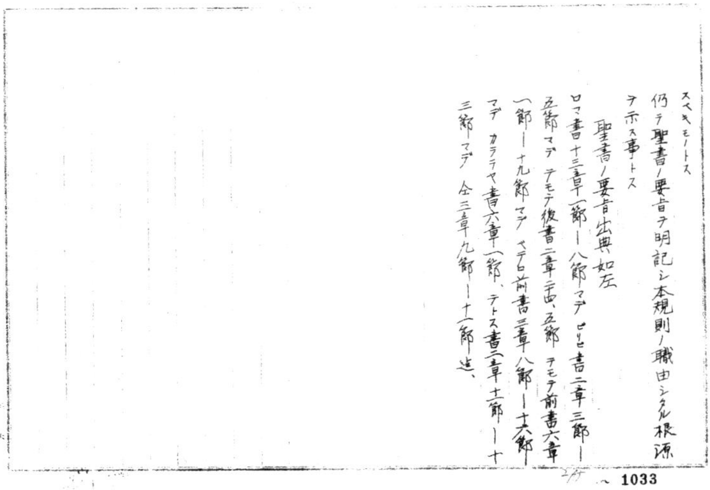

スヘキモノトス
仍テ聖書ノ要旨ヲ明記シ本規則ノ職由シタル根源
ヲ示ス事トス
聖書ノ要旨出典如左
ロマ書十三章一節ー八節マデ ピリピ書二章三節ー
五節マデ テモテ後書二章二節、五節 テモテ前書六章
一節ー十九節マデ ペテロ前書三章八節ー十六節
マデ ガラテヤ書六章一節、テトス書二章十一節ー十
三節マデ 仝三章九節ー十一節迄、

1033

기독교 조선야소교 동아기독교회 포교관리자 설치계에 관한 건 15면

元老教友會員名簿
李鍾德
陽田宇成
金一濟
右代表者 陽田宇成 印

1034

기독교 조선야소교 동아기독교회 포교관리자 설치계에 관한 건 16면

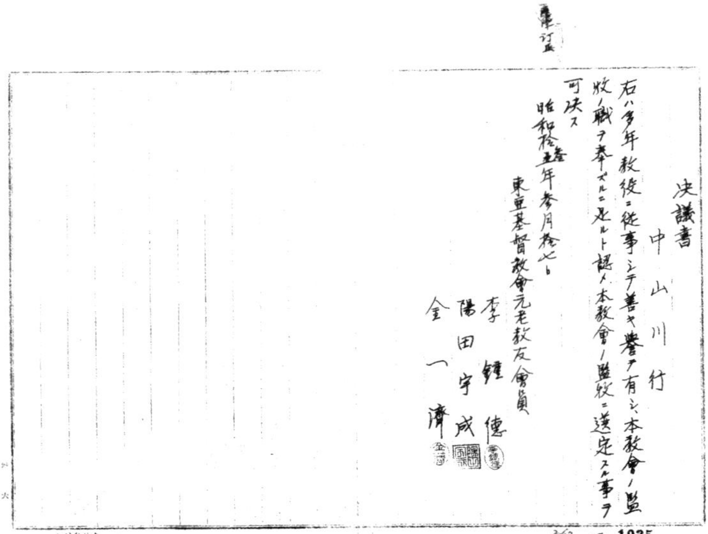

決議書

中山川行

右ハ多年教役ニ従事シテ善キ譽ヲ有シ本教會ノ監牧ノ職ヲ奉ズルニ足ルト認メ本教會ノ監牧ニ選定スル事ヲ可決ス

昭和拾五年參月拾七日

東亜基督教會元老教友會員

李鍾德

陽田宇成

金一濟

1035

기독교 조선야소교 동아기독교회 포교관리자 설치계에 관한 건 17면

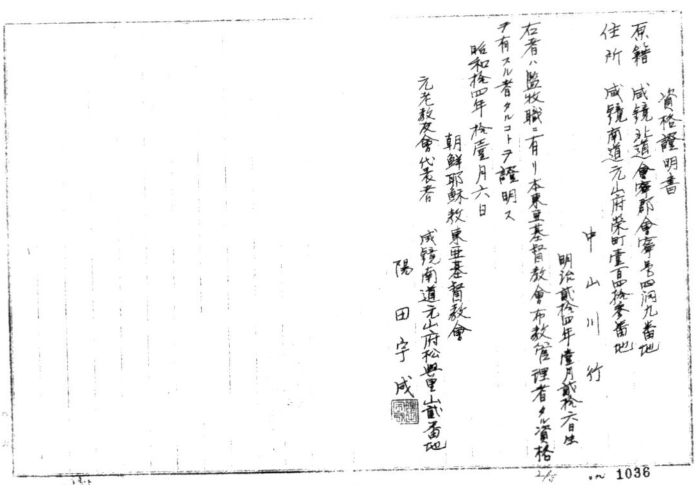

資格證明書

原籍 咸鏡北道會寧郡會寧邑四洞九番地

住所 咸鏡南道元山府榮町壹百四拾參番地

中山川行

明治貳拾四年壹月貳拾六日生

右者ハ監牧職ニ有リ本東亜基督教會布教管理者タル資格ヲ有スル者タルコトヲ證明ス

昭和拾四年拾壹月六日

朝鮮耶蘇教東亜基督教會

元老教友會代表者 咸鏡南道元山府松興里山貳番地

陽田宇成

1036

기독교 조선야소교 동아기독교회 포교관리자 설치계에 관한 건 18면

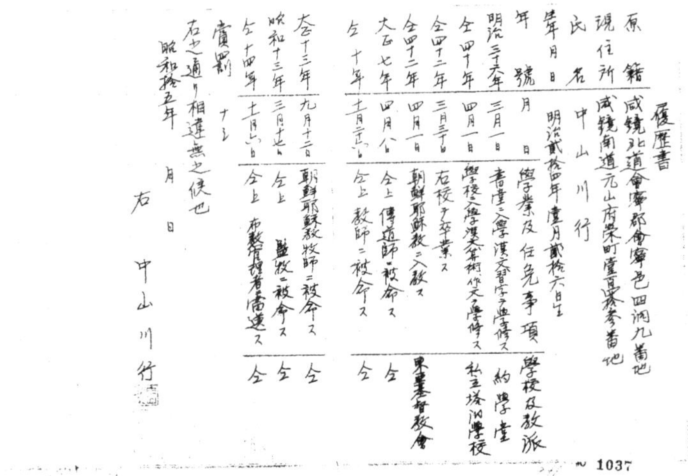

履歴書

原籍 咸鏡北道會寧郡會寧邑四洞九番地
現住所 咸鏡南道元山府榮町壹百四拾參番地
氏名 中山川行
生年月日 明治貳拾四年壹月貳拾六日生

年號	月日	學業及任免事項	學校及教派
明治三十六年	三月一日	書堂ニ入學漢文習字ヲ學修ス	約學堂
仝四十年	四月一日	學校ニ入學漢文算術作文ヲ學修ス	私立塔洞學校
仝四十二年	三月三十日	右校ヲ卒業ス	
仝四十二年	四月一日	朝鮮耶蘇教ニ入教ス	東京基督教會
大正七年	四月八日	仝上傳道師ニ被命ス	仝
仝十年	十一月二十八日	仝上教師ニ被命ス	仝
大正十三年	九月十二日	朝鮮耶蘇教牧師ニ被命ス	仝
昭和十三年	三月十七日	仝上監牧ニ被命ス	仝
仝十四年	十一月六日	仝上布教管理者ニ當選ス	仝

賞罰 ナシ

右之通リ相違無之候也

昭和拾五年 月 日

右 中山川行

1037

기독교 조선야소교 동아기독교회 포교관리자 설치계에 관한 건 19면

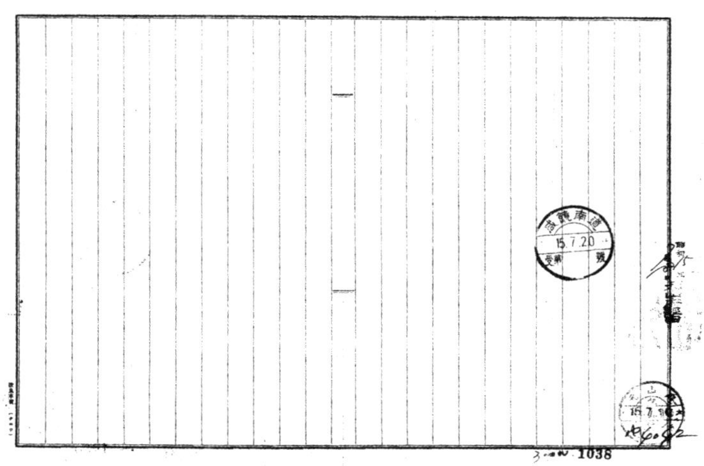

기독교 조선야소교 동아기독교회 포교관리자 설치계에 관한 건 19면

朝鮮耶穌教東亞基督教會布教管理者設置届
御受理方ニ關スル陳情書
對
昭和拾四年拾壹月貳拾九日元山府學務課第三八九三號
昭和拾四年拾貳月拾壹日咸鏡南道學務課
昭和拾四年拾貳月拾八日學務局社會教育課第五九八號
時下　邦家御多端之砌リ　閣下ノ御清榮ヲ謹祝致候、陳者
尊務御繁壮ノ際恐縮至極ニ存ジ候ヘ共左記事情ヲ御高察
セラレ本教會布教管理者設置届御受理被成下度此段謹ミテ陳
情仕リ候也

記

布教管理者設置届ノ御受理方ヲ願フ理由

一、本教會ハ布教管理者設置届ヲ客年拾壹月貳拾九日附ヲ以テ届出
候處、本年四月貳拾七日附元山府經由ヲ以テ、返戻セラレタルガ、其ノ理
由ハ、既成教派ノ五旬節教會ト略同樣ニシテ、教會及教役者ガ獨
立セル一教派トシテ、認メ難キ旨ヲ示サル。前回届書ニ添附セル沿革及
教理等ハ、簡ヲ尚ブ官廳ノ御趣旨ニ則リ、極メテ簡略ニ記載シタルヲ
以テ、御當局ニ於カセラレテハ五旬節教會ト同樣、御解釋セラルヽモ　道理
ナリト存ゼラルレトモ、本教會ト五旬節教會トハ、過去ニ於テ何等ノ關係
ナキハ勿論、教理ニ於テモ、左ノ諸點ノ相異アリ、兩者ノ歷史的沿革ヲ異
ニシ、教理ニ於テ似テ相距ル事遠キ者ヲ、聯合合流スルト雖モ、混合状態
ニハ成リ得ルモ、融合スル理ナク、兩者トモ、潑溂タル生命アル宗教トハ、ナリ得ザル
ベシト愚考セラル、故ニ、下記ノ諸理由ヲ御斟酌セラレ、今一應御再調
ノ上、御受理ヲ賜ハリ、鮮滿ニ散在セル、本教會二百餘人ノ役員、百五十

~ 1039

기독교 조선야소교 동아기독교회 포교관리자 설치계에 관한 건 20면

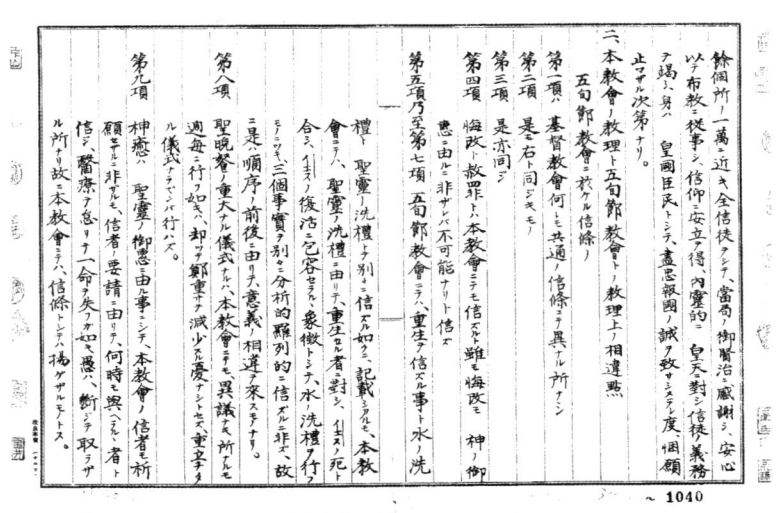

餘個所ノ一萬ニ近キ全信徒ヲシテ、當局ノ御贒治ニ感謝シ、安心
以テ布教ニ從事シ、信仰ニ安立ヲ得、內靈的ニ　皇天ニ對シ信徒ノ義務
ヲ竭シ、身ハ　皇國臣民トシテ、盡忠報國ノ誠ヲ致サシメテレ度、悃願
止マザル次第ナリ。
二、本教會ノ教理ト五旬節教會トノ教理上ノ相違點
五旬節教會ニ於ケル信條ノ
第一項ハ　基督教會何トモ共通ノ信條ニテ異ナル所ナシ
第二項　是モ右ト同ジキモノ
第三項　是亦同ジ
第四項　悔改ト赦罪トハ本教會ニテモ信ズルト雖モ悔改モ　神ノ御
恵ニ由ルニ非ザレバ不可能ナリト信ズ
第五項乃至第七項　五旬節教會ニテハ、重生ヲ信ズル事ト水ノ洗
禮ト　聖靈ノ洗禮トヲ別々ニ信ズル如クニ、記載シアルモ、本教
會ニテハ、聖靈ノ洗禮ニ由リテ、重生セル者ニ對シ、イエスノ死ト
合シ、イエスノ復活ニ包容セラル、象徵トシテ、水ノ洗禮ヲ行フ
モノニツキ、三個事實ヲ別々ニ分析的羅列的ニ信ズルニ非ズ、故
ニ是ハ順序ノ前後ニ由リテ、意義ノ相違ヲ來スモノナリ。
第八項　聖晩餐ノ重大ナル儀式ナルハ、本教會ニテモ、異議ナキ所ナルモ
週毎ニ行フ如キハ、却ッテ鄭重サヲ減少スル憂ナシトセズ、重立チタ
ル儀式ナラザレバ行ハズ。
第九項　神癒ハ　聖靈ノ御恵ニ由ル事ニシテ、本教會ノ信者モ祈
願セザルニ非ザルモ、信者ノ要請ニ由リテ、何時モ與ヘラルヽ者ト
信ジ、醫療ヲ怠リナ一命ヲ失フガ如キ愚ハ、斷ジテ取ラザ
ル所ナリ故ニ本教會ニテハ、信條トシテハ揭ゲザルモノトス。

~ 1040

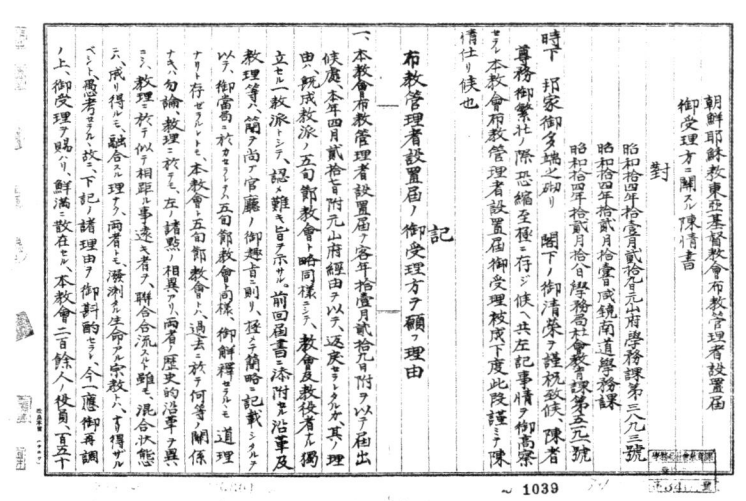

기독교 조선야소교 동아기독교회 포교관리자 설치계에 관한 건 21면

第十項　基督ノ再臨ハ基督教ノ希望ノ最大柱礎ナルモ、日時ヲ指
定シ、民衆ヲシテ不安ナラシメ、自己ノ臆測ヲ以テ　神ノ
經綸ニ干與セシメントスル不遜ハ、深ク戒愼ス。
第十一項　善人ノ永生ト惡人ノ永罰トハ、共ニ審判ノ大義ナルモ、善
人ノ永生ヨリモ、惡人ノ永罰ヲ高潮スルハ、「我ハ審カン爲
ナラズ救ハン爲ニ來レリ」テフ、主ノ御教訓ニ照シ、輕重本
末ヲ誤ルモノト云フベク、本教會ニテハ善人（恵ニ由リテ義ト
セラレタルモノ）ノ永生ヲ高潮シ、惡人ノ永罰ハ副トシテ説
クニ止ムルモノナリ。
附記
復活ノ教義
五旬節教會ニテハ復活ヲ信ズルト云フ條項ナキモ、本教會ニテハ　主
イエスノ復活ノ事實ト、信ズル者ニ賜ハル末日ノ復活ヲ確信ス。
三、本教會ハ教會ノ創始者タル故英國人片爲益(フエンウイツク)氏　明治貳拾
參年（西暦一八九〇年）英國ヨリ渡鮮シ、忠南公州及江景ニ教
會ヲ設置シ、大韓基督教會ト稱シ來リシテ、明治四拾參年
日韓併合ナルヤ當局ノ御指命ニ依リ、東亞基督教會ト改稱シ
現在ニ至ル。忠清南北、全北、慶北、江原、平安南北、咸鏡南北、滿
洲國ノ間島省、牡丹江省、安東省、吉林省ノ各地ニ亘リテ、百
五十ニ近キ教會ト、二百餘人ノ役員ト、一萬ニ近キ信徒ヲ有スル
ニ至レリ、
其間ニ於ケル教派ノ維持費ハ、右片師ノ私有財産ノ全部ノ奉
獻ト、信者ノ義務獻金及片師ニ對スル、故國ノ友人等ノ高
貴ナル友情ヨリ、寄セ來ル同情金トニ由リテ、支辨シ、牧師以下ノ

~ 1041

기독교 조선야소교 동아기독교회 포교관리자 설치계에 관한 건 22면

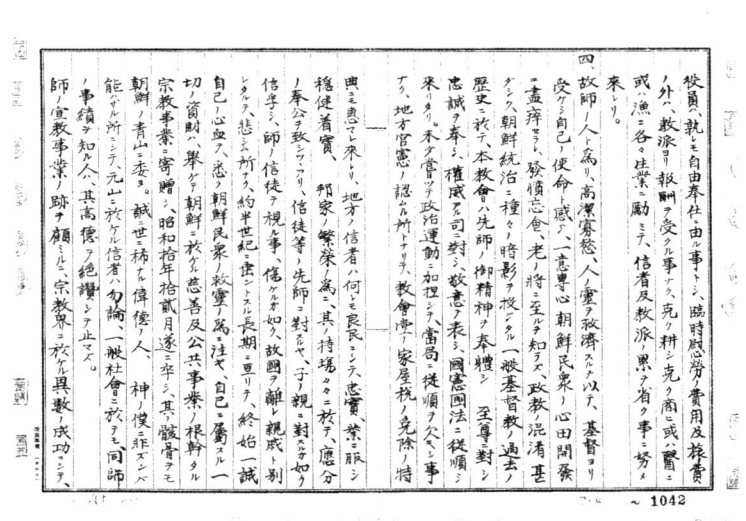

役員ハ、孰レモ自由奉仕ニ由ル事トシ、臨時慰勞ノ費用及旅費
ノ外ハ、教派ヨリ報酬ヲ受クル事ナク、克ク耕シ克ク商ヒ或ハ醫ニ
或ハ漁ニ各々生業ニ勵ミテ、信者及教派ノ累ヲ省ク事ニ努メ
來レリ。
四、故師ノ人ト爲リ、高潔寡慾、人ノ靈ヲ救濟スルヲ以テ、基督ヨリ
受ケシ自己ノ使命ト感ジ、一意專心朝鮮民衆ノ心田開發
ニ盡瘁セラレ、發憤忘食、老ノ將ニ至ルヲ知ラズ、政教ノ混淆甚
ダシク、朝鮮統治ニ種々ノ暗影ヲ投ジタル一般基督教ノ過去ノ
歴史ニ於テ、本教會ハ先師ノ御精神ヲ奉體シ　至尊ニ對シ
忠誠ヲ奉シ、權威アル司ニ對シ、敬意ヲ表シ、國憲國法ニ從順シ
來リタリ。未ダ嘗ツテ政治運動ニ加担シテ、當局ニ從順ヲ欠クベシ事
ナク、地方官憲ノ認ムル所トナリテ、教會堂ノ家屋税ノ免除ノ特
典ニモ恵マレ來レリ、地方ノ信者ハ何レモ良民ニシテ、忠實、業ニ服シ
穩健着實、　邦家ノ繁榮ノ爲ニ、其ノ持場々々ニ於テ、應分
ノ奉公ヲ致シツヽアリ、信徒等ノ先師ニ對スルヤ、子ノ親ニ對スルガ如ク
信孚シ、師ノ信徒ヲ視ル事、傷ケルガ如ク、故國ヲ離レ親戚ト別
レタルテ、悲シム所ナク、約半世紀ニ垂ントスル長期ニ亘リテ、終始一誠
自己ノ心血ヲ、悉ク朝鮮民衆ノ救靈ノ爲ニ注ギ、自己ニ屬スル一
切ノ資財ハ、擧ゲテ朝鮮ニ於ケル慈善及公共事業ノ根幹タル
宗教事業ニ寄贈シ、昭和拾年拾貳月遂ニ卒シ、其ノ骸骨ヲモ
朝鮮ノ青山ニ委ヌ。誠ニ世ニ稀ナル偉徳ノ人、　神ノ僕ニ非ズンバ
能ハザル所ニシテ、元山ニ於ケル信者ハ勿論、一般社會ニ於テモ、同師
ノ事績ヲ知ル人ハ、其高徳ヲ絶讃シテ止マズ。
師ノ宣教事業ノ跡ヲ顧ミルニ、宗教界ニ於ケル異數ノ成功ニシテ、

~ 1042

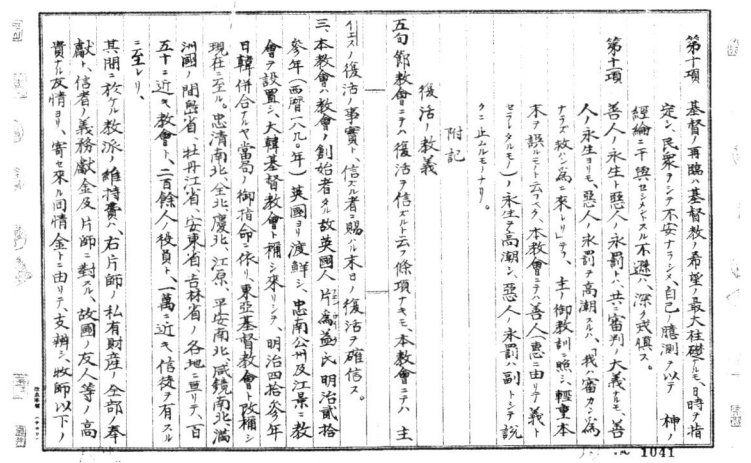

기독교 조선야소교 동아기독교회 포교관리자 설치계에 관한 건 23면

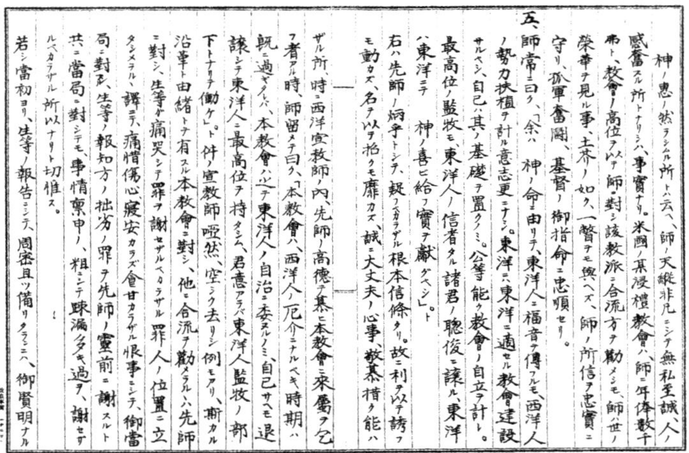

神ノ恵ノ然ラシムル所トハ云ヘ、師ノ天縦非凡ニシテ無私至誠、人ノ感奮スル所トナリシハ事實ナリ。米國ノ某浸禮教會ハ、師ニ年俸數千弗ト、教會ノ高位ヲ以テ師ニ對シ該教派ニ合流方ヲ勸メシモ、師ハ世ノ榮華ヲ見ル事、土芥ノ如ク、一瞥ヲモ與ヘズ、師ノ所信ヲ忠實ニ守リ、孤軍奮闘、基督ノ御指命ニ忠順セリ。

五、師常ニ曰ク、「余ハ　神ノ命ニ由リテ、東洋人ニ福音ヲ傳フルモ、西洋人ノ勢力扶植ヲ計ル意志更ニナシ。東洋ニハ東洋ニ適セル教會建設サルベシ、自己ハ其ノ基礎ヲ置クノミ。公等能ク教會ノ自立ヲ計レ。最高位ノ監牧モ、東洋人ノ信者タル諸君ノ聰俊ニ譲ル、東洋ハ東洋ニテ　神ノ喜ビ給フ實ヲ獻グベシ」ト

右ハ先師ノ炳乎トシテ、疑フベカラザル根本信條タリ。故ニ利ヲ以テ誘フモ動カズ、名ヲ以テ招クモ靡カズ、誠ニ大丈夫ノ心事、欽慕措ク能ハザル所、時ニ西洋宣教師ノ内、先師ノ高徳ヲ慕ヒ本教會ニ來屬ヲ乞フ者アル時、師留メテ曰ク、「本教會ハ、西洋人ノ厄介ニナルベキ時期ハ既ニ過ギタレバ、本教會ハ止テ東洋人ノ自治ニ委ヌルノミ、自己サヘモ退譲シテ東洋人ニ最高位ヲ持タシム、君意アラバ東洋人監牧ノ部下トナリテ働ケ」ト。件ノ宣教師唖然、空シク去リシ例モアリ、斯カル沿革ト由緒トヲ有スル本教會ニ對シ、他ニ合流ヲ勸メラルハ先師ニ對シ、生等ガ痛哭シテ罪ヲ謝セザルベカラザル罪人ノ位置ニ立タシメラル、譯ニテ、痛惜傷心、寢安カラズ食甘カラザル恨事ニシテ、御當局ニ對シ、生等ノ報知方ノ拙劣ノ罪ヲ先師ノ靈前ニ謝スルト共ニ當局ニ對シテモ、事情禀申ノ、粗ニシテ疎漏多キ過ヲ、謝セザルベカラザル所以ナリト切惟ス。

若シ當初ヨリ、生等ノ報告ニシテ、周密且ツ備リタランニハ、御賢明ナル

~ 1043

기독교 조선야소교 동아기독교회 포교관리자 설치계에 관한 건 24면

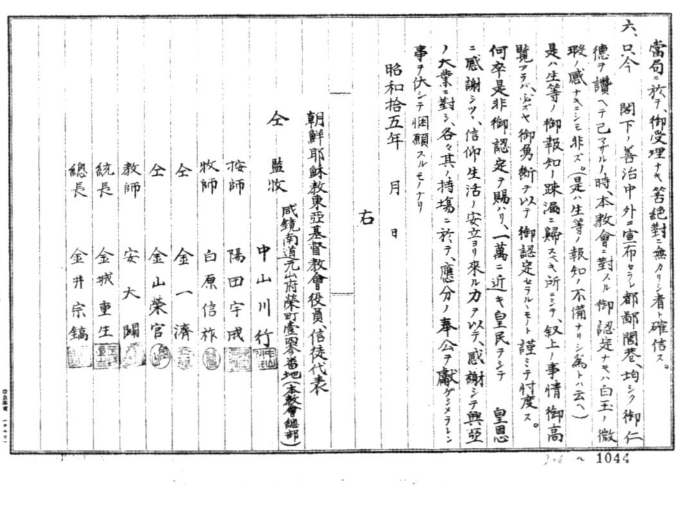

當局ニ於テ、御受理ナキ筈絶對ニ無カリシ者ト確信ス。

六、只今　閣下ノ善治中外ニ宣布セラレ都鄙閭巷、均シク御仁德ヲ讚ヘテ已マザルノ時、本教會ニ對スル御認定ナキハ白玉ノ微瑕ノ感ナキニシモ非ズ。（是ハ生等ノ報知ノ不備ナリシ爲トハ云ヘ）是ハ生等ノ御報知ノ疎漏ニ歸スベキ所ニシテ、叙上ノ事情御高覧アラバ、必ズヤ御勇斷ヲ以テ御認定セラルヽモノト謹ミテ忖度ス。何卒是非御認定ヲ賜ハリ、一萬ニ近キ皇民ヲシテ　皇恩ニ感謝シツヽ、信仰生活ノ安立ヨリ來ル力ヲ以テ、感謝シテ興亞ノ大業ニ對シ、各々其ノ持場ニ於テ、應分ノ奉公ヲ獻ゲシメラレン事ヲ伏シテ悃願スルモノナリ

昭和拾五年　月　日

右

朝鮮耶穌教東亞基督教會役員、信徒代表

咸鏡南道元山府榮町壹四參番地（本教會總部）

仝　監牧　中山川竹

按師　陽田宇戍

牧師　白原信祚

仝　金一濟

仝　金山榮官

教師　安大闢

統長　金城重生

總長　金井宗鎬

~ 1044

기독교 조선야소교 동아기독교회 포교관리자 설치계에 관한 건 25면

기독교 조선야소교 동아기독교회 포교관리자 설치계에 관한 건 26면

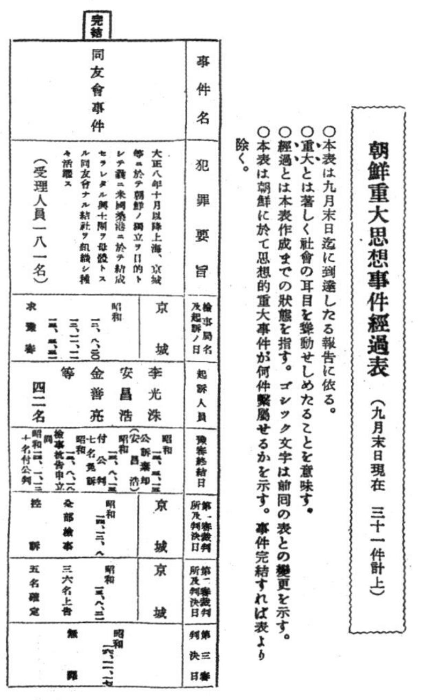

朝鮮重大思想事件經過表（九月末日現在 三十一件計上）

○本表は九月末日迄に到達したる報告に依る。
○重大とは著しく社會の耳目を聳動せしめたることを意味す。
○經過とは本表作成までの狀態を指す。ゴシック文字は前回の表との變更を示す。
○本表は朝鮮に於て思想的重大事件が何件繫屬せるかを示す。事件完結すれば表より除く。

完結

事件名	同友會事件
犯罪要旨	大正八年十月以降上海、京城等ニ於テ朝鮮ノ獨立ヲ目的トシテ義ニ米國桑港ニ於テ結成セラレタル興士團ヲ母體トスル同友會ナル結社ヲ組織シ種々活躍ス（受理人員一八一名）
檢事局名及起訴ノ日	京城 昭和一三、八、一〇 一三、一二、一二 一四、四、一二 求豫審
起訴人員	李光洙 安昌浩 金善亮 等 四二名
豫審終結日	昭和一四、四、一三 公訴棄却（安昌浩） 昭和一四、八、一五 付公判 七名免訴 昭和一四、八、一〇 檢事抗告申立 同 昭和一四、一一、一三 十名付公判
第一審裁判所及判決日	京城 昭和一四、一二、八 全部無罪 檢事控訴
第二審裁判所及判決日	京城 昭和一五、八、二一 三六名上告 五名確定
第三審判決日	昭和一六、一一、一七 無罪

（1）

조선중대사상사건 경과표 1면

1943년에 작성된 것으로, 총 13쪽 중 12쪽에 동아기독교 관련 자료가 나온다.

事件名	犯罪要旨	檢事局名及起訴ノ日	起訴人員	豫審終結日	第一審裁判所及判決日	第二審裁判所及判決日	第三審判決日
東亞基督教會事件	咸南元山府ニ於テ基督ヲ絕對無二ノ權威者ト崇メ所謂末世論ニ基キ基督ノ再臨ニ依リ千年王國ノ實現ヲ期シ窮極ニ於テ我國體ヲ否定シ延イテ皇室ノ尊嚴ヲ冒瀆スヘキ事項ヲ流布スルコトヲ目的トスル東亞基督敎會ナル結社ニ加入シ右結社ノ役員信徒トシテ共ノ目的遂行ノ爲種々活躍ス (受理人員三二名)	咸興 昭和一八、三、[illegible] 求豫審	中山川行 等 九名				
中央大學學生ヲ中心トスル朝鮮獨立劃策事件	昭和十五年十月以降東京ニ於テ朝鮮獨立ヲ希望シ日本ハ支那事變遂行ノ爲國力疲弊シ居ルカ又々米英ト戰ヒヲ開クニ至リシニ於テハ日本ノ敗戰必至ナリトナシ此ノ時コソ朝鮮獨立ノ好機ナルヲ以テ此ノ機ヲ逸セス米英蘇ノ援助ノ下ニ獨立ヲ實現セント種々劃策ス (受理人員一三名)	全州 昭和一八、三、[illegible] 求公判	西原元圭 等 十名				

(12)

1943년 조선중대사상사건 경과표 12면

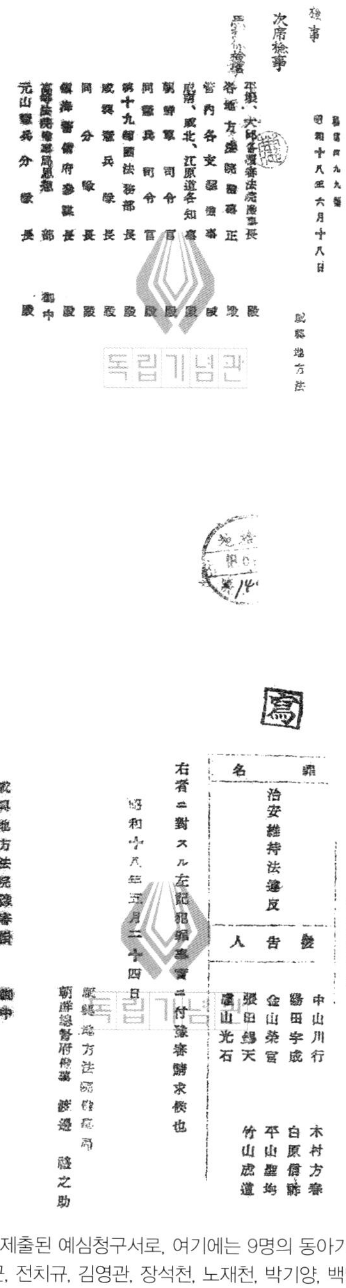

1943년 함흥지방법에 제출된 예심청구서로, 여기에는 9명의 동아기독교 지도자가 회부되었다
(이종근, 전치규, 김영관, 장석천, 노재천, 박기양, 백남조, 신성균, 박성도 목사).

[illegible]

犯罪事實

東亞基督教會ハ明治三十九年頃猶太系加奈陀人宣教師故マルコム、シー、ヘンウイック（朝鮮名片爲益）カ忠清南道江景ニ於テ發之個人的傳道ニ依リ獲得シタル信者申明均外數名及浸禮派基督教徒約二百名トノ協議創設ニ係リ右片爲益カ新舊約聖書ニ獨自ノ解明ヲ試ミテ構成シタル教理信條ヲ信奉スル者ヲ以テ組織シタル宗教團體ニシテ總部（本部）ヲ咸鏡南道元山府榮町ニ置キ元老及教友ナル者ヲ以テ組織シタル元老教友會ニ依リ最高幹部タル監牧及按師ノ選任、布教方針ノ審議決定ヲ爲サシメ監牧ハ布教事務一切ヲ統轄シテ牧師以下ノ役職員ヲ任免指揮シ按師ハ監牧ヲ補佐スルト共ニ地方教會ヲ巡回シテ布教狀況ノ調査等ニ從事シ牧師ハ監牧ノ命ヲ承ケテ擔任地區（區域ト稱ス）內布教ノ責ニ任シ監老及教師ハ牧師ノ指揮ニ從ヒ傳道其ノ他ノ諸務ヲ擔當シ總部ヨリ東亞基督教會編纂ニ係ル獨特ノ新約全書、福音讚美其ノ他ノ印刷物ニ依リ布教ニ努メタル結果昭和十三年頃ヨリ咸鏡南道江原道平安北道忠清南道全羅北道慶尚北道等ニ亙リ十二區域地方教會數九十四數

人々（洗禮ヲ受ケタル信者ノ義）三千名ヲ超エ尙滿洲國內ニ若干ノ敎
會、敎人ヲ擁スルニ至リテ現在ニ及ヘリ而シテ其ノ敎理信條ノ特色ハ
基督ヲ絶對無二ノ權威者ト崇メ基督ハ受難ノ後復活シテ現ニ天上ニ在
レトモ末世ニ至ラハ地上ニ降臨シテ所謂千年王國ヲ建設シ我國ヲ始メ含
ム總有民族、國家ノ上ニ君臨シ所謂萬王ノ王ト成リテ先ツ審判ヲ行フ
ヘク其ノ際異敎徒及猶太民族ヲ迫害シタル國家ハ峻烈ナル處罰ヲ免レ
サルト共ニ信者ハ皇后ノ位ニ即キ永生ヲ享受スルコトヲ得ヘシ現下世
態ノ混亂紛糾ハ仍チ右地上神國出現ノ前兆ナレハ信者タルモノ更ニ熱
誠ヲ捧ケ敎勢ノ擴大ヲ圖リテ福音ヲ廣布スヘキ旨ヲ強調宣布スルニ在
リテ其ノ必然的結果トシテ昭和十二年頃迄公然信者ニ指令シテ異邦人
（同國人ト雖異敎徒ヲ斯ク呼稱ス）トノ交際及國家ノ設立經營ニ係ル
學校ヘノ就學神宮神社ノ參拜ヲ嚴禁シテ憚ラサリシカ官憲ノ強力ナル
指導ニ抗シ兼ネ其後ハ表面ヲ糊塗シ居ルモ嚴密敎義曲解ニ基ク敎理
信仰堅メサル卽チ天皇無窮ノ光輝アル我國體ヲ否定シ延イテ皇室ノ尊
嚴ヲ冒瀆スヘキ事項ヲ流布スルコトヲ目的トスル結社ニ外ナラサルト
ニ被告人中山川行ハ幼時會堂ニ於テ敎理問答文ヲ學ヒ長シテ農業ニ
從事スル中東亞基督敎會ノ敎理信條ニ共鳴シ大正二年洗禮ヲ受ケテ
敎人ト爲リ大正八年敎師ニ爾來十一年敎師ニ昭和十年三月監牧ニ選
任セラレテ現在ニ至ル者ナルトコロ
咸鏡南道元山府泉町所在同敎會總部ニ於テ、
(一)昭和十六年八月日不詳元老タル被告人崔田宇成前監牧名譽牧師タ
ル被告人金山榮官外四名ヲ召集シテ在滿地方敎會カ滿洲國側基督
敎團ニ包攝統合セラレントスルヲ妨ケン爲ノ方策ニ付協議シ其ノ
實行委員トシテ被告人崔田宇成外三名ヲ同國ニ派遣スルニ決シタ
ルモ其ノ實現ヲ見ス
(二)昭和十六年五月十五日ヨリ昭和十七年一月上旬頃迄ノ間三回ニ亘
リ鮮內各區域ニ對シ布敎ノ資料タル東亞基督敎會關係ニ係ル聖書
約三千部福音讚美約千七百部ヲ配布シ
(三)右期間中每週日、水曜日ノ禮拜ニ際シ信者金宮由烈三十名位ニ

シ基督ノ再臨、審判及千年王國ノ出現ヲ祈求スヘキ旨ノ說敎ヲ爲
第三 被告人崔田宇成ハ幼時會堂ニ於テ數年間漢文ヲ修メ長シテ農業ニ
從事スル中東亞基督敎會ノ敎理信條ニ共鳴シ明治四十二年頃洗禮ヲ
受ケテ敎人ト爲リ大正四年牧師ニ同十三年監牧ニ選任セラレシカ昭
和九年辭任ノ後ハ牧師ニ縁ケラレ同時ニ元老兼元山區域名譽牧師ト
爲リテ現在ニ至ル者ナルトコロ
(一)昭和十六年八月日不詳監牧タル被告人中山川行ノ召集ヲ受ケテ前
揭第二ノ(一)記載內容ノ協議ヲ爲シ
(二)昭和十六年五月十五日ヨリ昭和十七年一月上旬頃迄ノ間每月二回
平均前揭總部ニ於テ禮拜ヲ爲スニ際リ信者金宮生外約三十名ニ對
シ前記同樣ノ說敎ヲ爲シ
(三)昭和十六年八月日不詳江原道通川郡通川面西里所在元山區域內西
里敎會ニ於テ說明會外二十名ニ洗禮ヲ施シテ之ヲ敎人ト爲シ
第四 被告人金山榮官ハ幼時會堂ニ於テ數年間漢文ヲ學ヒ長シテ農業ニ從
中東亞基督敎會ノ敎理信條ニ共鳴シ大正二年頃洗禮ヲ受ケテ敎人ト
爲リ同十二年敎師ニ同十三年牧師ニ昭和九年監牧ニ順次昇進シ昭和
十三年三月辭任スルヤ同時ニ元老兼名譽牧師ト爲リ現在ニ至ル者ナ
ルトコロ
(一)昭和十六年八月日不詳監牧タル被告人中山川行ノ召集ニ應シ前揭
第二ノ(一)記載內容ノ協議ヲ爲シ
(二)監牧タル被告人中山川行ノ獎勵ニ依リ同年七月中滿洲國間島省汪
淸縣ノ大派敎會外一敎會ニ於テ四回ニ亘リ金洋哲外百二十名位（一
部ハ非敎人）ニ對シ前記同樣ノ說敎ヲ爲シ
第五 被告人張田錫天ハ幼時基督敎系私立學校ニ於テ聖書及漢文等ヲ學
ヒ長シテ農業ニ從事中浸禮派基督敎徒ト爲リ東亞基督敎會創設セラ
ルルヤ當初ヨリ之ニ加入同時牧師ト爲リ昭和十五年十月元老兼名譽
敎師ニ選任セラレ爾來忠淸南道扶餘郡林川面七山里所在七山敎會ニ
在リテ布敎ニ從事シ居タル者ナルトコロ
昭和十六年四月十五日頃ヨリ昭和十七年八月末頃迄ノ間同敎會ニ於テ

每日曜日、禮拜ニ際シ信者張田錫吾外約八十名ニ對シ前記同樣ノ說敎ヲ爲シ

第五 被告人廬山光石ハ幼時書堂ニ於テ數年間漢文ヲ修メ長シテ農業ニ從事スル中東亞基督敎會ノ敎理信條ニ共鳴シ明治四十三年頃洗禮ヲ受ケテ其ノ敎人ト爲リ大正三年牧師ニ選任セラレ現在ニ至ル者ナルトコロ

(一) 昭和十六年五月十五日ヨリ昭和十七年九月上旬頃迄ノ間所轄東邊公州敎會ニ於テ毎日曜ノ禮拜ニ際リ信者李普出外約五十名ニ對シ前記同樣ノ說敎ヲ爲シ

(二) 昭和十六年五月中旬及同年八月二十日頃ノ二回前同敎會ニ於テ李容學外二十名ニ對シ洗禮ヲ施シテ之ヲ敎人ト爲シ

第六 被告人木村方學ハ幼時書堂ニ於テ數年間漢文ヲ學ヒ長シテ農業ニ從事スル中東亞基督敎會ノ敎理信條ニ共鳴シ大正六年洗禮ヲ受ケテ其ノ敎人ト爲リ同十二年敎師ニ翌十三年牧師ニ選任セラレ現在ニ至ル者ナルトコロ

昭和十六年五月十五日ヨリ昭和十七年九月上旬頃迄ノ間毎日曜日咸鏡北道慶泉郡龍?面?里舊南敎會ニ於テ信者張本恩出外約四十名ニ對シ前記同樣ノ說敎ヲ爲シ

第七 被告人白原信能ハ幼時書堂ニ於テ數年間漢文ヲ修メ長シテ農業ニ從事スル中東亞基督敎會ノ敎理信條ニ共鳴シ大正元年洗禮ヲ受ケテ其ノ敎人ト爲リ同七年敎師ニ翌八年牧師ニ選任セラレ現在ニ至ル者ナルトコロ

昭和十六年五月十五日ヨリ昭和十七年九月上旬頃迄ノ間所轄滿洲國間島省延吉縣銅城鎭城敎會ニ於テ毎日曜ノ禮拜ニ際リ信者林承澤外約百二十名（孰レモ朝鮮人）ニ對シ前記同樣ノ說敎ヲ爲シ

第八 被告人平山樂均ハ幼時書堂ニ於テ數年間漢文ヲ學ヒ後農業ニ從事中東亞基督敎會ノ敎理信條ニ共鳴シ大正五年洗禮ヲ受ケテ其ノ敎人ト爲リ同十二年敎師ニ翌十三年牧師ニ選任セラレテ現在ニ至ル者ナルトコロ

昭和十六年五月十五日ヨリ昭和十七年九月上旬頃迄ノ間所轄慶尙北

0974

檢事正

次席檢事

思想係檢事

0975

道迎日郡松羅面光川里光川敎會ニ於テ毎日曜禮拜ノ際信者李鍾學外約三十名ニ對シ前記同樣ノ說敎ヲ爲シ

第九 被告人竹山成道ハ京城儆新中學中途退學ノ後書堂敎師農業等ヲ爲シ居ル中東亞基督敎會ノ敎理信條ニ共鳴シ明治四十四年頃洗禮ヲ受ケテ其ノ敎人ト爲リ大正十三年監老昭和十四年四月牧師ニ選任セラレ爾來咸鏡北道慶興鍾城二區域ヲ擔當シ現在ニ至ル者ナルトコロ

昭和十六年五月十五日ヨリ昭和十七年九月上旬頃迄ノ間管下慶撫敎會等ニ於テ毎月一回平均禮拜ノ際信者金龍龍外約三百二十名ニ對シ前記同樣ノ說敎ヲ爲シ

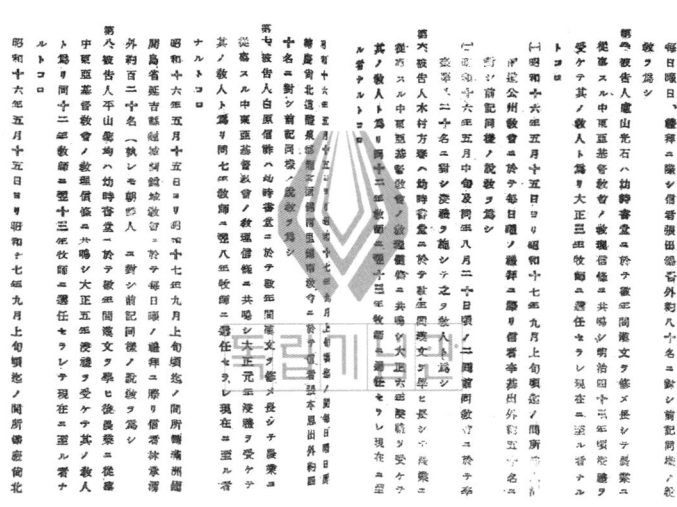

以テ夫々東亞基督敎會ノ役員タルノ任務ニ從事シタルモノナリ